墨香财经学术文库

"十二五"辽宁省重点图书出版规划项目

U0674501

Empirical Research

on the Preference for Internal Control System
Based on the Two Contingent Variables of
Ethnical Culture and Corporate Culture

基于民族文化特征和企业文化二维权变因子的内部控制偏好实证研究

胡本源 ◎ 著

东北财经大学出版社　　大连
Dongbei University う Finance & Economics Press

图书在版编目（CIP）数据

基于民族文化特征和企业文化二维权变因子的内部控制偏好实证研究 / 胡本源著.
一大连：东北财经大学出版社，2018.3
（墨香财经学术文库）
ISBN 978-7-5654-3110-4

Ⅰ．基…　Ⅱ．胡…　Ⅲ．企业内部管理-研究　Ⅳ．F272.3

中国版本图书馆CIP数据核字（2018）第038972号

东北财经大学出版社出版发行

　　大连市黑石礁尖山街217号　邮政编码　116025

　　网　　址：http：//www.dufep.cn

　　读者信箱：dufep @ dufe.edu.cn

大连图腾彩色印刷有限公司印刷

幅面尺寸：170mm×240mm　字数：214千字　印张：15　插页：1
2018年3月第1版　　　　　2018年3月第1次印刷
责任编辑：李　彬　王　斌　　责任校对：那　欣
封面设计：冀贵收　　　　　　版式设计：钟福建
定价：42.00元

本书得到国家自然科学基金的资助
项目编号为：71262027

前言

　　没有哪两个主体将会或者应该具有相同的内部控制系统（COSO，1992）。由于行业和规模，以及文化和管理理念方面的差别，各个公司和它们对内部控制体系的需要相差甚远。因而，内部控制研究中的一个重大问题是：如何根据企业特征和所处的外部环境，设计出适合企业需要的内部控制系统。

　　内部控制是通过组织中的人员，通过他们的一言一行来实现的（COSO，1992），而企业成员的思考、感觉和行动的方式受到其个人文化价值观和企业文化的影响（Hofsted，1980，1991）。企业文化会影响管理者的行为和包括控制系统选择等管理决策（Henri，2006；Williams和Triest，2009）。因此，与企业文化或其成员的文化特征不相适配的内部控制系统，其控制效果可能会降低甚至无法发挥作用。

　　国外从权变理论视角进行内部控制研究的文献并不多，国内关于文化对内部控制影响的研究均是规范性研究，我们没有发现国内有关企业文化和民族文化特征与内部控制关系的实证研究文献。因此，本书研究在企业文化和员工民族文化特征这两种因素的共同作用下，企业现行的内部控制系统整体设计和选择偏好与这两种因素是否适配，以及如果二者相互适配能否提升内部控制的执行效果的问题。

在文献综述的基础上，本书在将内部控制系统按照偏好正式控制还是非正式控制进行分类的基础上，对民族文化特征和企业文化这两个权变因子与内部控制偏好的关系进行了理论分析。在此基础上，本书使用调查问卷方法，收集了 586 份调查问卷。我们使用 Hofstede 的 Value Survey Module 1994 确定的量表来测量民族文化特征，使用根据竞争价值观框架工具（Cameron 和 Quinn，1999；Quinn，1988）开发的量表测量企业文化类型，使用自编量表测量内部控制偏好和内部控制目标实现程度，使用 Govindarajan（1988）开发的工具测量企业业绩。

研究结果发现：（1）强调控制价值观的企业文化类型更可能偏好强调正式控制的内部控制系统；（2）强调灵活价值观的企业文化类型更可能偏好强调非正式控制的内部控制系统；（3）当企业所处的文化环境中民族文化特征与企业文化主导的价值观特征相冲突时，内部控制的设计与民族文化和企业文化两个权变因子同时实现了良好适配的企业，其业绩也较好；（4）偏离理想内部控制设计的企业，其偏离程度越大，业绩越差。

我们没有发现民族文化特征影响企业内部控制偏好的证据。

我们的研究结果表明，当企业在多文化环境中经营时，应当充分分析所处的文化环境与自身企业文化的特征，并以此为依据确定应当设计何种类型的内部控制系统，从而提升企业的业绩。只考虑单一权变因子对内部控制的影响设计出的内部控制系统无法提升企业的业绩。

全书共分为 7 章。第 1 章引言，主要论述了本书的研究背景、研究问题和研究意义、研究方法等内容；第 2 章文献综述，基于本书的研究主题，本书沿用 Chenhall（2003）的做法，将影响企业内部控制设计的权变变量分为环境不确定性、技术、战略、公司规模、组织结构、组织文化和国家文化，分主题综述这些不同的权变变量对公司内部控制产生的影响，并以此作为本书理论分析和研究设计的基础；第 3 章理论分析与研究假说，第一节论述了本书对内部控制的分类，第二节论述了民族文化特征与内部控制偏好的关系，并提出相应的研究假说，第三节论述了企业文化与内部控制偏好的关系，并提出相应的研究假说，第四节论述了在民族文化特征和企业文化这两个权变因子共同作用下，企业内部控制的偏好，并提出相应的研究假说；第4章研究方法，从设计和程序、变量计量、研究模型及调查问卷设计四个方面阐述了本书的研究方法；第5章内部控制偏好及目标实现程度量表的编制，阐述自编的内部控制偏好量表和内部控制目标实现程度量表的开发过程；第6章实证研究结果，介绍了本书的实证检验结果，并对其进行分析和解释；第7章总结，内容主要包括研究结论和启示以及本书的研究贡献、研究局限和未来研究方向两个部分。

作　者

2018 年 3 月

▋目录

1 引言／1

    1.1   研究背景与意义／1

    1.2   研究问题和研究意义／4

    1.3   研究方法／7

    1.4   本书的结构／8

2 文献综述／10

    2.1   以环境不确定忾为权变变量的相关研究／11

    2.2   以技术为权变变量的相关文献／18

    2.3   以战略为权变变量的相关研究／29

    2.4   以公司规模为权变变量的相关研究／39

    2.5   以组织结构为权变变量的相关文献／46

    2.6   以文化为权变变量的相关文献／51

3　理论分析与研究假说／64

　　3.1　本书对内部控制的分类／65

　　3.2　民族文化特征与内部控制偏好／73

　　3.3　企业文化与内部控制偏好／81

　　3.4　民族文化特征、企业文化与内部控制偏好／86

4　研究方法／90

　　4.1　设计和程序／90

　　4.2　变量计量／92

　　4.3　研究模型／102

　　4.4　调查问卷设计／103

5　内部控制偏好及目标实现程度量表的编制／111

　　5.1　内部控制偏好量表的编制／111

　　5.2　内部控制目标实现程度量表的编制／123

6　实证研究结果／135

　　6.1　描述性统计／135

　　6.2　汉族和维吾尔族民族文化特征的比较分析／146

　　6.3　研究假设的检验结果／150

　　6.4　本章小结／183

7　全书总结／184

　　7.1　研究结论和启示／184

　　7.2　研究贡献、研究局限和未来的研究方向／190

参考文献／192

调查问卷／222

1　引言

1.1　研究背景与意义

　　没有哪两个主体将会或者应该具有相同的内部控制系统（COSO，1992）。COSO（1992）指出：由于行业和规模，以及文化和管理理念方面的差别，各个公司和它们对内部控制体系的需要相差甚远（COSO，2008，p.25）。Whitley（1999，p.520）指出：控制系统特征会随着组织类型以及组织所属行业的变化而变化，会随着部门类别和科层水平的变化而变化，还会随着社会环境的变化而变化，因此，对经济活动的单一控制模式不可能适用于所有的环境。因而，内部控制研究中的一个重大问题是：如何根据企业特征和所处的外部环境，设计出适合企业需要的内部控制系统。

　　内部控制是通过组织中的人员，通过他们的一言一行来实现的（COSO，1992），而企业成员的思考、感觉和行动的方式受到其个人文化价值观和企业文化的影响（Hofsted，1980，1991）。企业文化会影响管理者的行为和包括控制系统选择等管理决策（Henri，2006；Williams 和 Triest，2009）。Hofstede（1980）的研究表明，即便是在 IBM 这样具有强企业文化的大型跨国公司中，员工之间的个人文化价值观仍然存在重大差异。不同的民族有不同的文化价值观，而不同的民族文化与管理控制系统的设计有关（Chenhall，2003）。Otley（1980，p.413）将权变方法基于这样的前提："不存在对所有情形和所有组织都普遍适用的系统。"因此，与企业文化或其成员的文化特征不相适应的内部控制系统，其控制效果可能会降低甚至无法发挥作用。所以，内部控制系统的设计和选择与企业文化和员工民族文化特征这两种文化因子之间的相互协调，是企业内部控制系统发挥作用的重要前提。

从研究现状来看，虽然权变理论已经成为管理控制设计研究的重要范式（Fisher，1995；Chenhall，2003），但国外从权变理论视角进行内部控制研究的文献并不多。Stringer 和 Carey（1995）的研究认为，随着组织环境的变化，各项控制要素的重要性也会发生变化；Jokipii（2010）的研究发现，企业采用探索者战略（prospector strategy）以及面临高度的外部环境不确定性会影响企业的内部控制结构。我们没有发现国外从企业文化和民族文化特征角度研究内部控制的文献。国内从权变理论角度来研究内部控制的文献也不多，例如：张先治、张晓东（2004），朱荣恩、应唯（2004）等发现在所有制企业类型中，国有企业内部会计控制的总体应用效果较差；金融行业内部会计控制的总体应用效果要好于其他行业；规模较大企业的内部会计控制总体应用效果要好于规模较小企业。胡本源等（2011）的研究发现：企业规模、行业竞争程度以及外部环境不确定性均会影响企业内部控制的有效性。值得注意的是，企业文化对内部控制的影响近年来逐渐引起国内学者的重视，例如：王竹泉等（2010）认为：内部控制不仅是一种经济控制还是一种文化控制；徐虹等（2011）认为：非正式制度的文化是影响企业内部控制制度设计的根本思想。但是这些研究均是规范性研究，我们没有发现国内有关企业文化和民族文化特征与内部控制关系的实证研究文献，更没有针对新疆地区的此类研究。

此外，虽然从 20 世纪 80 年代开始出现了大量有关文化价值观对管理控制系统设计影响的实证研究，但这些研究大多是探讨文化价值观对一种或几种管理控制方法的影响，且研究结果之间存在着重大的不一致（Harrison & McKinnon，1999）。导致这一现象的主要原因可能有两个：

（1）研究者同时选择了几个国家的管理者作为研究对象，这样就无法有效控制企业的技术、环境不确定性等其他权变因素对结果的影响（Chow，et al.，1999）。

（2）管理控制系统由多个要素组成，各个要素之间应当是替代或互补的关系（Fisher，1995；Galbraith，1973；Mintzberg，1983）。对以权变理论为基础的管理控制研究的一个主要的批评是文献使用的简化主义方法（Grabner 和 Moers，2013）。简化主义方法通常在不考虑其他管理控制实务的影响下，独立地对某一项管理控制实务进行研究。Fisher（1995）也指出：以权变理论为基础的控制研究的一个主要缺点是：研究者以零零碎碎的方式进行研究，例如：许多研究一次只研究一个权变因子和一个控制属性。然而，要想设计一个有效的控制系统，了解权变因子和控制属性之间的相互作用是必要的。在这种独立性假设受到诸多批评后，研究者开始在权变理论研究中使用系统方法，并开始对管理控制实务的组合进行实证研究。因此，单独研究文化价值观对一个或几个要素或控制方法的影响，而不考虑这些要素或方法之间的关系，自然无法得到一致的结论。COSO（2013）认为有效的内部控制要求：内部控制五要素中的每个要素以及相关原则必须同时存在并持续运行；五要素以整合的方式共同运行（COSO，2014，p. 31）。COSO（1992）认为：这些构成要素之间存在着协同和联系，从而形成一个整合的体系，针对变化的环境做出动态的反应，即从内部控制角度进行研究，有效地考虑了各控制要素之间的替代或互补的关系

本书选择在新疆这样一个多民族的地区，研究民族文化特征和企业文化这两个权变因子对企业内部控制设计和选择偏好的影响。这样做的原因主要有三个：第一，新疆区域内的绝大多数企业都是多民族企业，不同的民族在同一企业二作。生活在新疆的主要民族有汉族、维吾尔

族、回族等，现有的研究表明：新疆地区汉族、维吾尔族和回族的文化价值观之间存在着显著的差异（郑石桥等，2007；胡本源，2011）。因此，选择新疆这样一个多民族地区，可以有效地避免企业技术等权变因素对研究结果的影响。第二，本书研究民族文化特征和企业文化这两个权变因子对内部控制系统整体的影响，而并不是研究对某几个控制要素的影响。COSO（1992，2006）指出：内部控制由 5 个要素组成，但是这并不意味着所有的构成要素都应当同等地运行，乃至在所有公司中处于相同的水平。本书考虑了内部控制系统要素之间可能存在的互补或替代的关系。第三，新疆地区的经济长期落后于内地，原因当然是多方面的，但是，管理水平的落后是其中的一个重要原因。我们认为，新疆企业如果在设计内部控制系统时不考虑文化环境的影响，则其控制效果及企业绩效必将受到负面影响。

1.2 研究问题和研究意义

1.2.1 研究问题

本书研究在企业文化和民族文化特性两种权变因素共同作用的情况下，新疆企业的内部控制系统是否与这两种因素相协调，以及二者适配与否是否会影响企业内部控制的效果。研究内容如图 1-1 所示。

具体的研究问题包括五个方面：

（1）研究内部控制要素的子要素及内部控制结构类型

①根据《企业内部控制基本规范》及其指引，对企业内部控制的五个要素进一步地细分，细分后，每个要素由哪些子要素组成。

②从正式控制和非正式控制（CoCo，1995；Langfield-Smith，1995；Otley，1994 等）的角度，在对每个控制要素的子要素进行分析的基础上，划分出内部控制结构的类型。

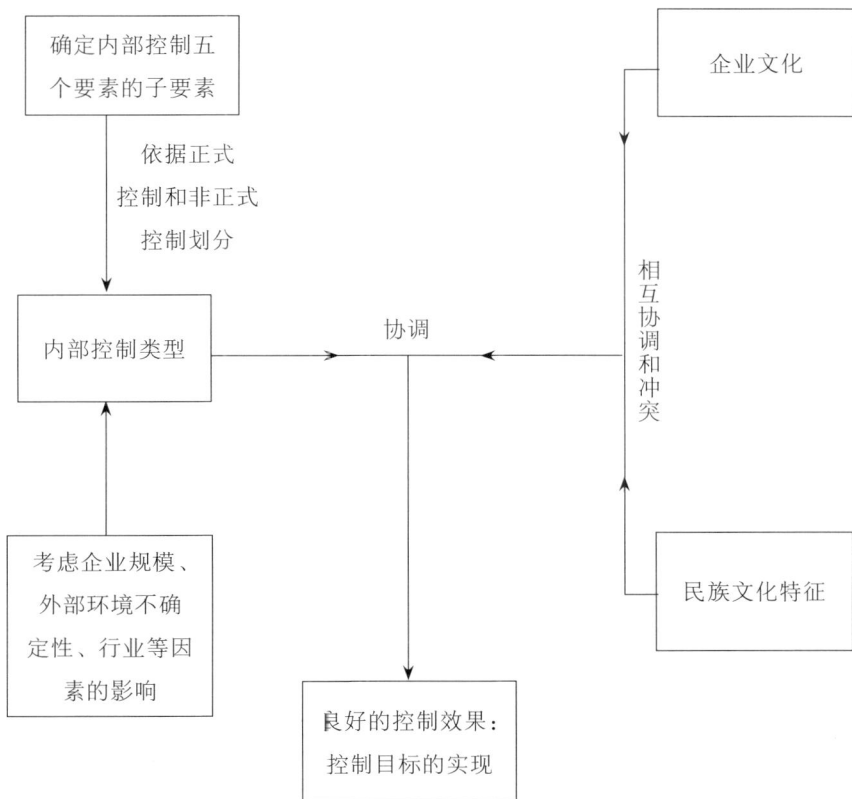

图 1-1　本书的研究内容

（2）研究企业文化这一权变因子对内部控制类型的影响

根据 Quinn 和 Spreitzer（1991）将企业文化类型划分为凝聚共识的文化、成长调适的文化、层级节制的文化和理性主导的文化这四种文化类型。具有不同文化类型的企业在设计和选择内部控制时，对内部控制不同要素的信赖程度和偏好不同，因此，本书将研究与每种企业文化类型相协调的内部控制类型是什么，并根据问卷调查数据，研究新疆企业在二者协调或不协调的情形下，内部控制五要素各发挥什么作用，它们之间的相互关系是怎样的。

（3）研究民族文化特征这一权变因子对内部控制结构类型的影响

①根据 Hofstede（1980）对个人工作相关文化价值观类型的划分，研究个人主义（individualism）、权力距离（power distance）、不确定回

避（uncertainty avoidance）和阳刚（masculinity）这四种文化类型对每个控制要素子要素的影响，即在不同的个人文化价值观维度下，对不同的内部控制子要素的偏好有何不同。

②研究民族文化特征对内部控制结构类型的影响。管理人员在设计内部控制时，受到其员工民族文化特征的影响，因而他们对内部控制不同要素的信赖程度和偏好不同，因此，本书将研究与新疆地区企业的汉族、维吾尔族等各族员工的民族文化特征相协调的内部控制类型是什么，并根据问卷调查数据，研究在二者协调或不协调的情形下，新疆企业内部控制五要素各发挥什么作用，它们之间的相互关系是怎样的。

（4）研究民族文化特征和企业文化这两个权变因子对内部控制结构类型的联合影响

①本书将首先分析当民族文化特征和企业文化相互协调时，与这两种权变因子相协调的内部控制结构类型是什么，并根据问卷调查数据，研究新疆企业在这两个文化因子相互协调的情境下，内部控制五要素各发挥什么作用，它们之间的相互关系是怎样的。

②当企业文化和民族文化特征发生潜在冲突时，对内部控制结构类型的影响。COSO（1992）指出：内部控制各个构成要素之间可能存在某些权衡，互为补充的控制尽管各自的效果有限，放到一起可能会收到满意的效果。此部分先从理论上分析民族文化特征与企业文化发生潜在冲突时，企业可以选择的能够发挥相同功能的内部控制结构类型有哪些，并根据问卷调查数据对这些观点进行检验。

（5）研究内部控制结构类型的控制效果

本部分在考虑了企业规模、行业类型和外部环境不确定性等因素后，研究与民族文化特征和企业文化相协调的内部控制结构类型是否能够较好地实现内部控制目标；反之，内部控制目标的实现情况是否会较差。

在权变理论的研究中，控制效果的评价一直由自我评估过程主导（Chenhall，2003）。因此，本书中内部控制结构类型的控制效果的实现情况包括两个方面：①内部控制目标的实现程度，这由企业中高层管理人员对本企业内部控制目标的实现程度进行自我评价来衡量；②相对于竞争对手，过去三年中企业业绩的实现情况，采用 Govindarajan（1988）以及 Govindarajan 和 Fisher（1990）的方法进行度量。

1.2.2　研究意义

本书的科学意义在于：可以发现在不同的企业文化和员工民族文化特征因素的影响下，企业应当如何设计内部控制系统，以实现与这些权变因素的协调。

本书的应用意义在于：按照中央的要求，目前内地各省份大批企业进入新疆，支援新疆的建设和发展。这些企业进驻新疆后，虽然带来了先进的技术和管理经验，但其管理层往往面临着企业所在地文化环境中的价值观与企业内部控制系统不协调的问题，因而面临着调整自身的内部控制系统，以同时适应自己企业文化和新疆本地员工民族文化特征的问题。本书的研究结论可以为这一问题的解决提供理论上的依据。在此基础上，本书提出有关促进内部控制系统设计与企业文化和民族文化特征协调的建议，以促进新疆地区企业管理水平的提高，为新疆地区的经济发展提供基础条件。

1.3　研究方法

为了研究"民族文化特征和企业文化这两个权变因子对内部控制偏好影响"这一问题，本书将采取实证研究方法，在理论分析的基础上进行实证分析。实证研究的数据主要来自于问卷调查。

本书使用 Hostede 的 Value Survey Module 1994 确定的量表来测量民族文化特征，即测量个人主义、权力距离、不确定回避和阳刚这四种文化价值观维度。本书对企业文化的测量工具主要根据竞争价值观框架工具（Cameron 和 Quinn，1999；Quinn，1988）、Bhimani（2003）和 Henri（2006）对企业文化测量的方法编制形成。内部控制偏好根据自编的内部控制偏好量表测量。内部控制目标的实现程度根据自编的内部控制目标实现程度量表测量。

企业业绩采用 Govindarajan（1988）以及 Govindarajan 和 Fisher

（1990）开发的工具，测量相对于竞争对手，过去三年中企业业绩的实现情况。

本书问卷调查的对象主要是新疆地区以汉族、维吾尔族作为员工主体的企业。在进行问卷调查时，需要将问卷翻译成多种语言，我们采用的方法是由本民族的会计学专业高校教师进行翻译，并进行回译。问卷发放前，由部分企业试填，以确保问卷的准确性和通俗性。Burkert，Davila，Mehta 和 Oyon（2014，p.22）指出：尽管结构方程模型（SEM）在检验干扰形式的适配模型时能够提供有效的方法，但是以之进行匹配（match）形式的适配模型检验仍是一项挑战。本书主要研究内部控制与民族文化特征和企业文化这两个权变因子的匹配问题，因此，尽管本书涉及较多的潜变量，我们在检验研究假说时不使用结构方程模型。问卷调查数据的分析将主要采取方差分析、回归分析和系统分析等方法。

1.4　本书的结构

本书其余部分安排如下：

第 2 章，文献综述。基于本书的研究主题，本章沿用 Chenhall（2003）的做法，将影响企业内部控制设计的权变变量分为环境不确定性、技术、战略、公司规模、组织结构、组织文化和国家文化，分主题综述这些不同的权变变量对公司内部控制产生的影响，并以之作为本书理论分析和研究设计的基础。

第 3 章，理论分析与研究假说。本章首先论述本书对内部控制的分类，第二节论述民族文化特征与内部控制偏好的关系，并提出相应的研究假说，第三节论述企业文化与内部控制偏好的关系，并提出相应的研究假说，第四节论述在民族文化特征和企业文化这两个权变因子共同作用下企业内部控制的偏好，并提出相应的研究假说。

第 4 章，研究方法。本章从设计和程序、变量计量、研究模型和调查问卷设计四个方面阐述了本书的研究方法。

第 5 章，内部控制偏好及目标实现程度量表的编制。本章阐述自编的内部控制偏好量表和内部控制目标实现程度量表的开发过程。首先阐述内部控制偏好量表的开发过程，其次阐述内部控制目标实现程度量表的开发过程。

第 6 章，实证研究结果。本章介绍本书的实证检验结果，并对其进行分析和解释。

第 7 章，总结。本章包括研究结论和启示以及本书的研究贡献、研究局限和未来研究方向两个部分。

2 文献综述

以权变理论为指导研究内部控制问题是一个崭新的视角，现有文献中运用权变理论进行内部控制的研究较为少见。Chenhall（2003）指出以权变理论为基础的管理控制系统研究有着悠久的传统，现有从权变理论出发研究企业控制问题的文献主要集中在管理控制领域。1965 年，Anthony 开创性的研究首次将管理控制作为一个独立的领域从学术研究中分离出来，他将控制细分为三个不同的流程，包括战略规则、管理控制和任务控制。安东尼和戈文达拉扬（2010，p. 7）认为：无论从哪方面而言，管理控制都介于战略控制和任务控制之间。Merchant（1989）指出：管理控制是公司层面的管理者用来确保中层管理者实施公司目标和战略的过程。很长一段时期，审计人员的内部控制概念涵盖了管理控制和公司治理的多数内容（查普曼、霍普伍德和希尔兹，2009，p.840）。因而，本书认为内部控制是一个涵盖管理控制的概念。本章的文献主要基于以权变理论为基础的管理控制研究文献。

目前，权变理论已经识别出的、影响控制系统设计和实施的情景变量包括：环境、技术、结构、规模、战略和文化。本书沿用 Chenhall

（2003）的做法，将情景变量分为环境不确定性、技术、战略、公司规模、组织结构、组织文化和国家文化，分主题综述这些不同的情景变量对公司内部控制产生的影响。

Fisher（1995）认为与权变理论有关的文献可以按照其研究的复杂程度分为四类：①一个情景变量对应着一种内部控制系统的特征。这类文献认为存在经济达尔文现象，即市场会自动淘汰对情景变量不适配的企业，因此存在即合理，主要探讨情景变量是否和控制系统变量相关，并没有涉及对业绩的有效性进行评价。②一个情景变量、内部控制变量和一个业绩变量，业绩变量往往选取公司的财务或非财务表现指标。这类文献认为只有涉及了业绩评价才是完整的权变理论，因此进一步引入了业绩变量。③一个情景变量、多个内部控制变量和一个公司业绩变量。这类文献认为：一方面，各类不同的内部控制变量设计可能得到相同或相似的结果；另一方面，内部控制系统在复杂的环境中是被综合、系统地应用的，仅仅研究一个方面是不全面的。④多个情景变量对内部控制的影响。这类文献认为，如果情景变量之间相互冲突或相互协调，那么内部控制是它们综合作用下的产物，仅仅研究一个情景变量对内部控制设计的影响是不合适的。本书按照 Fisher（1995）的分类，将文献按研究的复杂程度分为两类：①讨论情景变量与内部控制变量关系的文献；②讨论情景变量、内部控制变量以及二者交互作用对业绩变量影响的文献。这样分类是将 Fisher（1995）的后三种分类合并讨论的结果。

本章共分为六节，第一至第六节分别综述与环境不确定性、技术、战略、公司规模、组织结构、文化这六个权变变量相关的研究。

2.1 以环境不确定性为权变变量的相关研究

环境作为权变因素，对组织整体和组织的某一部分均具有潜在的影响。Kh 和 Walla（1977）提供了对环境变量的分类，包括：动荡（有风险的、不可预测的、模糊的）、困难（有压力的、主导和限制的）、多样性（产品的品种、投入和客户）和复杂性（快速发展的技术）。其他环境元素还包括：复杂性和动态（Duncan，1972）、简单–复杂和静态–动态（Waterhouse 和 Tiessen，1978）、可控和不可控（Ewusi-Mensah，1981）、模糊性（Ouchi，1979）以及歧义（Daft 和 Macintosh，1981）。由于管理控制系统的概念过于宽泛，研究者们主要从以下两个视角来展开研究：第一，研究管理会计系统整体与环境不确定性这一权变因素相配合；第二，研究环境不确定性和管理会计系统中的某一个方面（如预算、部门相互依存、工作相关信息的运用等）相配合。本节也按照这一视角进行了文献的整理。

2.1.1　管理会计系统整体

（1）国外文献

以往研究从管理会计系统与权变因素的配合出发来研究其对公司业绩的影响。Agbejule（2005）通过对来自芬兰公司的 69 名管理者进行调查，研究了可感知环境不确定性对管理控制系统与公司业绩之间关系的影响。研究发现：环境不确定性对管理控制系统与业绩之间关系具有调节作用。环境不确定水平越高，管理控制系统的使用与公司业绩的正向关系越显著。

Al-Mawali（2013）选择了在安曼证券交易所上市的 93 家约旦制造公司进行问卷调查，来检验管理会计系统信息的使用对组织业绩的影响。研究运用 Chenhall 和 Morris（1986）开发的量表来度量管理者使用范围广泛的管理会计系统信息，组织业绩的度量则使用 Hoque 和 James（2000）的量表。研究发现，好的业绩依赖于会计信息系统与权变因素的良好配合。会计信息系统能够帮助决策制定从而提高财务和非财务业绩，即研究结果充分肯定了管理会计系统信息的使用能够提高约旦制造企业的业绩。

（2）国内文献

文东华、潘飞、陈世敏（2009）采用结构方程模型，通过向 MBA、EMBA、MPAcc 和国有企业总会计师（财务总监）培训班中的学员发放问卷，研究了环境不确定性、管理控制系统与企业业绩三者之间的关系。管理控制系统是以 Douglas 和 Judge（2001）的研究为基础，用包含了控制与探索两大职能问项的量表来度量。环境不确定性则根据

Jauch 等（1980）的研究．从环境复杂性和动态性两个维度进行度量。企业业绩采用 Kaplan 和 Norton（1992）提出的平衡计分卡思想，分为内部经营业绩、客户与市场业绩以及财务业绩三部分进行度量。研究发现：在管理控制系统中，控制功能和探索功能之间具有协同关系，较高的环境不确定性对管理控制系统的探索功能有正向影响，并且管理控制系统的控制和探索功能分别与特定的业绩相联系。

于李胜和徐栋良（2014）研究了在不确定环境下，管理控制系统对公司业绩的影响。研究将环境不确定性分为内部和外部两个方面，外部环境不确定性由法律环境．经济环境、市场、顾客等因素来度量，内部环境不确定性由任务不确定性来度量。管理控制系统则由使用强度和使用目的两个维度来度量。研究结果发现，环境不确定性、管理控制系统和业绩三者之间适用于中介模型，外部环境不确定性的增加对管理控制系统的使用有正向影响，而内部环境不确定性的增加对管理控制系统的使用有负向影响。管理控制系统的使用强度与公司业绩有正相关关系，而当管理控制系统的使用目的为协调性时，公司业绩将有所提升。

刘小萌和许长新（2016）通过对国内 A 股上市银行江苏分行的总经理进行问卷调查，研究了高级经理人员与情境变量（环境的不确定性）的相关性及对于组织业绩的交互影响作用。研究以竞争厂商、顾客、政府法规、相关替代产品四个特定的环境个体为分析对象，衡量方式采用李克特量表法来度量环境不确定性；以资产报酬率作为衡量各银行经营业绩的标准。研究发现，当环境不确定性程度越高时，高级经理人员需要较广范围的管理会计系统信息以辅助其进行策略性决策。在高度环境不确定性情形下，组织业绩深受管理会计系统所提供信息形式的影响，管理会计系统须提供各类总和形式的信息，以辅助管理者进行策略性决策。

综上，中外的研究学者发现，环境不确定性对管理控制系统与业绩之间关系具有调节作用。环境不确定性水平越高，管理控制系统的使用与公司业绩的正向关系越显著。此外，环境不确定性对信息技术能力与财务业绩的关系也具有调节作用，面临不确定性环境的企业，信息技术能力对降低企业成本的作用更大，而且这种影响具有持续性。与上述研究发现不同的是：现有研究还发现，环境不确定性、管理控制系统和业绩三者之间适用于中介模型，外部环境不确定性的增加对管理控制系统的使用有正向影响，而内部环境不确定性的增加对管理控制系统的使用有负向影响。管理控制系统的使用强度与公司业绩有正相关关系，而当管理控制系统的使用目的为协调性时，公司业绩将有所提升。

2.1.2 管理会计系统中的某一个方面

（1）环境不确定性与预算相配合

预算被看作管理控制系统的一个基本组成部分。其规划、预期、调节和激励功能能够增强管理人员预测和有效管理战略不确定性的能力，并控制公司与预设目标保持一致。

①国外文献。

一部分学者的研究围绕环境不确定性和预算二者之间的关系。Lorain 和 DoMonte（2014）对 2008 年和 2013 年两个时期中 395 家西班牙公司的 CEO、CFO、业务主管、会计师进行问卷调查，来研究困难经济环境下，西班牙公司预算实践的演变。研究发现，面对环境不确定性，预算实践将会更加具有灵活性和适应性，更加注重预算的准备和成本差异分析。在不确定环境下，企业会密切监督成本和资源的使用情况。即使环境不确定性增加，公司仍旧保持它们的预测程序，预算过程在组织中的作用根深蒂固。

此外，许多研究还关注预算、环境不确定性和业绩评价三者之间的关系。

Hartmann（2000）的研究发现，关于环境不确定性与会计业绩评价使用的研究，其总体证据不具有一致性。一方面，Hirst（1983）提出，在高环境不确定下，会计业绩评价还相对不完善，造成了上下级的冲突以及工作关系的紧张。相反，在低环境不确定下，会计业绩评价可能过于完善，造成下属的自由裁量权的缩小，也带来上下级的冲突以及工作关系的紧张。Govindarajan（1984）研究发现，在高环境不确定下，会计业绩评价的使用会更少，研究显示不确定性与会计业绩评价的使用有着负相关关系。Brownell（1987）和 Govindarajan（1988）证实，不确定性对会计业绩评价的依赖与管理业绩的关系存在着负向影响。

另一方面，也有很多研究发现，环境不确定性越高，对会计业绩评价的依赖越有用。Ezzamel（1990）发现，在高环境不确定下，会计业绩评价的使用越频繁。这和不确定性与预算等正式控制之间有着正相关关系。Macintosh 和 Daft（1987）也发现，在部门间相互依存、环境不确定性以及对预算目标的重视这三者之间有着正相关关系。

以前研究表明与环境变量相一致的预算水平不会产生更好的业绩，然而，更高的信息技术预算与更好的业绩相关。Kobelsky，Richardson，Smith 和 Zmud（2008）选取了 1991—1997 年信息周刊中 562 家公司的 1 652 个信息技术预算水平观察值，来研究信息技术预算受环境等情景变量影响的程度，以及信息技术预算对公司业绩的影响程度。环境变量通过行业集中度、不确定性与产品市场多样性来衡量。研究发现，与环境等情景变量相一致的预算水平不会产生更好的业绩。此外，更高的信息技术预算与更好的业绩相关。

Melek（2009）对 2006 年土耳其 500 强企业中的 150 名会计与财务管理人员进行问卷调查，以检验预算参与与管理会计系统的交互关系对管理业绩的影响。其中，预算参与是由 Milani（1975）开发的量表来度量。管理会计系统由 Chenhall 和 Morris（1986）提出的范围和及时性这两个子维度进行度量。管理业绩则由 Mahoney et al.（1965）开发的量表来度量。研究发现，预算参与与管理会计信息系统的交互得分越高，将会带来越高的管理业绩。此外，高业绩的下属比低业绩的下属将会更多地使用管理会计系统信息。

②国内文献。

在国内，关于环境不确定性对预算影响的研究主要集中在对预算效用和对预算控制紧度这两方面的影响。王浩、张斌儒等（2015）研究了环境不确定性对预算效用的影响。研究采用了环境分析矩阵的分析方法，主要从环境的变化程度、环境的复杂程度两个维度来分析环境的不确定性。研究发现，随着环境不确定程度的增强，预算效用逐渐减弱，在变动程度和复杂程度都较低的环境下，预算效用显著，应运用预算管理这种先进的管理手段提高组织效率；在变动程度和复杂程度都较高的环境下，预算效用不显著，应进一步增强预算管理的效能。

于李胜、王艳艳和江权（2012）通过对 210 份有效问卷进行分析，深入讨论了环境、战略、组织结构对预算控制紧度的影响。研究中的量表是在国内外相关量表的基础上（Divesh S. Sharma，2002；Zuriekat，Abu Khadra 和 Alramahit，2009；郑石桥，2008）通过与企业内部人员进行访谈进而修订确定的。研究发现，环境不确定性越高，实施差异化战略的企业的预算控制紧度越低；相反，组织分权程度越高以及实施成本领先战略的企业预算控制紧度越高。此外，组织分权程度在环境不确定性对预算控制紧度的影响中起着重要的中介作用。

综上，国内外的现有研究发现环境不确定性与预算相匹配会影响业绩。与环境等情景变量相一致的预算水平不会产生更好的业绩，但更高的信息技术预算与更好的业绩相关。预算参与与管理会计信息系统的交互得分越高，将会带来越高的管理业绩。此外，高业绩的下属比低业绩的下属将会更多地使用管理会计系统信息。

（2）环境不确定性与控制结构相配合

①国外文献。

一部分学者关注控制结构和环境不确定性二者之间的关系。Jokipii（2010）检验了环境不确定性、战略、规模、组织结构这四个权变特征对内部控制结构及有效性的影响，在调查了 741 家芬兰公司后发现，可感知环境不确定性对内部控制的作用大于其他权变特征，企业会根据环境不确定性来改变内部控制结构。Gordon 和 Miller（1976）认为环境动态性的增加会使控制系统质量提高，不确定性越强，控制系统越重要。Evans et al.（1986）的研究发现，组织为了应对环境变化会频繁地修正内控系统。Waterhouse 和 Tiessen（1978）发现，不确定环境下公司会加强控制机制，因此环境不确定性越强，公司控制系统越有效。Fisher（1995）发现，公司可能会根据一个权变特征来设计控制系统以提高有效性而忽略其他的权变特征。

此外，还有一部分研究围绕控制结构、环境不确定性和业绩评价三者之间的关系。Gani 和 Jermias（2011）选取了公开上市的宣布合资的美国制造公司的数据，研究了环境、战略、控制结构之间的配合关系对国际合资企业业绩的影响。环境是根据 Webber（1990）关于价值线投资的调查中核心业务的进入壁垒来度量的。研究发现环境、战略、控制结构之间配合完美的合资企业，其价值高于适配的企业。此外，在高进入壁垒环境下运行的公司会出现战略失配，在高壁垒环境下，由于公司拥有的资源很难被竞争对手模仿，公司可以运用创新和成本战略来进行有效的竞争，因而出现战略失配的合资企业价值更高。

综上，环境、战略、控制结构之间配合完美的合资企业，其价值高于不适配的企业。此外，在高进入壁垒环境下运行的公司会出现战略不适配，在高壁垒环境下，由于公司拥有的资源很难被竞争对手模仿，公司可以运用创新和成本战略来进行有效的竞争，因而出现战略不适配的合资企业价值更高。

②国内文献。

周婷婷（2012）以 2008—2010 年期间 A 股主板制造业上市公司为样本，研究了环境不确定性与内部控制评价之间的关系。其中，环境不确定性是通过市场波动率、技术波动率和收入波动率来衡量；内部控制评价则通过以下六个变量：内部控制缺陷存在性、内部控制缺陷数量、内部控制监督机制的有效性、会计师事务所内控意见、独立董事内控意见和监事会内控意见。研究发现，当环境不确定性程度较低时，公司存在内部控制缺陷的可能性较低，内部控制缺陷数量较少，内部控制监督机制的有效性较好；环境不确定程度越低，会计师事务所、独立董事、监事会针对内部控制质量发表独立意见的可能性越大。

综上，国内外文献研究表明：不确定环境下公司会加强控制机制，因此环境不确定性越强，公司控制系统越有效。研究显示，组织为了应对环境变化会频繁地修正内控系统。公司可能会根据一个权变特征来设计控制系统以提高有效性而忽略其他的权变特征。相比其他权变特征，感知环境不确定性对内部控制的作用更大，企业会根据环境不确定性来改变内部控制结构，不确定性越强，控制系统越重要。当环境不确定性程度较低时，公司存在内部控制缺陷的可能性较低，内部控制缺陷数量较少，内部控制监督机制的有效性较好。同时，环境不确定程度越低，会计师事务所、独立董事、监事会针对内部控制质量发表独立意见的可能性越大。

（3）环境不确定性与作业成本法

Elhamma（2015）通过对 62 家不同行业的摩洛哥公司进行问卷调查，来研究环境不确定性是否对作业成本法（ABC）的使用产生影响，以及对公司业绩的影响。其中，环境不确定性通过 Gordon 和 Narayan（1984）提出的五个项目进行度量：经济环境的活力、技术环境的活力、竞争对手行为的可预测性、客户偏好的可预测性以及营销政策的回顾。研究发现，环境不确定性对作业成本法的使用没有显著影响。在不确定和动态环境中，作业成本法的使用能够导致企业竞争力和利润率的提高从而提升公司的业绩。

2.2　以技术为权变变量的相关文献

技术作为管理控制系统设计的重要组成部分，在以往文献中被定义为三个类型：复杂性、任务不确定性和相互依存性。本节先讨论技术与管理控制系统整体的关系，然后按照技术的三种类型分别讨论技术、管理控制系统和业绩三者之间的关系。

2.2.1　技术与管理控制系统

（1）国外文献

在经济全球化环境中，中小企业广泛依靠信息技术资源以提高它们的竞争力。以往文献研究显示，技术对管理控制系统有着正向和直接的影响，应鼓励技术项目的实施。

Fauzi，Hussain 和 Mahoney（2011）通过对印度尼西亚 91 家酒店的总经理、市场经理和运营经理进行问卷调查，来研究管理控制系统与技术等情景变量之间的关系。其中，管理控制系统被定义为感知有用性和 Simon（1995，2000）系统的重要性，Simon 系统分为四个层次：信任系统、边界系统、诊断控制系统、交互控制系统。技术则由 Pugh et al.（1969a）的工作流活动来度量。结果发现技术与管理控制系统有正相关关系，且技术水平越高，越需要更复杂的管理控制系统以应对组织的复杂性。

Che（2007）通过对 110 家 2011—2012 年马来西亚工业总会中制造公司的调查，研究了市场竞争与先进制造技术对管理会计和控制系统变化的影响。其中，管理会计和控制系统通过 Libby 和 Water house（1996）提出的 23 个项目来度量。先进制造技术则由 Snell 和 Dean（1992）提出的 22 个项目来度量。研究发现，先进制造技术的使用与管理会计和控制系统变化有着显著的直接关系。先进制造技术的变化与管理会计和控制系统的变化显著正相关。因为，先进制造技术的使用越多，越会改变制造成本结构，从而使制造公司的管理会计和控制系统产生越高水平的变化。这验证了技术的使用是影响管理会计和控制系统变化的主要因素。

（2）国内文献

国内在技术变量与管理控制变量二者间的关系这一方面的研究尚且不多，对于技术变量主要集中于创新技术以及技术的任务不确定性这一个维度。管理控制系统所包含的内容较为广泛，国内的研究主要集中在预算和组织结构方面。

技术创新任务的不确定性会影响组织结构。张宁辉和胡振华（2007）阐述了企业技术创新任务的不确定性、个性突现性和互补性、内激励性以及一体性特征，并由此指出了这些特征对企业组织结构选择的要求。研究发现，企业技术创新任务的不确定性在组织结构的选择中，要求扩大和弱化企业边界、减少企业层次、扩大企业单位数量、缩小企业单位规模、降低企业正规化程度和提高企业的有机化水平。

任务不确定性也会影响预算控制紧度与预算控制效果之间的关系。鲍卫新（2008）通过对钢铁、化工、医药、纺织、通信、电气等 10 多个领域中的企业中层管理者进行问卷调查，研究任务不确定性对预算控制紧度及控制效果的影响。研究发现，在任务不确定性程度较低时预算控制紧度与预算控制效果正相关程度较高，而在不确定性程度较高时预算控制紧度与预算效果正相关。

综上所述，国内外文献表明，权变理论认为组织系统应当随着外部环境、技术等权变因素的不同而做出相应调整，否则将导致不利的后果。对管理会计实践的使用影响最大的是先进的生产技术。先进的生产技术会正面和直接地影响管理会计实践的使用。技术水平越高，越需要更复杂的管理控制系统以应对组织的复杂性。同时，先进制造技术的使用越多，越会改变制造成本结构，从而使制造公司的管理会计和控制系统产生更高水平的变化。研究发现，先进制造技术的使用与管理会计和控制系统变化有着显著的直接关系。

此外，技术层面中的任务不确定性这一维度也会对管理控制系统产生影响。技术创新任务的不确定性会影响组织结构。研究发现，企业技术创新任务的不确定性在组织结构的选择中，要求扩大和弱化企业边界、减少企业层次、扩大企业单位数量、缩小企业单位规模、降低企业正规化程度和提高企业的有机化水平。任务不确定性也会影响预算控制紧度与预算控制效果之间的关系。研究发现，在任务不确定性程度较低时预算控制紧度与预算控制效果正相关程度较高，而在不确定性程度较高时预算控制紧度与预算效果正相关程度较低。

2.2.2　技术、管理控制系统与业绩

技术在组织行为中有许多含义。一般情况下，技术是指组织的工作流程如何运作，包括硬件（如机器和工具）、软件、材料、人员与知识。技术作为管理控制系统设计的重要组成部分，在以往文献中被定义为三个类型：复杂性、任务不确定性和相互依存性。以下将分别从任务不确定性、相互依存性及技术的其他方面来分析其与管理控制系统相配合进而对业绩的影响。

（1）任务不确定性、管理控制系统与业绩

①国外文献。

任务不确定性会影响对会计业绩指标的依赖程度。Hirst（1983）研究了在高水平和低水平的任务不确定环境下，会计业绩指标（APM）使用的影响。研究发现，在高水平任务不确定环境下，会计业绩指标是相对不完整的业绩指标，对会计业绩指标从中到低的依赖，减少了例外行为的发生。任务不确定性很高时，对会计业绩指标的依赖增加；相反，任务不确定性很低时，对会计业绩指标的依赖将减少。研究结果显

示，高难度和高可变性的任务对会计业绩指标的较低依赖相关。

在任务不确定性作用下，对广泛信息的使用程度与管理业绩的关系更为显著。Mia 和 Chenhall（1994）通过对 12 家制造公司的 75 名管理者进行问卷调查，研究了管理控制系统所使用的更为广泛的信息技术对管理业绩的影响。其中，管理会计系统对广泛信息的使用程度根据 Chenhall 和 Morris（1986）设计的量表来度量。任务不确定性则由任务复杂与稳定性、任务难度与变异性以及任务分析性来度量。研究发现，管理会计系统对广泛信息的使用可以提高营销活动的业绩，而非生产活动的业绩。由于营销部门比生产部门面临更多的任务不确定性，因此在营销部门管理会计系统对广泛信息的使用程度与管理业绩的关系更为显著。

任务不确定性会影响管理会计系统信息的使用对管理业绩的作用。Chong（2004）通过对 131 位来自澳大利亚制造公司高级经理进行问卷调查，来研究工作相关信息对管理会计系统（MAS）和任务的不确定性之间的关系对管理业绩的影响。研究使用修改后的 Withey et al.（1983）量表来度量任务不确定性。工作相关信息通过 Kren（1992）提出的量表来度量。范围广泛的管理会计系统信息的使用则通过 Chenhall 和 Morris（1986）提出的量表来度量。管理业绩是由 Mahoney et al.（1963，1965）开发的量表来度量。研究发现，范围广泛的管理会计系统信息的使用，工作相关信息和任务的不确定性对管理业绩的影响有显著的三方交互作用。在较低的任务不确定性下，对范围广泛的管理会计系统信息的使用，可能导致信息超载，从而对管理业绩有不利影响；在较高的任务不确定性下，更多地使用范围广泛的管理会计系统信息以及工作相关信息会提升管理业绩。

任务不确定性能够影响高参与度和高预算强调度对业绩的作用。Lau et al.（1995）通过对 80 家新加坡制造公司中 100 多名雇员进行问卷调查，研究了预算强调、预算参与和任务不确定性对管理业绩的影响。其中，预算强调根据 Hopwood（1972）提出的量表来度量。预算参与由 Milani（1975）量表来度量。任务不确定性则由 Withey et al.（1983）量表进行度量。研究发现，高参与度和高任务难度与预算强调无关，而高参与度和高预算强调度在低任务难度条件下能够提高业绩。

任务不确定性与会计（人员）控制相关时能够影响业绩。Abernethy 和 Brownell（1997）通过对澳大利亚的一家大型工业公司和一家主要的美国科学机构的高级研究人员进行问卷调查，来研究任务特征对会计、行为和人员控制形式有效性的影响。研究发现，比起任务可分析性，个别情况对控制的适宜性影响更显著。研究结果显示，高分析性的技术与会计（人员）控制有关。

任务不确定性能够与灵活的预算和低参与度相配合来影响业绩。Brownell 和 Merchant（1990）通过对 19 家电子公司的 201 位生产经理进行问卷调查，研究了产品标准化与制造过程自动化对预算参与、预算目标灵活性和部门业绩之间关系的影响。其中，组织业绩由 Heneman（1974）量表来度量；预算参与由 Swieringa 和 Moncur（1975）的量表来度量；对制造过程自动化的度量选用 Inkson，Pugb 和 Hickson（1970）提出的量表。研究发现，产品标准化从预算系统的设计和使用两个方面来影响业绩。产品标准化显著地影响了两个预算变量和业绩之间的关系，而制造过程自动化则没有这种关系。研究结果显示，更高标准化的产品与灵活的预算和低参与度相配合以提高业绩。

技术进步与工作业绩有着显著关系。Islam 和 Talukder 和 Hu（2011）通过对孟加拉市 14 家大型伊斯兰银行与传统银行的中、高级管理层员工进行问卷调查，研究了技术、工作复杂性与宗教导向对金融服务业经理人业绩的影响。研究发现，工作复杂性与管理业绩显著正相关，工作的复杂性对管理业绩和内在工作满意度十分重要。从事复杂工作的管理者会对管理业绩和内在工作满意度给予高度评价，而承担重复或不太重要的任务的管理者会认为他们的业绩不被重视。此外，在伊斯兰银行，技术进步与工作业绩有直接显著的正相关关系；在传统银行，技术进步与工作业绩有直接显著的负相关关系。可能原因是，传统银行在孟加拉经历着快速的技术变革，经理正在这场变革中挣扎，这可能是短期现象。

②国内文献。

国内的研究主要集中于创新技术以及技术的任务不确定性这一维度

对管理控制系统以及业绩的影响。

技术变量对企业文化与创新业绩的关系具有调节作用。刘雯雯和樊路青（2015）运用权变理论，通过对研发经理和市场经理在内的 253 个被访者以及 142 个企业的调查分析，研究发现技术动荡性对文化制品与产品方案创新性的关系有调节作用，技术动荡性越强，文化制品对产品方案创新性的提高效应越弱。

管理会计与控制技术对公司业绩有正向影响。杜荣瑞和肖泽忠等（2008）通过对广东、福建、黑龙江、江苏、陕西、四川和天津七个地区 337 家上市公司的财务总监进行问卷调查，研究了管理会计与控制技术（MAC）在中国公司当前的使用情况、它们对业绩的影响，以及影响它们应用程度的因素。研究发现，公司使用管理会计与控制技术差别很大，从"完全没有"到"非常广泛"均有。这种现象说明中国公司的管理者们在决定采用管理会计与控制技术实务与否时有很大的自主权。除了作业成本法和作业管理法外，更多的 MAC 的使用与较高的公司业绩有关。

技术创新会影响内部控制对创新绩效的作用。张娟和黄志忠（2016）通过对我国制造业上市公司的理论分析和实证检验，发现虽然整体上我国内部控制对技术创新和创新绩效存在促进作用，但作用力较弱。其中，内部控制通过采用迪博数据库提供的内部控制综合评分来衡量；被解释变量的衡量取自于现有以公司业绩和技术创新为被解释变量的文献（Rajan & Zingales，1998；Hutchinson & Gul，2004；辛清泉、谭伟强，2009）。研究发现，在技术创新活跃的公司中，内部控制提高创新绩效的作用力较弱；在大部分处于创新平均水平的公司中，内部控制的加强产生抑制创新投入的倾向；而在技术创新消极的公司中，内部控制对创新投入和创新绩效都没有发挥显著的改善作用。

任务不确定性会影响控制方式与控制绩效之间的关系。吉利、毛洪涛、王子亮等（2011）通过在中国国有大型铁路施工企业的实地研究，探讨了任务不确定性对控制方式进而对控制绩效的影响。其中，通过 Witheyetal（1983）开发的量表度量任务可分析性和例外事件；行为控制则运用修改后的 Hage 和 Aiken（1967）开发的量表来度量；控制绩效的评判标准则由深度访谈来建立。研究发现，当面临"常规的"任务时，四种控制方式都对控制绩效有显著为正的影响；当任务不确定性较低（特别是例外事件少）时，正式的控制方式（行为控制和结果控制）对控制绩效有显著为正的影响；随着例外事件变多，非正式的控制方式（人员控制和过程控制）将产生更显著的效用。任务不确定性会影响对会计业绩指标的依赖程度。在高水平任务不确定环境下，会计业绩指标是相对不完整的业绩指标，对会计业绩指标从中到低的依赖，减少了例外行为的发生。高难度和高可变性的任务对会计业绩指标的较低依赖相关。

综上所述，国内外文献表明：其一，任务不确定性会影响广泛信息的使用程度与管理业绩的关系。研究发现，管理会计系统对广泛信息的使用可以提高营销活动的业绩，而非生产活动的业绩。由于营销部门比生产部门面临更多的任务不确定性，因此在营销部门管理会计系统对广泛信息的使用程度与管理业绩的关系更为显著。

其二，任务不确定性会影响管理会计系统信息的使用对管理业绩的作用。在较低的任务不确定性下，对范围广泛的管理会计系统信息的使用，可能导致信息超载，从而对管理业绩有不利影响；在较高的任务不确定性下，更多地使用范围广泛的管理会计系统信息以及工作相关信息会提升管理业绩。

其三，任务不确定性能够影响高参与度和高预算强度业绩的作用。任务不确定性与会计（人员）控制相关时能够影响业绩。任务不确定性能够与灵活的预算和低参与度相配合来影响业绩。技术进步与工作业绩有着显著关系。此外，任务不确定性会影响控制方式与控制绩效之间的关系。

（2）相互依存性、管理控制系统与业绩

低相互依存性的组织、预算分析对业绩有所影响。Williams et al.（1990）通过对加拿大的 22 个公共部门组织中 201 个部门进行问卷调查，研究了在汇集与交互任务的相互依赖性条件下，经理预算行为与组织业绩的关系。其中，预算相关行为由 Swieringa 和 Moncur（1975）所开发的量表来度量；任务的相互依存性由 Van de Ven 和 Delbecq

（1974）开发的量表来度量；组织业绩则根据 Van de Ven 和 Ferry
（1980）开发的量表来度量。研究发现，经理的预算行为特征与公共和
私人部门相似。在低相互依存的公共部门组织，强调预算分析和管理者
对业绩的影响，但是对上级的互动以及对预算解释的要求很少。

战略定制会通过相互依存性间接影响管理会计系统。Bouwens 和
Abernethy（2000）通过对 85 个企业经济单元中 170 位生产销售经理进
行问卷调查，不仅研究了战略和管理会计系统之间的关系，并建立了模
型来解释这种关系存在的原因。其中，战略定制由 Pugh，Hickson，
Hinings 和 Turner（1969）提出的量表来进行度量；相互依存性由 Van
de Ven，Delbecq 和 Koenig（1976）开发的量表来度量；管理会计系统
则由 Chenhall 和 Morris（1986）提出的量表进行度量。研究发现，战略
定制会通过相互依存性而非直接地影响管理会计系统。在生产和销售经
理当中，管理会计系统的使用没有显著的差别。研究结果显示，战略定
制与高水平的相互依存性相关，该相互依存性与经营决策的重要性、信
息集成特征和及时性相关。

相互依存性水平会影响管理会计系统信息的使用对业绩的作用。
Gerdin（2005）通过对瑞典 5 家制造公司的 160 位生产经理进行问卷调
查，研究了组织相互依存性对管理会计系统信息使用的影响进而对业绩
的影响。其中组织相互依存性通过 Macintosh 和 Daft（1987）提出的量
表进行度量；业绩则由 Govindarajan（1984）等人提出的多维方法进行
度量。研究发现，高水平的组织相互依存性与管理会计系统信息的使用
量和使用频率相关，进而与更高的业绩相关。在高水平的相互依存性组
织当中，对管理会计系统信息的大量使用会显著正向地影响业绩。研究
结论显示，组织相互依存性与管理会计系统使用的配合能够提高业绩。

（3）其他方面的技术、管理控制系统与业绩

①信息技术预算与管理业绩。

信息技术预算是整体预算中的一个重大要素。在企业价值链的业务
流程中，信息技术预算决策往往有显著的业务和战略影响。Kobelsky，
Richardson 和 Smith（2008）通过对 562 家公司的 1 652 个信息技术预
算观察值的调查研究，分析了信息技术预算受环境、组织和技术环境的

影响程度。研究发现，权变的环境、组织和技术因素影响管理者的预算决策。信息技术预算水平与公司业绩和股东回报正相关。

Mohamed，Evans 和 Tirimba（2015）通过对相关银行的 70 名员工进行调查分析，研究了预算控制技术对银行业绩的影响。预算控制技术有效性的调查结果说明责任会计、差异分析和零基预算会提高预算控制并提高效率。此外，成本差异分析本身不会影响组织业绩，但是它会通过影响决策制定进而影响组织业绩。研究还发现，组织人员需要对现有的预算控制技术进行培训，以提高业务决策并提高效率和生产力。

②信息技术、作业成本法与管理业绩。

一些文献研究了信息技术与现代管理会计系统的相互作用关系以及对业绩的影响。Diavastis，Anagnostopoulou 和 Drogalas（2016）通过对 350 家希腊酒店进行研究调查，分析了会计信息系统用户满意度和作业成本法使用的交互作用对酒店财务业绩的影响。研究表明，会计信息系统用户满意度对酒店财务业绩有正向却不显著的影响；作业成本法的使用对酒店财务业绩没有直接影响，而作业成本法的使用与会计信息系统用户满意度的交互作用会提升酒店财务业绩。因此，与作业成本法相配合的信息技术应当是高质量、集成和有效的。

采用作业成本法技术能够提高公司业绩。Kennedy 和 Affleck-Graves（2001）通过对 853 家英国上市的前 1 000 强企业的调查，研究了作业成本法技术对公司业绩的影响。研究结果显示，采用作业成本法技术显著提高了公司的相对业绩。作业成本法技术通过更好的成本控制和资产利用，以及财务杠杆的使用增加了公司价值。

③技术、企业资源计划系统与管理业绩。

高级管理会计技术与企业资源计划系统相配合能够显著影响管理业绩。EKER 和 AYTAÇ（2016）通过对土耳其前 500 强企业中 445 家制造企业进行调查，来研究企业资源计划（ERP）系统与高级管理会计技术（AMAT）之间的相互作用对公司业绩的影响。其中，企业资源计划（ERP）系统的度量由 12 个项目组成。高级管理会计技术的度量也由 12 个项目组成。公司业绩由以下项目来度量：营业利润、投资回报率、资产收益率、销售增长率、经营活动现金流量、销售成本比率、市场成长率、人力资源开发、员工满意度、客户满意度以及新产品开发水平。研究结果发现，企业资源计划系统与高级管理会计技术之间的高度互动与更高的财务与非财务业绩相关。

Albu 和 Dumitru（2015）通过收集 2006—2011 年阿尔法分销公司的数据，来分析企业资源规划系统如何代替管理技术从而显著提高组织业绩，即企业资源规划系统与情景变量的配合如何影响组织业绩。研究发现，案例公司的企业资源计划系统可以替代管理技术，显著提高可持续发展的组织业绩。

④技术与管理业绩。

以往研究结果表明，传统管理会计技术和现代管理会计技术的使用与业绩显著相关。Azhar 和 Rahman（2009）通过对马来西亚公立高等院校和私立高等院校的 45 名受访者进行问卷调查，来研究探讨管理会计技术运用与高校管理活动业绩之间的关系。其中管理会计技术的度量是根据 Azhar 和 Ibrahim Kamal（2008）等的研究将技术分为传统管理会计技术和现代管理会计技术，运用李克特量表进行度量。研究发现，马来西亚的高等学府渴望使用关键绩效指标作为它们的管理会计技术之一，以获得最佳管理会计实践的优势。研究结果显示，在公立和私立高等院校中，传统管理会计技术和现代管理会计技术的使用与业绩显著相关。这可能与利用现有的技术以提高组织绩效的重要作用有关。

Duh，Xiao 和 Chow（2009）通过对 219 家中国上市公司的调查，来研究中国公司管理会计和控制（MACs）的使用和业绩影响。研究从 6 个方面来度量公司业绩：顾客满意度、成本效率、员工士气、工作满意度与承诺、按时交货给客户、创新以及持续改进。研究发现，样本公司至少有适度使用的 12 个特定的管理会计控制技术。研究结果显示，管理会计控制技术使用的程度与公司属性以及环境特点正相关，与公司业绩显著正相关。

Nisiyama，Oyadomari 和 Tsang（2016）通过对巴西汽车零部件工业联盟 500 多家联营公司的管理者进行问卷调查，来研究管理控制系统和作业管理技术以及公司业绩之间的关系。其中，将成本降低和新产品的引入作为经营业绩指标，运用 7 分李克特量表进行度量。研究发现，对管理控制系统的诊断使用与成本降低目标正相关，对管理控制系统的交互使用与新产品引入的目标正相关；对作业管理技术的使用会正向影响成本降低目标，而与新产品的引进没有直接关系。

综上，研究结果表明：第一，创新技术、信息技术以及管理会计与控制技术都会对业绩产生影响，且技术对管理控制系统的作用体现在预算、作业成本法、企业资源计划系统等方面。

第二，创新技术会影响内部控制对创新绩效的作用。在技术创新活跃的公司中，内部控制提高创新绩效的作用力较弱；在大部分处于创新平均水平的公司中，内部控制的加强产生抑制创新投入的倾向；而在技术创新消极的公司中，内部控制对创新投入和创新绩效都没有发挥显著的改善作用。此外，技术变量对企业文化与创新业绩的关系具有调节作用。

第三，信息技术对业绩的总效应是两个不同组成部分的权衡：一个部分是，情景变量驱动的信息技术预算水平，反映了环境、组织和技术因素的影响以及由此产生的信息技术预算；另一个部分是，特殊的信息技术预算水平，反映了控制情景变量之后，公司特定的边际信息技术预算支出。这两部分都与业绩显著正相关。也有研究显示，信息技术的使用与出口企业业绩之间有着正相关关系。此外，对信息技术与业绩关系方面的研究，存在着相互对立的不同见解。一方面，以往研究结果表明，传统管理会计技术和现代管理会计技术的使用与业绩显著相关。在公立和私立高等院校中，传统管理会计技术和现代管理会计技术的使用与业绩显著相关。管理会计控制技术使用的程度不仅与公司属性以及环境特点正相关，还与公司业绩显著正相关。另一方面，也有研究发现，信息技术和预算控制的使用不会影响企业的财务业绩。Ngwenya 和 Ndalama（2016）研究发现，茶叶制造企业运用了预算控制、出口市场战略、信息技术的使用和效率管理，这些因素与所选公司的盈利能力没有显著相关性。

2.3 以战略为权变变量的相关研究

Otley（1980）及 Dermer（1977）认为控制系统的设计应适应于企业战略。基于权变理论的管理会计研究认为没有什么普适的，即企业不可能采用通用管理控制系统（Otley，1980；Kh 和 Walla，1977；Hofstede，1984；Espejo，2008）。

国内外现有研究对于战略的分类主要有以下四种：Miles 和 Snow（1978）描述了三种成功的组织类型：防御型、激进型与分析型，将重点放在产品与市场的变化率上；Porter（1980，1985）描述了成本领先、差异化与聚焦三种基本战略类别；按照产品创新的程度，Miller 和 Friesen（1982）将公司归纳为保守型和创新型以及关注战略使命的变化过程；Gupta 和 Govindarajan（1984）将战略分为构建、维持、收获、放弃四类。

Fisher（1995）将管理控制系统按控制手段划分为预算、薪酬激励及业绩评价三大类。接下来，本节按 Fisher（1995）对于管理控制系统的分类进行综述。

2.3.1 管理控制系统

竞争是决定组织战略持征的一种环境因素，Kh 和 Walla（1972）采用邮件调查 92 家制造公司总裁的方式，研究了控制系统与竞争间的关系。Kh 和 Walla（1972）以标准成本、增量成本、弹性预算、内部审计、绩效审计、运用 IRR/PV、统计质量控制、存货控制、系统性评价员工的方法等 9 和标准来度量财务控制和非财务控制，他们区分了竞争的三种形式：产品、流程与市场，并且通过重要性和集中度来权衡。研究发现，竞争化层级越高，对正式化控制系统的依赖就越强。

（1）战略与管理控制系统

Govindarajan 和 Gupta（1985）、Govindarajan 和 Fisher（1990）、Widener（2004）及 Natalie 等（2010）的研究也均发现战略和管理控制系统之间存在正相关关系。

Govindarajan 和 Gupta（1985）以马萨诸塞州、康涅狄格州、纽约的 58 份调查问卷为样本，以效率作为因变量，用 12 个业绩维度进行评级，12 个业绩维度包括：销售增长率、市场份额、新产品开发、市场开发、研发、人员发展、政治/公共事务、经营利润、利润与销售比率、经营现金流、投资回报率、成本削减计划。战略作为自变量，通过对构建、维持、收获、放弃的战略分类，关注战略使命的变化过程。研究发现，战略与管理控制系统之间存在正相关关系。

Govindarajan 和 Fisher（1990）对从财富 500 强或所有中西部公司中选择的随机样本发放了调查问卷，有效问卷共 121 份。以效率作为因变量，用 12 个业绩维度进行评级，12 个业绩维度包括财务以及非财务标准：销售增长率、市场份额、营业利润、利润与销售比率、经营现金流、投资回报率、新产品开发、市场开发、研发、成本削减计划、个人发展和政治/公共事务。自变量战略使用 Porter 的战略分类，即成本领先和差异化战略，研究发现两者正相关。

Widener（2004）以 107 家制造企业数据为样本，战略包括以 Lohtia 等（1994）的研究为基础的特定企业及以 Abernethy 和 Brownell（1997）的研究为基础的行为不确定性等，控制包括个人控制、非传统结果控制等，研究发现战略与 MCS 正相关。

现有研究发现控制系统能平衡激进型公司的创新过度问题。Miller 和 Freisen（1982）以加拿大蒙特利尔地区 52 个商业公司为样本，采访公司副总裁及以上职级，将样本公司的战略分为防御型和激进型两组，采用 5 分法回答管理信息系统、费用中心、利润中心、抽样质量控制、标准成本、员工正式的考核 6 个控制问题，通过取平均值的方式来度量控制系统，研究发现控制系统能平衡激进型公司因创新过度带来的问题。

与以上研究不同，David（2002）以电信公司经理人的半结构性访谈数据为样本，发现企业会使用管理控制系统来控制战略。Merchant（1985b）及 Hasan 等（2011）则发现企业战略与其管理控制系统无关。Merchant（1985b）通过公司内部采访和问卷调查 54 个利润中心的经理，探寻如何控制随意的决策，问卷中控制的衡量包括：净收益目标、预算费用目标、职员规模目标、程序控制、会议，而战略则通过直接询问经理获得。研究发现依循成长型战略的企业所采用的控制机制与维持或选择性增长战略中采用的控制机制并无很大差异。Hasan 等（2011）向印度尼西亚 141 家星级酒店的经理人发放问卷，最终样本为 75 份问卷，管理控制系统的衡量基于 Simons（1995，2000）的四个控制杠杆，包括信仰系统、边界系统、诊断式控制系统和交互式控制系统，战略的衡量基于 Govindarajan 和 Fisher（1990）的研究，即成本领先、差异化的分类，研究结果表明战略与管理控制系统没有显著关系。

还有研究发现战略类型不同，公司对控制系统的使用程度不同。Simons（1987a）采用邮寄调查方式，以加拿大安大略省及魁北克省的 108 家公司为样本，研究了控制系统与战略之间的关系。Simons 将 32 个控制系统变量归纳为 10 个因素——从紧的预算目标、外部审查、结果控制、成本控制、预测数据、有关产出效率的目标、报告频率、基于明确公式的奖金报酬、矫正控制系统、控制系统动态性，来度量管理控制系统，战略分为防御型和激进型，研究发现，与激进型公司相比，防御型公司对控制系统的使用较少。这与 Porter（1980）及 Miles 和 Snow（1978）的研究结论不同。Porter（1980）认为，在公司追寻成本领先定位时，严格的成本控制是恰当的；Miles 和 Snow（1978）认为，防御型公司其效率与执行中的成本监控更为重要，而激进型公司更多地偏向于结果导向。而 Chenhall 和 Morris（1995）认为与创新型、激进型和产品差异化战略相比，保守型、防御型和成本领先战略更适合成本控制、具体的经营目标和预算等。

以上研究大体关注了激进型/防御型及差异化/成本领先的经营战略，20 世纪 90 年代初期，研究者也开始关注质量、运营战略和控制系统，运营战略主要包括质量战略以及制造弹性战略。

战略与 MCS 之间的关系存在国别差异，如 Daniel 和 Reitsperger（1994）及 Ittner 和 Larcker（1997）。Daniel 和 Reitsperger（1991，1994，1995）区分了两种质量战略：零缺陷战略与经济符合性水平战略。Daniel 和 Reitsperger（1994）的研究发现，与日本管理者相比，美国的制造企业管理者更多地坚持零缺陷战略，但很少接收管理控制系统的信息以支持零缺陷战略。日本的经理们无论遵循哪种战略都会接纳管理控制系统。Ittner 和 Larcker（1997）调查了加拿大、日本、德国和美国的汽车和电脑公司及其部分供应商。战略控制举措主要强调战略实施操作、内部监控手段以及外部监控，控制系统包括外部控制重点监控与竞争者相比的业绩表现，并评估顾客及市场反应。研究发现，在美国和德国的组织中，战略与控制之间的关系更显著。

Abernethy 和 Lillis（1995）通过对澳大利亚墨尔本 42 家制造公司的经理人收集数据，来研究制造弹性战略对管理控制系统设计的影响。战略弹性包括产品制造变革中的技术困难、弹性的战略承诺、满足顾客需求的周转时间三类，管理控制系统被定义为以效率为基础的业绩评价，以效率为基础的业绩评价度量来源于 Kaplan（1983），Howell 和 Soucy（1987）以及 Chase（1990）的 18 个指标。研究表明，战略与管理控制系统存在负相关关系。

综上所述，以往对战略和管理控制系统关系的研究并没有得出一致的结论，绝大部分研究是通过问卷调查、访问等形式展开的。有部分研究从基本战略类别、战略使命等进行战略选择，得到战略和管理控制系统存在正相关关系；而有的研究从基本战略类别出发，并没有发现战略和管理控制系统存在着相关性；也有部分研究认为战略和管理控制系统关系会受到战略类型差异、数据的国别差异影响，会有不一样的结论。以往研究在探究战略和管理控制系统关系方面做出的探索，因不同的变量度量方式、样本选取、研究方法等得出了不同的结论，也正是由于不同研究的侧重点不一样才有了不同的结论，战略和管理控制系统包含的内容非常广，所以在研究方法的选择、变量形式的刻度、样本的选取等方面需要更加合理准确，对于不同战略关系与管理控制系统关系的对比研究也更加有意义。

（2）战略、管理控制系统与企业业绩

业绩的好坏依赖战略与管理控制的匹配，对于考虑企业业绩后，管理控制系统的作用是怎样的，我们进行如下综述。

Emanuel 等（2016）以 2014 年 2 月至 4 月圣埃斯皮里图大中型公司 73 份有效调查问卷为样本，使用结构方程进行数据分析，研究了战略选择和管理控制系统对组织绩效的影响。战略的衡量借鉴了 Porter（1986，1991，1998）的研究；管理控制系统的衡量借鉴了 Ferreira 和 Otley（2006）的研究；业绩的衡量借鉴了 Oyadomari（2008）、Junqueira（2010）的研究。研究结果表明，管理控制系统的设计和使用受所选择的战略的影响，并且当前管理实践的使用与差异化战略相关；选择差异化战略的公司需要范围更广泛的管理控制系统工具，战略选择和管理控制系统对组织绩效有积极影响，那些将差异化战略与当代管理实践相结合的公司的业绩优于其他公司，这与 Henri（2006）、Mantovani（2012）以及 Soutes 和 Guerreiro（2007）的研究结果一致，即战略对公司的组织绩效有影响，管理控制系统是完全中介作用。

然而也有研究表明，战略和控制系统的协同作用会对企业绩效产生影响。Melek 等（2016）以 2014 年土耳其前 500 强中 94 家制造企业的数据，基于 Acquaah（2013）的研究衡量管理控制系统（管理控制系统的两个子维度：诊断式和交互式控制系统），诊断式控制系统由 9 个项目构成、交互式控制系统由 7 个项目构成，基于 Acquaah（2013）的研究衡量战略，差异化战略由 9 个项目的平均值构成，成本领先战略由 7 个项目的平均值构成。研究发现交互式控制系统和差异化战略之间高相互作用与高企业绩效相关联，诊断控制系统和成本领先战略之间的高相互作用与高企业绩效相关联。

根据以上研究，有的研究采用波特的战略基本分类，研究发现战略与绩效关系显著，管理控制系统为中介作用；而有的研究也采用波特的战略基本分类，却发现战略与控制系统的协同作用对绩效会产生显著影响。原因可能是研究样本存在的差异、管理控制系统与绩效的衡量方式不同，或者是数据处理的方式不同、所用软件不同。

2.3.2　预算

现有研究表明战略和预算之间存在一定关系。Collins 等（1997）将 128 份以拉丁美洲的会计人和经理人为对象的问卷调查作为样本，预算的衡量借鉴 Rayburn（1993）及 Horngren 和 Foster（1993），战略分类基于 Miles 和 Snow（1978）的研究，即防御型、激进型与分析型，侧重产品与市场的变化率分类。研究发现，激进型战略与预算呈显著正相关关系。Natalie 等（2010）以大型跨国公司 Astoria PLC 为对象进行案例研究，通过与管理人员访谈、内部文档、年度报告及公司网站获取数据，研究认为预算有效地促进了战略的实施。Abernethy 和 Brownell（1999）认为战略与预算要相互协调，才能提高组织业绩。

Abernethy 和 Brownell（1999）通过调查澳大利亚 63 家公立医院经理人，研究了战略变革和预算之间的关系。战略变革的衡量改编于 Shortell 等（1990）的研究，战略使用的类型基于 Simons（1990）的交互控制形成 4 个项目，研究发现，如果预算能够被交互地使用以减少与战略变革相关的破坏性影响，组织的业绩将会得以提高。同时，Van der Stede（2000）认为激进型公司可能会伴随预算松弛以应对多变的环境。

Van der Stede（2000）通过调查比利时的一些多元化公司，获得了 153 份有效问卷，研究了激进型公司的预算控制能从多大程度上提高企业的竞争地位。预算松弛由与容易实现预算目标有关的 5 个项目度量，战略分为成本领先和差异化战略，用 Govindarajan 和 Fisher（1990）研究中的评价指标来确定。研究结果表明，激进型公司可能会预算松弛以从容应对不断变化的环境。而 Cemil Kuzey（2016）的研究则认为战略与预算无关。

Kuzey（2016）运用 2016 年 2—6 月土耳其 565 家公司的问卷调查数据，研究了战略与预算之间的关系。为了衡量预算使用情况，根据 King 等（2010）采用了 8 个项目，战略的衡量借鉴了 Porter（1980）的研究，即成本领先和产品差异化战略，使用验证性因子分析和基于协方差的结构方程模型分析数据。研究发现，战略对预算使用的范围没有显著影响。

现有研究还发现战略分类不同则与预算的关系不同。Majdy 等（2009）对约旦 20 家银行和 24 家保险公司进行了问卷调查，由受访者根据 Govindarajan（1988）报告的业务战略相关的 6 个维度，确定他们的公司相对于其领先竞争对手的位置来进行战略衡量。预算系统特征的衡量包括预算制度做法及预算系统使用（即规划、协调和信息共享、目标沟通、动机和绩效评估的程度），用验证性因子分析（CFA）和多元回归进行数据分析。研究发现，成本领先战略对预算系统特性有重大影响而差异化战略和预算系统特征的组织之间没有显著的关系。

综上所述，现有研究以防御型、激进型与分析型对战略进行分类时，发现战略与预算呈正相关关系；也有研究认为战略与预算要相互协调才能提高企业业绩；有的研究基于战略基本分类，即成本领先和差异化战略进行研究，发现战略与预算之间不存在相关关系；还有的研究发现战略不同，对预算的影响不同。因此，研究的侧重点不一样，战略与预算的研究也就得出不同的结果。

2.3.3 薪酬激励

（1）国外文献

Govindarajan 和 Gupta（1985）通过调查 8 家企业中的 46 个 SBU 经理，研究了战略与薪酬激励之间的关系。研究发现，构建战略要求建立长期导向基础，激励奖金同样应该建立在长期标准之上（有趣的是，他们并未发现奖金的短期标准与构建或收获战略公司的效率之间存在很强的相关性）。

Brian 等（2001）收集了两个独立的瑞士金融机构的数据，并对其员工进行随机抽样，研究了薪酬制度与战略的关系。样本一中分为 5 个战略业务部门：私人银行、投资银行、机构资产管理、零售银行和物流，随机抽取 401 位员工。样本二与样本一稍有不同，分为以下 5 个战略业务部门：私人银行、投资银行、机构银行、零售银行和公司客户，随机抽取 516 名员工。薪酬包括两部分，即基本工资和奖金，借鉴Miles 和 Snow（1978）的研究，将战略分为防御型、分析型及激进型。研究发现，薪酬制度与分部战略方向相关。

（2）国内文献

顾建平和陶应虎（2013）通过对南京高技术企业知识员工薪酬激励状况进行的问卷调查，对高技术企业知识员工薪酬激励进行了理论与实证分析。研究发现，战略导向视域下薪酬与知识员工激励程度之间正相关。

杨建峰等（2008）通过对成都、南昌、杭州等地区的 185 家中小型企业发放问卷，收回有效问卷 136 份，研究了战略与薪酬激励的关系。战略采用 Porter（1980）的问卷进行测量，包括低成本战略、差异化战略和集中化战略三个维度；薪酬包括两个方面：薪酬设计和薪酬程序，使用 Balki 和 Gomez-Mejia（1987）的问卷；用组织收益和员工发展来衡量公司的绩效。研究发现，公司竞争战略对组织绩效的影响程度受到薪酬策略的调节。

由以上研究可知，关于战略与薪酬激励的研究较少，可能是因为在企业中薪酬数据的获取有难度，但研究结果基本一致，即战略类型不同，采取的薪酬激励不同。

2.3.4　业绩评价

（1）国外文献

有部分研究对防御型组织、成本领先及收获战略的公司进行了分析。Simons（1987a）发现高业绩防御型公司会对业绩的预算实现进行奖励。Govindarajan（1988）以财富 500 强榜单上 24 家公司共 75 份问卷为样本，预算衡量基于 Hopwood（1972）和 Otley（1978）的研究，其在依循低成本战略的高业绩防御公司中研究发现了相同结果，得到相似结论的还有 Gupta（1987）对收获战略及低成本战略公司、Porter（1980）对成本领先战略公司的研究。Govindarajan 和 Gupta（1985）从主观性业绩评价出发，研究发现追寻收获战略的公司若过于依赖长期的、主观性奖励制度则会阻碍改进效率。因此，相关研究结论具有一致性，客观的业绩评价与激励机制能对类似防御型战略起到支撑作用，这一点已取得共识。

然而在追寻激进型、差异化和构建战略的组织里，相关研究得到了不一致的结论。Portor（1980）认为实施差异化战略下主观业绩评价也是合适的。Govindarajan 和 Gupta（1985）对奉行构建使命的组织的研究和 Gupta（1987）对奉行构建使命及差异化战略组织的研究都证明了这一点。Govindarajan 和 Fisher（1990）以财富 500 强榜单上 24 家公司共 121 份 SUB 经理的邮寄调查为样本，研究了差异化战略依赖行为控制，这说明业绩评价采用了主观性基础。相反，Gupta 和 Govindarajan（1986）却发现在业务单元间资源共享的程度较高时，主观而非客观方法对奖金的决定更为有利，资源共享本身对成本领先战略有效性的贡献要大于差异化战略。

随着研究的不断深入，很多研究发现公司战略与非财务指标评价有密切关系。Ittner 和 Larcker（1995）通过分析 1991 年国际管理咨询公司的调查资料，研究针对汽车行业的全面质量管理实践、信息和激励报酬的协同分析。激励由 7 个问题来度量，包括自下而上的数据整合技术、标杆程度、团队和个人绩效的重要程度等。研究结果发现了差异化战略与非财务评价指标之间的关联性。

Perera 和 Poole（1997）以悉尼制造企业的 109 个经理人的有效问卷为样本，以顾客为中心的制造战略的替代变量为 AMP 和 AMT，AMP 的衡量借鉴了 Chenhall（1993）的研究，AMT 的衡量借鉴了 Inkson 等（1970）的研究，非财务业绩计量的衡量借鉴了 Homgren 等（1994）的研究。研究发现，战略与非财务业绩计量正相关。

Baines 和 Langfield-Smith（2003）通过对制造类公司的邮寄调查，共收到有效问卷 141 份，研究了战略与非财务评价指标之间的关系。战略的衡量来自 Chenhall 和 Langfield-Smith（1998b）、Parthasarthy 和 Sethi（1993）、Perera 等（1997）的研究，非财务管理会计信息的变化包括 Abernethy 和 Lillis（1995）、Stivers Covin Hall 和 Smalt（1998）使用的 19 个项目，项目包括按时交货、客户满意、持续供应商评估、新产品介绍率，以及设置时间的措施等。研究发现，差异化战略与非财务评价指标正相关。

同时也有研究表明战略和公司的财务指标和非财务指标都相关。Joanna 等（2014）使用实地调查和一些专有的档案数据，研究了战略与财务和非财务指标的关系。Joanna 等（2014）对于客户和员工调查分别于 2008 年 12 月和 2009 年 9 月进行，最终样本包括 1 395 个客户、395 个销售人员和 40 个分支经理数据。因变量为顾客满意度，文章通过衡量销售人员的客户满意度评级来确定员工绩效。自变量为协商一致所实施的战略，通过价值驱动及欧氏距离来度量。研究发现，协商一致所实施的战略与财务和非财务指标正相关。

20 世纪 90 年代早期，Kaplan 和 Norton 提出了平衡计分卡（BSC），一套 BSC 包含一系列业绩评价指标：财务/非财务指标、外部/内部指标、客观与主观指标（Kaplan 和 Norton，1996）。如 Roberts（1990）以 ELB 公司为例，研究表明 BSC 确实为开发、交流和实施战略提供了巨大的机会。然而，Kaplan 和 Norton 并没有具体分析这些指标在管理业绩评价中是如何加权或汇总的。Ittner 等（2003a）研究了各种业绩指标加权测算的多种方式，并且说明了在金融服务公司的 BSC 奖金计划中的运用。通过分析公司业主数据并进行访谈，发现奖金计划中的主观性程度使经理们开始抱怨奖金发放中的偏袒性以及用以决定奖金标准的不确定性。

平衡计分卡有很多种，Bisbe 和 Otley（2004）将 BSC 定义为"旨在更大程度确保某种战略目标实现，一系列概括性的、具有财务与非财务指标的多维度集合"，因此，有研究用战略绩效评价体系（SPMS）来表达这个框架（Chenhall，2005）。Chenhall（2005）研究了 SPMS 的基本信息维度如何协助经理人反映积极的战略结果。整合性的特点通过为运营与战略结果间，以及价值链中的不同因素间的联系提供信息以影响组织的结果。这一研究发现同时强调产品差异化与低成本战略的企业 SPMS 能够提高公司的战略竞争力，即战略与业绩评价正相关。

Kevin 等（2012）以加拿大公司为研究样本，最终有效的调查和档案数据分别为 169 和 579 家公司，文章采用 Miles 和 Snow（1978）的研究，将战略分为防御型、分析型及激进型。公司在业绩考核过程中，采用平衡计分卡（BSC）时取 1，否则取 0，文章以 Probit 回归模型进行检验，研究发现平衡计分卡（BSC）采用者更可能遵循激进型或分析型战略。

综上所述，战略与业绩评价的相关研究未得到一致结论。针对防御型、成本领先及收获战略的公司，其研究结论具有一致性，客观的业绩评价与激励机制能对类似防御型战略起到支撑作用；而激进型、差异化和构建战略的公司，相关研究得到了不一致的结论，研究发现战略分类不同，则采取的业绩评价可能主观可能客观；在大部分研究中，虽然战略的分类不同，但研究结果表明战略与非财务评价指标正相关；还有的研究以战略绩效评价体系来代表业绩评价，研究发现战略与业绩评价正相关。

（2）国内文献

张川等（2003）通过问卷调查，收回 158 份有效问卷，研究了战略、业绩评价与企业绩效之间的关系。战略分类借鉴了 Porter（1980）的研究；非财务指标借鉴了 C. D. Ittner 等（2003）的研究方法；企业业绩的度量借鉴了 Abernethy 和 Lillis（1995）、Perera 和 Poole（1997）、Hoque 和 James（2000）、Abernethy 和 Lillis（2001）的研究。研究表明，相对于选择差异化战略的企业而言，选择成本领先战略的企业，采用非财务指标后会得到更好的业绩。

高智林等（2016）采用问卷调查，问卷的发放对象为 Z 市某重点大学的 MBA、MPAcc 专业学生，最终获得样本数据 144 份，研究了战略、薪酬与业绩评价之间的关系。战略分为稳定型战略、发展型战略、紧缩型战略三种类型，高管薪酬取"货币薪酬最高的前三位高级管理人员"值，业绩评价指标体系由财务指标和非财务指标构成，财务指标主要是以净资产收益率（ROE）、总资产收益率（ROA）和可持续增长率（RSD）为主形成的评价体系，非财务指标包括研发能力、技术创新能力、稳定的客户群体、快速的市场反应、高素质的人力资源等。研究发现，高管薪酬与非财务指标采用程度正相关，经营战略起到中介作用。

姚明明等（2014）对 5 家中国后发企业的技术追赶进行了探索性案例研究，研究发现，商业模式设计与技术创新战略的匹配对后发企业技术追赶绩效有显著影响，不同的匹配对绩效的影响结果不同。

2.4 以公司规模为权变变量的相关研究

由于管理控制系统的概念过于宽泛，研究者们往往侧重于研究作为情景变量的公司规模和管理控制系统中的一个方面之间的关系。本节大体将管理控制系统分为四个部分，分别是预算系统、管理会计系统、组织结构、激励评价系统。

2.4.1 预算系统

（1）国外文献

一部分学者主要关注公司规模与预算系统二者之间的关系。Bruns 和 Waterhouse（1975）选取了美国东西部 25 家企业进行问卷调查，向高管发放了 429 份关于预算的问卷对公司预算进行衡量，用员工数量来衡量公司规模，研究了公司规模与预算之间的关系。他们的研究发现：①公司规模、技术与预算控制正相关；②公司规模的扩大、技术水平的增长意味着公司权利的分散和控制系统的复杂程度增加，以及更多的管理者参与预算系统和预算的编制。

Merchant（1981）选取了 19 家电子行业的公司作为样本，采取对高管进行专访的形式，并用信息、系统支持、预算行为来进行预算系统的度量，用员工人数对公司规模进行度量，研究了公司规模与预算之间的关系。研究发现：①规模越大、生产越多样化的公司更加倾向于采用正式的预算控制系统，而不是个人控制；②更加正式精细的预算系统能更好地被管理层接受。研究还发现，预算与公司规模、自动化生产程度正相关，与产品的生命周期不相关。

Haldma 和 Laats（2002）选取了来自艾莎妮制造公司的 62 份问卷，研究了公司规模与预算之间的关系。研究发现，预算系统的复杂程度随公司规模的增加而增加。

Zuriekat 和 Khadra（2009）选取了约旦的 53 家银行和保险公司进行问卷调查，用公司全职的员工人数衡量公司规模，用公司对成本的控制和预算系统的变化作为对预算系统的衡量指标，研究了公司规模与预算之间的关系。他们的研究发现，公司规模和预算的两个特征变量（预算做法和预算的使用）正相关。

Uyar 和 Kuzey（2016）对土耳其 1 500 家非金融企业进行问卷调查，研究了公司规模与预算之间的关系。他们用 King（2010）的 6 个指标衡量预算，研究发现：由于规模大的公司拥有更加正式的内部控制系统、更多的财力和人力资源、更加复杂的业务，因此预算的使用程度与公司规模正相关。

综上，大量研究表明：规模大的公司有更加正式的、参与度更高的预算系统，并且有更加复杂的预算控制。

还有一部分学者关注公司规模、预算和业绩评价三者之间的关系。Merchant（1981）选取了19家电子工业企业为研究样本，用管理层态度、积极性、组织表现这3个指标进行业绩评价，研究了公司规模、预算和公司绩效之间的关系。研究发现：正式的预算系统能更好地被管理层接受，调动他们的积极性，使得公司业绩上升；公司规模作为调节变量，即在规模大的公司中，这种业绩上升表现得更加显著。

Uyar和Kuzey（2016）通过对1 500家土耳其非金融企业进行研究，用Deshp et al.（1993）、Keskin（2005）、King et al.（2010）的5个非财务指标衡量业绩，研究发现，预算的使用程度和预算使用效果受公司规模的影响显著。

（2）国内文献

国内研究公司规模与管理控制系统的文献较少，且主题主要集中在管理控制系统与预算松弛之间的关系上。潘飞和程明（2007）选择了886家2001—2004年沪深两市非金融企业，研究了公司规模与预算松弛之间的关系。他们以预算松弛为因变量（调整后的主营业务收入增长率），研究发现：信息不对称程度和政府干预是解释我国上市公司预算松弛的重要因素，而公司规模越大，信息不对称程度越高，政府干预越强，因此公司规模与预算松弛程度正相关。

潘飞、程明、汪婧（2008）选择了2001—2006年1 385家沪深两市非金融类公司为样本，研究了公司规模与预算松弛之间的关系。他们以预算松弛为因变量（调整后的主营业务收入增长率），研究发现：由于规模大的公司受到政府严重的行政干预，因此企业预算松弛程度与企业规模正相关。

于团叶（2012）选取2007—2010年344家制造业企业作为样本，研究了公司规模与预算松弛之间的关系。他借鉴了潘飞、程明（2007）的预算松弛模型，研究发现：由于企业规模庞大时，员工等级多，高管也多，层层博弈下来信息不对称情况更加严重，因此企业的预算松弛程度与企业规模正相关。

综上，国内文献相关结论与国外类似：公司规模与预算松弛正相关。

2.4.2 管理会计系统

一部分学者主要研究了公司规模和管理会计系统二者之间的关系。Reid 和 Smith（2000）选取了 1991—1998 年 19 家来自苏格兰的中小型信托公司进行问卷调查，研究了公司规模和管理会计系统二者之间的关系。研究发现：管理会计系统的使用和存在与公司现金流危机、金融缺口、创新这样的偶发事件相关，而这个相关性在小公司中显著，公司规模是一个调节变量。

Kader 和 Luther（2008）以英国的食品和餐饮公司为样本，向 658 个高管运用了 IFAC 的量表进行问卷调查，研究了公司规模和管理会计系统二者之间的关系。Kader 和 Luther（2008）选取了 10 个情景变量，分别为组织集中度、风险不确定性、企业规模、技术、运营操作、全面质量控制、JIT 系统、公司战略、行业专业化程度、产品特征，并以员工人数度量公司规模。研究发现：规模大的公司管理会计系统更加复杂，随着规模的增长，公司从小的简单的管理会计系统过渡到复杂的管理会计系统，并且复杂的管理会计系统只存在于规模大的公司。

Simon 和 Guilding（2008）选取了 500 家大型斯洛维尼亚的公司作为样本进行问卷调查，研究了公司规模和管理会计系统二者之间的关系。他们用总资产衡量公司规模，将管理会计系统分为两个维度：战略调整导向和战略制定程序。研究发现：①不存在普遍适用的战略管理会计系统，公司规模、战略选择对战略管理会计系统的运用有显著影响；②由于规模大的公司会计和管理控制更加专业化，复杂程度高，因此大公司的单位信息处理成本低，则公司规模越大，采用的战略管理会计系统越多、复杂程度越高。

Fauzi 和 Hussain（2011）选取了 141 家印度尼西亚的酒店作为样本，研究了公司规模和管理会计系统二者之间的关系。他们以酒店星级来衡量规模大小，用 Simon 的模型衡量管理会计系统。研究发现：在印度尼西亚的酒店行业，随着规模的扩大，公司更加倾向于采用传统化的管理会计系统，这与当地的民族风俗和习惯相吻合。

Nadia 和 Catalin（2012）选取了 109 家罗马尼亚的公司，研究了公司规模和管理会计系统二者之间的关系。他们用公司资产类型和业务分类衡量公司规模，研究发现：管理会计的存在和使用与外资和企业规模相关，尤其是外资对管理会计的存在和使用影响最显著。

Mokhtar，Jusoh 和 Zulkifi（2016）选取了 801 家马来西亚企业，研究了公司规模和管理会计系统二者之间的关系。研究发现：规模大的公司比规模小的公司拥有更高程度的环境控制系统。

综上，管理会计系统的存在和使用与公司规模正相关。

2.4.3　组织结构

一部分学者主要关注公司规模与组织结构二者之间的关系。Lupton（1963）选取了 6 个代表组织结构的指标，分别为专业化、标准化、规范化、集中程度、灵活性和配置，并选取了员工数和净资产这两个指标衡量公司规模。研究发现：公司规模与专业化、规范化、标准化正相关，与集中程度、灵活性负相关。

Child 和 Mansfied（1972）选取了 82 家企业作为样本，研究了公司规模与组织结构二者之间的关系。他们选取了 5 个代表组织结构的指标，分别为功能专业化程度、分工专业化程度、标准化、规范化和集中程度。研究发现：公司规模与功能专业化、分工专业化、标准化、规范化程度正相关，与集中程度负相关。

Mintzberg（1980）选取了 5 个关于组织结构的维度，分别为简单机构、机械划分式官僚主义、专业职能划分式官僚主义、分权形式、创新。研究发现：①规模小的公司往往结构简单，一般采取直接监督、权利高度集中式的公司组织结构，这与简单的动态环境和有力的领导有关；②规模大的公司一般采取工作标准化、技术化、专业化、形式化的组织结构，并且权利在有限的垂直和水平管理层级中划分。

Singh（1986）选取了 50 家日本冈山的公司作为样本，研究了公司规模与组织结构二者之间的关系。研究发现：公司规模影响组织结构的两个方面（差异化和规范化），即公司规模越大，组织结构差异化程度和规范化水平越高。

Miller et al.（1991）以 31 家企业为样本，研究了公司规模与组织结构二者之间的关系。他们认为大公司为了解决过多的后勤管理方面的问题，权力较为分散，管理的人数和子机构的数量也更多，因此公司规模越大，则专业化水平越高、分散程度越大、公司规章和文件越多、管理层级越多。

Obel（1996）选取了 5 个衡量指标代表组织结构，分别为复杂性、规范化、集中度、控制范围和其他。研究发现：规模与复杂性、规范化正相关，与集中度、控制范围负相关。

Lin 和 Germain（2003）选取了 205 家中国国有企业，研究了公司规模对中国国企的组织结构的影响。研究发现：规模与正式的控制、分散化程度、二者的交乘项正相关。

Ballot et al.（2012）选取了 5 691 家法国制造企业和 3 627 家英国制造企业为样本，研究了生产、程序与组织创新之间的互补关系以及组织创新模式之间的互补关系。研究发现：公司组织创新战略和创新模式的选择与公司规模和国家文化有关。

Joffe（2014）研究了公司规模的扩大对组织结构的影响。研究发现：公司规模扩大，组织结构复杂程度增加、管理层增加、分权决策增多、功能部门增加、专业化分工程度增加、操作程序更加倾向于标准化；但随着公司规模的增长，这些变量的增长速度减慢，管理层级的增长幅度也下降。

Beyene 和 Wu（2016）通过选取 127 家制造企业，研究了公司规模与组织结构二者之间的关系。研究发现：规模大的公司比起规模适中的公司而言，有更多的组织创新和组织学习效应。

综上所述，公司规模对组织结构的特征有影响，具体表现为：公司规模与组织结构的专业化程度、标准化程度、规范化程度、分散化程度正相关，与组织灵活性程度负相关。

另一部分学者关注公司规模、组织结构和业绩评价三者之间的关系。Child（1975）认为，规模大的公司决策传递方式是从上至下，有更多的管理层级，当公司规模扩大时，为了避免过高的公司协调系统和控制系统失效带来的成本，组织结构也必须随之改变。但公司规模的变化与组织结构的调整之间步调不一致，组织结构的调整往往是慢于公司规模的调整的。因此，他认为业绩最好的公司组织结构落后于公司规模的程度相对较小，此时公司规模作为中介变量。

Lin 和 Germain（2003）通过对 205 家中国国有企业的研究发现：公司规模作为调节变量影响公司业绩和组织结构。

2.4.4　激励评价系统

一部分学者主要关注公司规模与激励评价系统二者之间的关系。Hoque 和 James（2000）选取了 66 家澳大利亚的制造企业，研究了公司规模与激励评价系统二者之间的关系。研究发现：规模大的公司更多地采用平衡计分卡来对管理层的工作进行评价；其中，平衡计分卡既包括财务指标，也包括非财务指标，分 4 个维度：客户满意度、股东满意度、学习和成长、内部财务指标。

Burgess，Ong 和 Shaw（2007）以 149 家电气公司作为样本，研究了公司规模与激励评价系统二者之间的关系。他们把业绩考核系统分为两类：传统的业绩考核系统和现代的业绩考核系统。研究发现：规模大的公司倾向于采用现代的业绩考核系统。

Gimzanskiene 和 Klovuene（2010）以 30 个立陶宛的公司为样本，研究了公司规模与激励评价系统二者之间的关系。他们认为现代的绩效考核系统的特点是将理论与决策过程相结合，并根据组织外部条件和内部潜力不断对绩效考核系统进行调整。研究发现：①小规模的公司对绩效考核系统的日常需求量最小，但超额需求量大，这是因为它们对信息的需求量小；②中型企业对绩效考核系统的日常需求量较小，但超额需求量最大，这是因为它们对信息需求量较大；③大规模的公司对绩效考核系统的日常需求量和超额需求量一致，这是因为它们的信息需求量最大。

Hendricks et al.（2011）选取了 1 363 家加拿大企业，研究了公司规模与激励评价系统二者之间的关系。研究发现：规模大的公司由于管

理更加复杂，因此接受平衡计分卡的倾向比规模小的公司高，并且平衡
计分卡的设计会随公司规模的调整而调整。

Quesado et al.（2016）通过选取 549 家葡萄牙的私有企业作为样
本，研究了公司规模与激励评价系统二者之间的关系。研究发现：随公
司规模扩大，企业更多地采用平衡计分卡。

综上，规模大的公司和规模小的公司适合的业绩考核系统类型不一
样。规模大的公司更倾向于采用业绩考核系统和平衡计分卡。

另一部分学者关注公司规模、激励系统和业绩评价三者之间的关
系。Hoque 和 James（2000）以 66 家澳大利亚制造业为样本，研究了公
司规模、激励系统和业绩评价三者之间的关系。他们用产品是否在成长
期以及企业的市场地位为业绩衡量指标，认为公司规模是调节变量，规
模越大则公司采用越多的平衡计分卡，公司越多地采用平衡计分卡，则
业绩提升得越快，但是实证结果并不显著。

Hendrick，Hora 和 Menor（2011）选取 1 363 家加拿大的公司作为
样本，研究了公司规模、激励系统和业绩评价三者之间的关系。研究发
现：公司规模作为调节变量，规模大的公司接受平衡计分卡的倾向更
高，越多地采用平衡计分卡，则公司业绩越好。

2.5 以组织结构为权变变量的相关文献

组织结构是为了确保组织活动的有序进行，而对组织成员的不同角
色或项目任务进行的正式规范。本节将综述国内外学者在权变理论的背
景下关于组织结构、管理控制系统和组织绩效的关系的研究成果。本节
将管理控制系统分为预算系统、激励系统、管理会计系统、业绩评价系
统和管理控制系统。

2.5.1 预算系统

（1）国外文献

Kh 和 Walla（1972）从 92 家企业中获取数据，研究了组织结构与
预算之间的关系。研究发现：规模大的分权型组织既采用复杂的控制又

使用高水平的管理人际关系方法协调组织活动，预算参与与分权型组织相关。

Bruns 和 Waterhouse（1975）从 25 家企业收集了 429 份调查问卷，研究了组织结构与预算之间的关系。Bruns 和 Waterhouse（1975）在衡量组织结构时，使用了 Aston Group 开发的工具，度量组织结构的变量有集权、缺乏自律和活动结构；在衡量预算系统时，使用了 Swieringa 和 Moncur 的修正后的问卷。研究发现：那些高度结构化的组织往往认为自己有更多的影响力，它们参与更多的预算规划，它们似乎对预算相关活动感到满意；在权力集中的组织中，高管们认为预算不太有用，并且限制了他们的灵活性，但他们似乎对上级预算的使用感到满意；组织结构的变革是改善预算控制效果的一种手段；大企业倾向于采用分权式的组织结构，更强调正式的管理控制系统。

Merchant（1981）使用了电子行业的 19 家企业数据，研究了企业预算控制系统与组织结构之间的关系。研究发现：分权式的企业会使用行政控制，行政控制更强调诸如复杂的预算、正式的预算沟通与参与等控制手段。

Brownell（1982）从一家旧金山海湾地区制造公司收集了 48 份调查问卷，研究了组织结构与预算之间的关系。问卷的信息涉及 4 个变量，自变量是评价风格和预算参与，因变量是绩效和工作满意度。研究发现：领导者风格更偏好高的预算参与。

Gul 等（1995）从中国香港的 26 家制造企业中收集了 54 份调查问卷，研究了组织结构与预算之间的关系。通过实地调查法和回归分析，研究发现：当分权水平较高时，预算参与和管理绩效有显著正相关关系；反之亦然。

Hannan 等（2010）通过实验研究，检验了管理控制跨度的增加对预算松弛的影响。研究结果表明：管理控制跨度的增加能改善预算过程的有效性。

（2）国内文献

戴天婧等（2012）以近年海尔集团自创的自主经营体（ZZJYT）为案例研究对象，描述了以海尔"倒三角"为主体的结构特征、ZZJYT 的基本逻辑和运行体系，研究表明海尔这一管理机制彰显了在动荡竞争环境中，企业通过组织结构重构可以驱动动态能力，确保和提高员工的自主性、感知和攫取能力，并构建员工直接参与的预算、目标趋同的绩效评价机制和员工分享剩余利润与社会化的管理控制系统，并直接诱发了信息传递路径、经营目标与员工薪酬、流程结构、组织信任与文化等管理控制系统的全面创新。

胡辰（2013）以苏宁电器和阿里巴巴为例，研究了当企业的组织结构是"自组织"的模式时，总部会对"自组织"授权，给予其充分的权利，企业会导入"交互式"的计划预算系统，架构以前瞻性的、非财务指标为主体的业绩评价系统，构建与"自组织"模式相匹配的风险管理控制系统。

2.5.2 激励系统

Motta（2013）建立了一个模型，在该模型中，组织形式是内生的，部门间为争夺企业资源而竞争，管理层有隐形激励。该模型用来检验组织结构设计可以帮助企业影响部门经理的潜在冲突目标。关于对部门经理的激励集中在内部还是外部激励、竞争还是合作的问题上，组织结构是部门经理激励的决定因素，不同的组织形式提供不同的内外部激励的结合。在单一制的组织形式下，管理层激励完全由资本市场决定，而在事业部制组织形式下，管理层激励由资本市场和公司总部共同决定。部门经理在单一制组织形式下比在事业部制组织形式下更倾向于合作，因为事业部制下，部门经理会为争夺公司资源而竞争。当隐形激励很微弱、资本市场不完善、产品数量较多、合作带来的好处较少时，事业部制比单一制更适合企业。

2.5.3 管理会计系统

Gordon 和 Narayanan（1984）使用七点锚定量表对位于美国中西部的 34 家盈利导向型的中等规模企业的高管进行访谈，研究了企业管理会计系统与组织结构之间的关系。衡量组织结构的变量包括集中程度、权威的形式化以及组织中普遍存在官僚制的程度；研究会计信息系统时所使用的信息具有三方面特征：外部的、非财务的和事前的。研究发现：广泛空间信息与未来导向型信息很好地服务于有机式结构。

Mia 等（1994）通过从 75 个经理获得的信息，检验了产生于管理会计系统的广泛空间信息在加强管理绩效方面的作用。研究发现：诸如市场部门或生产部门的活动分化是对管理不确定性的组织性响应，活动分化会弱化管理层运用管理会计系统信息的程度与绩效间的联系。

Shields（1995）通过对 143 家企业进行邮件调查，收集了这些企业实施作业成本法的特点和其作业成本法成功的程度的信息。研究发现：作业成本会计的成功离不开企业有机的、行为导向型的执行。

Foster 和 Swenson（1997）从 132 家企业收集了 166 份调查问卷，并对 15 家企业进行了实地调查，运用因子分析方法进行研究，发现企业需要有机的、行为导向型的执行，以确保作业成本会计的成功。Gosselin（1997）向加拿大的制造企业发放调查问卷，收集了 415 个战略业务单位的相关研究数据，使用集中度、垂直分化和形式化三个决定因素考量有机式或机械式组织。研究发现：组织的高垂直分化与作业成本法的采用呈正相关，即作业成本法被采纳并运用于更机械式的组织里，尤其是像垂直分化或官僚决策过程这样的机械式结构便利了作业成本法、集权和与之相关的形式化的运用。有机式结构更适合于作业分析和作业成本分析。可推测，组织从作业分析到作业成本法的进程需要有机式结构和机械式结构对其推进。

Nelson（2008）向安大略制造企业共 120 名管理者发放调查问卷，使用权变理论和路径分析法研究了组织结构对管理会计变化的影响。研究发现：组织结构与管理会计变化存在显著正相关关系，越是使用分权结构的组织，越趋向于改变其管理会计系统，即分权程度越高，组织对环境发出的挑战反应就越灵敏。同时，组织结构起了中介作用，如商业环境、组织规模、学习能力、技术等内外部因素以及分化、成本领先等竞争战略通过影响组织结构，进而影响管理会计系统。

2.5.4 绩效评价系统

Abernethy 等（2004）使用了 78 个部门数据，采纳了 Gordon 和 Narayanan 的工具，研究了在事业部制企业的控制系统中的两个决定因素，即分权的选择和业绩指标的使用，把这两个决定因素作为内生变量，利用联立方程模型检验这二者的相互关系。结果表明：分权与信息对称性呈正相关，与公司内部相互依赖关系呈负相关；而业绩指标的使用受公司内部相互依赖性水平的影响，但是并不受信息对称性的影响。研究还发现分权的选择与业绩指标的使用是互补的关系，这恰好印证了这样的观点：在高度分权化的情形下，业绩评价应尊重管理层的决策权。

2.5.5 管理控制系统

Hayes（1977）向俄亥俄州一些制造企业发放两份调查问卷，第一份问卷发放给市场部、生产部和研发部的经理以调查影响部门业绩的内外部因素和相互依存部门的业绩情况，第二份问卷发放给各企业的管理层以调查各部门的总体绩效情况。Hayes（1977）使用路径分析法对收集到的 274 份问卷进行研究分析，研究结果表明：与内部运营、外部环境以及相互依存职能部门相关的评价因子尤为重要，在生产部门，其绩效与内部运营因素有关；在市场部门，其绩效与外部环境、相互依存部门因素有关。

Brownell（1985）从一家经营电子与计算机业务的跨国公司的市场部和研发部收集了 66 份调查问卷，并与各职能部门的管理层进行了非结构化的事后访谈，研究发现：职能分化与环境不确定性的关系证明了研发部门比市场部门更加适合参与性预算。

Mia 和 Chenhall（1994）的研究表明：管理层运用管理会计系统信息的程度与绩效间的联系在市场部门比在生产部门更加强烈，即与生产部门相比，市场部门包含了更高的任务不确定性，这解释了为什么市场部经理能比生产部经理更有效地运用广阔的空间信息。

Foster 和 Gupta（1994）对澳大利亚、加拿大、英国和美国的 40 名市场部管理层进行了实地或电话访谈，并收集了 50 份调查问卷。研究结果表明：管理控制系统的改善对定价决策、客户组合、销售人员、宣传推广以及产品组合等很有价值；成本信息对于产品和客户决策也是很有益处的；在市场方面，管理控制系统的潜在使用和实际使用是有较大区别的。

Young 和 Selto（1993）预测，团队合作和普通员工解决问题的能力会和与 JIT 结果有关的高绩效相联系。学者收集了 387 份劳工的调查问卷，发现在一个组织中，他们的研究并不能揭示上述联系，是因为雇员不能解决流程问题，以及在执行 JIT 管理控制时做得并不尽如人意。

Scott 和 Tiessen（1999）收集了 248 份调查问卷，研究了团队绩效的业绩指标的发生率和重要性。研究发现，团队绩效与所使用的业绩指标的种类数和复杂程度呈正相关，如果员工参与了绩效目标的制定，那么这种关系会加强；如果在团队绩效中给予报酬更高的权重，那么团队业绩增强；它们之间的作用是相辅相成的。总之，基于团队的组织结构与任务的高度复杂性相联系，团队的绩效与综合业绩指标的使用、雇员参与制定和执行的报酬有关。

Drake 等（1999）在两所美国中西部大学的 MBA 课程中随机选择 132 名学生进行实验研究。研究发现：在基于团队的组织结构中，作业成本法与团队激励间的相互作用与协作性创新、低成本和高利润相关。

Chalos 和 Poon（2000）使用 55 个资本预算团队中的 177 名经理的数据信息，研究了组织结构与管理控制系统的关系。研究发现：资本预算团队参与和改善的绩效、信息共享以及强调基于业绩的预算有关。

2.6 以文化为权变变量的相关文献

2.6.1 组织结构

一部分学者主要研究国家文化与组织结构二者之间的关系。Azumi 和 Mcmillan（1975）选择了 128 家英国企业和 50 家日本企业进行问卷调查，以 Aston（1968）的模型衡量国家文化，并选取了 5 个衡量组织结构特征的变量，分别为：管理层级、功能专业化、条例程序、标准化职位、垂直跨度。研究发现：①英国企业的管理层级较为分散，日本企业的管理层级较为集中；②英国企业专业化的形成主要和财务、会计相关，其次是公司规模的函数，而日本企业专业化的形成主要是公司规模的函数，而且强调人事部和产品质量控制；③英国的公司条例标准化程度比较低，是规模的函数，而日本企业的条例标准化程度很高；④英国企业的职位标准化主要以工作名称定义，而日本的职位标准化主要以工作职责定义；⑤英国企业垂直跨度低，平均四到五级，而日本企业垂直跨度高，平均七到八级。

Harrison 和 Mckinnon et al.（1994）对澳大利亚、美国、新加坡、中国香港的 800 家公司进行问卷调查，用 Hofstede（1986）的框架衡量国家文化，选取集权和分权、责任中心的选择衡量组织特征，用是否强调定量技术、计划时间长短、个人和集体决策、控制标准化衡量组织计划。研究发现：英美文化国家（澳大利亚、美国）更加强调组织分散、责任中心、计划控制的定量分析技术应用，而东亚国家和地区（新加坡、中国香港）更加强调长期合作和群体决策。

Marcoulides et al.（1998）选择了来自制造业企业的 54 位美国高管和 107 位土耳其高管进行问卷调查，研究了 Flamholtz（1986）影响组织管理的六因素领导模型在不同国家文化背景下侧重点有何不同。他们运用 Hofstede（1980）的模型衡量国家文化，并认为美国的国家文化对风险规避程度低、权力距离小、偏向个人主义、文化刚性强，土耳其的国家文化风险规避程度强、权力距离大、偏向于集体主义、文化柔性强。研究发现，这些国家文化特征的差异导致了两个国家的高管对六因素模型中领导的侧重点不同：在进行组织结构设计时，土耳其偏向专制的管理模式，而美国强调平等的管理模式。

Li 和 Harrison（2008a）选取了来自 15 个国家的 399 个制造业企业作为样本，研究了国家文化对组织领导结构的影响。他们采用 Hofstede（1980）的框架衡量国家文化，用董事会大小、领导层模式衡量组织结构，研究发现：①高权力距离与规模更小的董事会、联合的领导层相关；②风险规避和更大的董事会、单独的领导层相关；③个人主义与更小的董事会、联合的领导层相关；④刚性和更大的董事会、联合的领导层相关。

Li 和 Harrison（2008b）选取了来自 15 个国家的 399 个制造业企业作为样本，研究了国家文化与董事会结构之间的关系。他们采用 Hofstede（1980）的框架衡量国家文化，用外部董事所占比率和 CEO 担任董事成员衡量董事会结构。研究发现：①规避风险程度与外部董事比率、CEO 担任董事正相关；②个人主义与外部董事比率、CEO 担任董事正相关；③文化刚性与外部董事比率负相关、与 CEO 担任董事正相关；④权力距离与外部董事比率、CEO 担任董事正相关。

Lau et al.（2010）对中国的 400 家制造业企业、400 家服务企业进行问卷调查，运用 Hall（1976）的模型对文化进行衡量。研究发现：亚洲国家的企业有较高的语境，和北美国家相比，它们缺乏创新学习能力且容易满足，因此东西方合资的企业比起亚洲合资企业组织创新能力和主动性强；而组织特征变量（灵活性、操作性、控制、分散）与组织创新能力和主动性正相关。

Ballot et al.（2012）选取了 5 691 家法国制造业企业和 3 627 家英国制造业企业，通过问卷调查的方式，用产品、程序、组织创新 3 个指标衡量企业创新模式，认为企业创新模式的选择与国际文化有关。研究发现：英国企业比起法国企业更加看重培训，投入更多资源进行创新，并且采取了更多机制保护创新，这是因为英国比法国拥有更高的 R&D。

综上，一般的学者都认为，以英美国家为代表的西方国家权力距离小、倾向个人主义、风险规避程度低、偏向刚性，因此这些国家文化背景下的企业组织结构较为扁平、组织层级较少、组织创新能力强、个人决策较多；而以中国、日本为代表的东方国家权力距离大、倾向于集体主义、风险规避程度高、偏向柔性，因此这些国家文化背景下的企业组织结构趋向于高成长型、管理层级多、组织创新能力弱、倾向于集体决策。

而另一部分学者主要研究国家文化、组织结构和业绩评价三者之间的关系。Amba-Rao et al.（2000）选取了 162 家印度外资合营企业（战略联盟）、私营企业、国企、个人独资企业进行问卷调查，研究印度不同组织结构的公司管理层随印度经济变化对业绩评价的影响。他们用资源分配率、员工激励和奖励为业绩评价指标，用 Hofstede（1980）和 Kluckhohn，Strodtbeck 的模型衡量国家文化。研究发现：①外资合营企业比个人独资企业更重视员工激励；②与外资合营企业相比，国企更多地将业绩评价用于评估目的；③与外资合营企业相比，私营企业的组织结构和管理风格更加不透明。研究还发现，国家文化影响企业人力资源系统，但没有破坏传统文化，是在当地传统文化的基础上接受新的外来文化，因此在组织结构和业绩评价中，国家文化是作为调节变量发挥作用的。

Kirca 和 Hult（2009）通过对来自 63 个国家和地区的 60 000 名高管进行问卷调查，用内部冲突、组织集中度、标准化作为组织结构特征变量；用市场反应：信息产生、信息传播、响应作为业绩变量；用 Schwartz 的模型衡量国家文化，包括保守程度、自治权、等级、平等主义、掌控。研究发现，组织结构对市场反应有影响，国家文化在其中作为调节变量，具体结论为：①组织内部冲突对市场反应有消极影响，在保守程度高的国家或地区的消极影响更加显著，如马来西亚、新加坡、中国台湾、波兰；组织标准化对市场反应有消极影响，尤其是在自治程度高的国家，如瑞士、法国、西班牙、美国；②集中化程度对市场反应有消极影响，尤其是在等级分明的国家更加显著，如新西兰；③平等主义在组织特征对市场反应中有积极的调节作用，如中国、泰国、土耳其；④低掌控在组织特征对市场反应中有积极的调节作用，如中国香港。

Huang，Rode 和 Schroeder（2011）选取了 266 个来自 9 个国家的企业作为样本进行问卷调查，研究了国家文化、组织结构和业绩之间的关系。他们用组织平等程度和分散化程度（是否大量雇用综合性人才）来作为组织结构特征变量；用 Cameron（1999）的框架衡量国家文化；选取企业持续学习成长能力作为业绩评价指标。研究发现：有机的组织结构和企业学习成长能力正相关，国家文化作为调节变量，使这种相关性在对领导直接参与管理认可度高的国家文化背景下更加显著。

Simonetti 和 Boseman（2015）选取了 10 家美国在墨西哥的子公司、

10 家墨西哥本土公司、10 家美国在印度的子公司、10 家印度本土公司，通过员工人数对公司进行样本配对，研究了在发展中国家中不同组织结构对业绩的影响。Simonetti 和 Boseman（2015）选取的自变量是市场竞争，因变量为组织业绩，分别用行为指标（雇用高素质员工能力、利用高素质员工的能力、员工斗志及工作满意度、员工出勤率及创造的营业额、人际关系、组织关系）以及财务指标（净收入增长、公司近 5 年的利润）。研究发现：分散化的组织结构更加适合于动态（竞争激烈）的环境，集中化的组织结构更加适合于静态（竞争程度低）的环境；国家文化作为调节变量，在竞争程度低的发展中国家，分散化的组织结构并不能产生好的业绩，相反，集中化的组织结构才能产生更好的业绩，即在印度这样的发展中国家，集中化的组织结构能更好地和国家文化相适应，带来更好的业绩。

2.6.2 控制系统

（1）国家文化与预算系统

①国外文献。

Lau 和 Buckl（2000）选取了 50 家挪威企业，对 75 个高管进行问卷调查，并选择了 162 个新加坡和澳大利亚的高管进行问卷调查，研究了国家文化与预算系统二者之间的关系。他们用 Hofstede（1980）的框架衡量国家文化；选择了 3 个指标衡量预算：预算强调（Hopwood，1972）、预算参与（Milani，1975）、预算难度（Brownell 和 Dunk，1991；Lau et al.，1995）。研究发现：挪威比起新加坡和澳大利亚权力距离小，个人主义适中，并且挪威的预算参与浮动幅度（从中到高）比澳大利亚和新西兰小（从低到高）。

Stede（2002）选取了比利时 153 个商业联盟、37 家企业作为样本进行问卷调查，研究了国家文化与预算系统二者之间的关系。Stede（2002）用 Hofstede（1980）的框架衡量国家文化，用 3 个指标衡量预算系统：强调预算的程度、预算编制时需要的信息量、编制预算时需要的交流强度。研究发现：第一，风险规避程度越高，越需要预算系统；第二，个人主义越强的国家，越不接受死板的预算系统；第三，在权力距离高的国家，预算系统越少；第四，刚性越强的国家越重视预算系统。

综上所述，一般研究认为：权力距离小、个人主义较强的国家文化背景下的企业预算参与度较高、预算灵活度高；权力距离大、集体主义强、风险规避程度强、刚性强的国家文化背景下的企业预算需求大、对预算重视程度高。

另一部分学者研究国家文化、预算与业绩评价三者之间的关系。Lau 和 Buckl（2000）用 Hofstede（1980）的框架衡量国家文化，用高管表现衡量业绩。他们认为，国家文化在其中作为调节变量，挪威企业在预算难度低时，当预算强调和参与度高时，管理层业绩也好；在预算难度高时，预算强度和参与度对管理层业绩影响不显著。

②国内文献。

国内关于国家文化和企业管理控制系统之间关系的研究的文献较少。由于中国是多民族国家，不同民族之间的文化差异较大，研究主题主要集中在不同民族文化与管理控制系统之间的关系。

郑石桥、王建军等人（2007）以新疆地区汉族、维吾尔族、回族为对象，研究 3 个民族的文化价值观如何影响管理控制偏好。他们采用问卷调查的方式，设计 5 级量度的调查问卷，共发出 600 份。他们选择 Hofstede（1980）的框架衡量民族文化差异，选择 12 个项目界定管理控制系统。研究发现：第一，不同民族在个人主义、权力距离、不确定性回避、刚性程度方面存在差异；第二，在分权、业绩评价中存在显著差异；第三，预算参与度和正规化不存在差异。

丁宏凯、郑石桥（2009）以维吾尔族、哈萨克族、回族和汉族为对象，研究其文化价值观对预算控制偏好的影响。他们根据新疆地区 144 家企业 1 394 份问卷数据，以 Hofstede（2008）的框架衡量民族文化，以 Stede（2001）量表衡量预算。研究发现，民族文化价值观对预算控制偏好有显著影响，具体结论为：第一，个人主义和刚性指数与预算相关性显著；第二，风险规避指数和缅怀指数的组合对预算参与、预算松弛、预算相关沟通程度相关；第三，权力距离、长期导向指数、纵情指数与预算偏好相关性显著。

（2）国家文化与人力资源管理系统

一部分学者研究国家文化与人力资源二者之间的关系。Shaw et al.
（1993）选取了151家企业，分为两组：西方企业（美国、澳大利亚、
英国、加拿大）和东方企业（中国香港、新加坡、日本、中国），并运
用 Hofstede（1980）的框架衡量国家文化。研究发现：与东方企业相
比，西方企业运用更多的评价系统、重视高度专业资格和员工培训、有
更多的工资激励。

Wong（1996）认为人力资源管理系统是公司价值观和信念的集中
体现，他以本部在日本、分公司在中国香港的企业为研究样本，研究了
在日本总公司的人力资源系统是否适宜中国香港本地员工。研究发现：
当中国香港的子公司管理程度较低时，本地员工对培训系统的接受程度
较高，在跨国公司任职的员工会不断保持或者加强文化差异，而且组织
文化在消除国家文化差异时不起作用。

Verburg et al.（1999）选取了97家中国工业企业、47家荷兰工业
企业进行问卷调查，用 Hofstede（1980）的框架衡量国家文化，用个人
定位、奖励、业绩评价、个人培训、职业发展作为人力资源管理系统的
衡量指标。研究发现：奖励、业绩评估和职业发展比起技术方面的指标
对国家文化更敏感；荷兰更加注重业绩评价，而中国更加注重职业
发展。

Patel（2003）选取了澳大利亚、印度、马来西亚企业的高管进行问
卷调查，问卷包括11个关于他们对内部检举系统的看法，Patel 选择了
Hofstede（1980）的框架衡量国家文化。他认为，由于印度和马来西亚
的文化更加注重面子和人际和谐、避免冲突、强调管理者权力，因此澳
大利亚的企业高管更加能接受内部检举系统作为内部控制的一部分，而
且能取得更好的效果。

综上，一般研究认为，以英美为代表的西方企业更加注重员工的专
业化水平和员工培训；以中国为代表的东方国家更加注重员工的职业
发展。

而另一部分学者研究国家文化、人力资源与业绩评价三者之间的关
系。Norburn，Birley 和 Dunn（1988）选取了177家企业进行问卷调查，

研究产品战略管理对市场业绩的影响。他们用 Peter 和 Waterman 的框架衡量国家文化，用 Kotler 的框架衡量市场业绩（包括财务指标和非财务指标）。研究发现：在重视客户关系、明确重视合作价值、有外部目标的国家文化中，公司市场业绩更好，此时国家文化起到调节变量的作用。

Stringfellow（1998）选取了 968 家日本、中国香港、美国、英国的企业作为样本，研究企业内部冲突和新产品开发之间的关系。他用 Hofstede（1980）的框架衡量国家文化，用新产品开发衡量业绩，主要指标有：与产业相关的产品开发成功度、目标、产品生命周期、产品宽度、市场占有率、新产品导入期。研究发现：内部冲突和新产品开发之间的关系曲线为凹形，国家文化作为调节变量，由于东方文化注重集体主义、和谐和统一目标，内部冲突对企业的破坏性更大，因此结果在东方企业更加显著；而西方文化注重个人主义，对冲突容忍度强，因此结果不显著。

Nyambegera，Sparrow 和 Daniels（2000）选取了 274 个肯尼亚企业中来自 8 个不同国家的高管进行调查问卷，以 Maznevski 和 Distefano（1993，1995）的框架衡量国家文化；用参与度、可预见性奖励、业绩表现（而不是忠诚度）、人力资源职权衡量人力资源管理系统。研究发现：当公司员工行为表现和最终获得奖励之间差别最小时企业业绩达到最大，国家文化作为调节变量，可以预见价值导向对个体行为表现的影响，从而使得管理层按照国家文化不同的特点设计出最优的人力资源管理系统。

Onyemah et al.（2010）选取了 1 049 位来自 6 个国家的销售人员进行问卷调查，将国家文化分为高业绩导向文化和低业绩导向文化，用员工对领导、工作、奖金的满意度来衡量业绩。研究发现：当更多的行政控制手段被应用时，业务员对顾客投入的关注减少、对管理者职位的关注增多、对非销售业务关注增加；而国家文化作为调节变量，可以对业绩产生影响，具体表现为：高业绩导向国家文化对顾客投入关注度、管理者职位关注度、非销售业务关注度有积极影响；高业绩导向国家文化可以提高销售人员的满意度。

Su 和 Wright（2012）对 197 家中国和美国公司发放了 435 份调查问卷，选取了 6 个指标衡量人力资源管理系统：结果导向的业绩评估、员工选择、竞争机动性、与高管表现挂钩的补偿、员工纪律管理、员工培训；运用 Akhtar et al.（2008）的模型衡量人力资源系统的业绩。研究发现：中国的人力资源控制系统的业绩是高管承诺和人力控制共同作用下的函数，比起美国高度重视高管业绩、高杠杆的人力资源系统，中国的人力资源管理控制系统对高管的业绩激励更加明显；国家文化作为中介变量，在中国和美国不同的国家文化下，适应当地环境的人力资源系统也不同，对业绩影响也不同。

Magnusson et al.（2013）以来自 56 个国家的 7 624 份调查问卷作为样本，运用 Hofstede（1980）的国家文化框架，以公司利润增长、定额达成、树立榜样作为销售业绩指标。研究发现：公司建立销售共同体机制（销售人员业绩与客户满意度挂钩）与公司业绩正相关，利益共同体机制（销售人员业绩与公司整体目标完成水平相关）在其中起到调节作用；国家文化作为调节变量，个人主义和组织刚性与销售共同体机制负相关，利益共同体机制对销售共同体机制的积极影响在个人主义强、刚性强的国家文化中更加显著。

（3）国家文化和激励系统

Chow，Merchant 和 Wu（1993）选取了 2 个美国公司和 2 个中国台湾公司作为样本，用 Hofstede（1980）的框架衡量国家文化。研究发现：比起美国公司，中国台湾公司更少地运用与高管表现挂钩的激励且更少地运用长期激励。这是因为中国台湾集体主义强于美国，集体主义使得高管自发地关注公司的长期发展，因此在解决代理成本时，与高管表现挂钩的激励和长期激励在中国台湾企业没有必要。研究还发现：国家文化不是最显著的影响因素，而高管教育背景、个人经历、国家为公司提供的经济平台、投资者对股票市场的信心等因素对激励系统的影响更加显著。

Fischer（2008）选取了英国、美国、新西兰、德国的高管发放了507 份问卷，用 Hofstede（1980）的框架衡量国家文化，研究在对职工加薪、升职、解雇中运用资历的程度。研究发现：在注重平等主义文化、风险规避程度高、权力距离大的国家中，在员工评价激励系统中更多地运用员工资历。

Engeler 和 Brettel（2011）选取了来自 6 个国家的 740 家企业作为样本，研究了国家文化对企业市场部门特征的影响。他们用 Hofstede（1980）的框架衡量国家文化，选取了市场部门的 5 个特征：可计划性（如果按事先计划，则可以提高企业盈利）、创新性（推出新产品、新服务的能力）、创造力（影响整个市场产品和服务创新的能力）、与顾客的关系（企业将客户需求转化为产品的能力）、和其他部门的关系（是否与其他部门保持关系）。研究发现：①可计划性与个人主义正相关，与权力距离负相关，与风险规避程度正相关；②创新性和创造力与个人主义正相关，与权力距离、风险规避负相关；③与顾客的关系、和其他部门的关系与个人主义、权力距离负相关，与风险规避正相关。

Ballot et al.（2012）对 3 627 家英国公司、5 691 家法国公司进行问卷调查，研究了国家文化、生产、加工和创新之间的关系。他们用公司是否推出新产品衡量生产、是否在生产时运用新技术衡量加工，用 Schimdt，Rummer（2007）和 Mol，Birkinshaw（2009）的量表衡量创新。Ballot 等人认为：①法国企业更加高产、更加重视合作，但经济障碍发生得更加频繁，法国企业更加适合国际市场且更多地出现在战略联盟之中；②英国企业更加看重培训，有更多的创新手段并且更加看重保护创新成果。

综上，现有研究发现，以英美为代表的西方企业更加注重与高管表现挂钩的短期激励；而以中国、日本为代表的东方企业更加注重个人资历与长期激励的运用。此外，现有研究发现，在个人主义强、权力距离小、风险规避程度高的国家文化背景下的企业产品创新能力强、看重创新成果的保护；而在集体主义强、权力距离大的国家文化背景下的企业更注重合作，产品创新能力较弱。

2.6.3　组织文化

目前关于组织文化与管理控制系统的研究主要体现在预算、管理会计系统和业绩评价系统方面。

（1）组织文化与预算系统的关系

O'Connor（1995）收集了 282 份调查问卷数据，使用 Hofstede 的文化维度，检验了在一个权力距离很高的国家——新加坡，制造企业的组织文化是否影响预算参与的有用性。在测量变量时，使用 Milani（1975）和 Hofstede（1968）的预算参与工具度量参与规划，使用 Rizzo（1970）的角色压力工具度量角色模糊性，使用 Harrison（1990）的工具度量上下级关系。研究发现：组织文化在降低角色模糊性和改善上下级之间关系方面对预算参与和绩效评估有用性确实产生了影响，权力距离也起到了调节作用。

Dunk 和 Lysons（1997）从澳大利亚的联邦、州以及市政部门共计 28 个公共组织中收集了 283 个调查问卷样本，并与 11 个部门的高层进行了访谈，研究了组织文化与预算之间的关系。他们使用 Swieringa 和 Moncur（1972）开发的预算行为工具度量参与性预算，使用 10 个项目分别反映组织文化环境的四个方面——活力、复杂性、包容性和吝啬程度，使用 Van de Ven 和 Ferry（1980）开发的工具度量部门业绩，使用竞争价值模型研究参与性预算、组织文化以及部门业绩之间的关系。研究发现：在公共部门，组织文化环境确实能够影响参与性预算和部门业绩的关系。

（2）组织文化与管理会计系统的关系

Dent（1991）使用实地研究法研究了某铁路公司的组织现状发生改变时，管理会计系统与组织文化之间的关系。通过跟踪变化动态如业务经理的任命、新会计制度的执行、组织活动与新会计的匹配过程等，展示了会计如何赋予组织文化不同的意义，也显示了会计如何进入组织背景并用不同方式构建组织文化知识、创造合理的组织活动；反过来，这又如何导致新的组织模式、权威、影响、时间概念以及合法行动的出现，同时揭示了会计系统以不同的方式联系着组织文化。

Bhimani（2003）采用访谈、调查问卷、公开数据以及公司内部文件等方式获得了属于电子电气元件产业的西门子公司的相关研究数据，西门子公司在新管理会计系统的发展和实施阶段，积极参与企业内部的文化变革计划以支持新管理会计系统。研究的调查对象包括两个员工群体，分别专长于工程和商业经济，他们都是新管理会计系统的用户。研究发现：嵌入在管理会计系统中的组织文化元素与该系统的用户支持之间的调整显著影响管理会计系统的成功。

（3）组织文化与绩效评价系统的关系

Hood 和 Christine（1991）收集了来自美国西部的 8 家大型会计师事务所从事审计、税务和管理咨询的共计 122 人的调查问卷，使用 Wallach 开发的"组织文化指数"度量组织文化，使用 Mednick 开发的"远程协同测验"度量创造性，使用 Hoppock 开发的工具度量工作满意度，使用 Lodahl 和 Kejner 开发的工具度量工作参与度，使用 Lyons 开发的五点 Likert 量表度量离职倾向。研究发现：接受了组织文化的合伙人比高级会计师和经理具有更高的创造性、工作满意度和工作参与度以及更低的离职倾向。

Henri（2006）收集了 2 175 个加拿大制造企业的样本数据，检验了组织文化与业绩评价系统的关系。研究发现：灵活主导型的公司高管比控制主导型的公司高管往往在组织关注、支持性战略决策制定和合法行动上使用更多的业绩评价系统。

Bititci 等（2006）通过案例研究发现，当组织文化变化后，已被成功运用的绩效评价系统会使得该系统更具参与性、管理风格更具协商性。

Mujeeb 和 Ahmad（2011）收集了 60 份调查问卷，用实证的方法检验组织文化与绩效管理实践的关系。研究发现：组织文化与绩效管理实践之间具有显著正相关关系，组织文化能促进绩效管理实践的发展。

从以上综述可看出，组织文化作为一种环境变量，与管理控制系统息息相关。但目前关于二者的研究仍存在一定的局限性：第一，国内鲜有学者使用实证的方法研究组织文化与管理控制系统的关系。第二，大多数学者只研究了组织文化与管理控制系统的关系，极少有学者研究组织文化、管理控制系统与组织绩效这三者的关系，甚至仅研究组织文化与管理控制系统关系的文献都不多见。第三，组织文化与管理控制系统的关系不局限于以上的研究，一个组织中可能存在子文化，各种文化间可能又存在某些联系，而管理控制系统是一个广泛的概念，企业中的方方面面都会涉及管理控制系统的各个相关因素，因此，组织文化与管理控制系统还存在许多值得研究的领域。

2.6.4 国家文化和组织文化

国家文化和组织文化既有联系又有区别，它们共同对企业的管理控制系统产生影响。

Gulev（2009）选取了来自德国、澳大利亚、斯洛文尼亚、丹麦的50家企业作为样本，选择3个维度衡量组织文化：组织结构框架、控制和协调机制、知识分享惯例，用Zver（2004）的框架衡量国家文化。研究发现：①在有着高度信任的国家文化影响下，企业组织文化具有更高的知识分享惯例；②在有着高度独立性和特色的国家文化影响下，企业组织文化更多地利用控制和协调机制。

Hilal（2006）选取了来自36个国家的1 742个企业作为样本来研究影响组织文化的因素。他们用Hofstede（1990）的框架衡量组织文化，用Hofstede（1980）的框架衡量国家文化。研究发现：公司经营的基本假设、客户、信仰、价值观、组织文化都受到国家文化的影响，组织文化必须建立在国家文化的基础上。

Huang，Rode和Schroeder（2011）选取了266个来自9个国家的企业作为样本进行问卷调查，运用Cameron（1999）的框架衡量国家文化；用Bartunek和Moch（1987）的框架衡量组织文化。研究发现：有机的组织结构与企业学习成长能力正相关，和国家文化一样，组织文化也在其中起到调节作用，但其调节程度在领导直接参与管理认可度低的国家文化背景下更加显著。

Chiaburu et al.（2015）选择了70家公司作为样本进行问卷调查，用Hofstede（1980）的框架衡量国家文化，用Hunter和Schmidt的方法衡量员工行为。研究发现：在高集中度、高权力距离、高不确定性规避程度的国家文化中，组织文化对员工行为的影响更强。

3 理论分析与研究假说

从权变理论视角进行内部控制的研究基于以下前提：世界上并不存在适用于所有企业的内部控制系统，内部控制系统是依赖于企业所面临的环境的。Otley（1980）指出：管理控制系统的最优功能依赖于企业环境中的特定要素，即恰当的内部控制系统应当根据企业所处的环境特征来设计。因此，以权变理论为基础的内部控制研究必须识别出内部控制系统的哪些方面与企业所处的环境特征相关，并证明二者之间是否相适应。COSO（2013）指出：没有两个主体拥有相同的内部控制体系。主体、目标和内部控制体系会因行业、监管环境以及内部因素，如规模、运营管理模式的性质、可容忍的风险、对技术的依赖程度、员工数量和胜任能力的不同而不同（COSO，2014，p. 21）。

企业是在多种环境因素的动态交互影响下开展业务的。管理企业需要充分了解其所处的内部环境和外部环境。传统的权变基础的研究认为，采用管理控制系统可以帮助管理人员实现期望的组织结果或组织目标，适当的管理控制系统的设计受其运行环境的影响（Chenhall，2003，p.128）。COSO 也指出：内部控制能够帮助主体实现重要目标，并维持与提高绩效（COSO，2014，p.3）。

企业运行的内部环境主要是指其内部的组织文化。安东尼和戈文达拉扬（2010，p.50）指出：最重要的内部因素是组织自身的文化——共同的信仰、共同的价值观、行为规范，以及组织上下隐性接受的或明确宣扬的各种设想。企业运行的外部环境则包括行业属性、所有权特征、市场状况以及社会文化环境。但是从现有的以权变理论为基础的内部控制研究文献来看，在组织文化与管理控制设计领域，研究还是鲜有涉及（Chenhall，2003，p.154），有关国家文化与管理控制设计的研究具有探索性的特征且缺乏一致的结果（Chenhall，2003，p.154），并且从权变理论的视角研究国家文化与组织文化交互作用对内部控制设计影响的文献在很大程度上被研究者所忽略。

本章共分四节：第一节论述本书对内部控制的分类；第二节论述民族文化特征与内部控制偏好的关系，并提出相应的研究假说；第三节论述企业文化与内部控制偏好的关系，并提出相应的研究假说；第四节论述在民族文化特征和企业文化这两个权变因子共同作用下，企业内部控制的偏好，并提出相应的研究假说。

3.1 本书对内部控制的分类

3.1.1 内部控制要素

内部控制是用来限制企业中个体的决策空间，从而影响个体行为的机制。其目的是用来协调企业中个体的决策，从而增加完成企业目标的可能性。COSO（1992）指出：内部控制被用来实现一个或多个彼此独立又相互交叉的类别的目标（COSO，2008，p.22）[1]。我国《企业内部控制基本规范》第四条指出：内部控制的目标是合理保证企业经营管理合法合规、资产安全、财务报告及相关信息真实完整，提高经营效率和效果，促进企业实现发展战略。可以看出，我国企业内部控制基本规范

---

① COSO 最新发布的框架（指 COSO（2013））是 1992 年框架的更新版本，其明确表达的有效内部控制的原则和要求已经包含在原版本中（McNally，2013）。

界定了内部控制应当实现的目标有五类。

企业建立与实施有效的内部控制应当包括内部环境、风险评估、控制活动、信息与沟通和内部监督这五个相互关联的构成要素。五类目标与构成要素之间有着直接的关系。目标是主体努力争取实现的东西，而构成要素则代表着要实现这些目标需要什么（COSO，2008，p. 13）。

COSO（2013）认为有效的内部控制要求：内部控制五要素中的每个要素以及相关原则必须同时存在并持续运行；五要素以整合的方式共同运行（COSO，2014，p. 31）。COSO（1992）指出：尽管必须满足所有五项标准，但这并不意味着在不同的主体中，各项构成要素的运行应该完全一致或者处在同一水平上，各个构成要素之间可能存在某些权衡（COSO，2008，p. 28）。也就是说，有效的内部控制要求五项要素同时存在，但由于控制能够服务于多个目标，所以在一个构成要素中的控制也可以用于另一构成要素之中的控制。互为补充的控制尽管各自的效果有限，放到一起可能会收到满意的效果。

3.1.2　正式控制与非正式控制

在组织中，正式系统和非正式过程都影响人的行为。因此，它们会影响实现目标一致的程度（安东尼和戈文达拉扬，2010，p. 49）。为了保证企业目标的实现，正式控制和非正式控制应当保持一致。

Giglioni 和 Bedeian（1974）认为，复杂组织的控制可以分为两类。第一类控制涉及指挥下属的行为，这一类控制通过组织结构和人力资源政策（如招聘、培训和解约）来实施。例如，当目标的达成需要个体之间的合作和共同努力时，组织结构可以被看作一种控制过程（Otley 和 Berry，1980）；组织理论家也认为组织结构是对控制问题的一种反应（Hall，1972；Perrow，1967）。第二类控制是指基于控制论的控制（cybernetic control）。Green 和 Welsh（1988）认为，正式控制系统一定是基于控制论的。这一界定意味着组织结构和人力资源政策并不是正式的控制系统，尽管它们会影响正式控制系统的需求、运作和效果。

Ouchi（1979，p.846）认为，决定哪一种控制形式更为有效的因素有两个：一是业绩能否被准确评价；二是目标不一致的程度。当下社会日渐多元化，员工的目标与企业的目标通常并不相同。为了协调员工的行为、实现企业的目标，人们要么彼此信任，要么彼此相互监督（Ouchi，1979）。在企业中，业绩评价可以通过官僚机制来完成。官僚机制主要通过制定包含关于流程应当如何执行或者产出或质量标准的规则来实施控制。但是，技术相互依赖性的增强，使清晰的业绩评价变得更为困难。Ouchi（1979，1980）、Govindarajan 和 Fisher（1990）认为，企业此时可以通过集团控制机制（clan control）实施有效的控制。在内部控制的文献中，其他学者用"社会控制（social controls）"（例如，Merchant，1985；Rockness 和 Shields，1988）、"人员控制（personnel controls）"（例如，Merchant，1985；Abernethy 和 Brownell，1997）和"职业控制（professional control）"（例如，Orlikowsky，1991；Abernethy 和 Stoelwinder，1995）等概念表达了与集团控制类似的控制理念。集团控制机制的运行并不需要通过正式的官僚机制控制，相反它通过员工的选择和培训等社会化（socialization）过程，依赖集团成员的职业化和共享的价值观，促使员工的目标与企业目标保持一致。共同的价值观和信念能够提供组织的和谐，消除机会主义行为发生的可能，当组织的所有成员通过共同的社会化过程实现了个人目标与组织目标的一致时，此时，对业绩进行审计毫无必要，因为没有人试图去背离组织的目标（Ouchi，1980，p. 138）。因此，有效的内部控制系统需要在官僚机制等正式控制机制和集团控制机制等非正式控制之间进行平衡，从而实现企业员工的协作，实现企业的目标。

根据本书的研究目的，我们作如下界定：正式控制指企业的控制要求通过官僚式规则和标准已被正规化描述，且可被所有相关方清楚观察到的控制系统（Birnberg 和 Snodgrass，1988）；非正式控制指企业的规则和标准必须经受控者一次或多次亲身经历才能感知到的控制系统（Birnberg 和 Snodgrass，1988），即主体在整个企业范围内通过管理风格等非正式力量，设定重视控制的高层基调，培养共同的价值观和团队精神，并以之影响员工行为的控制系统。

Ouchi（1979）认为，当社会化过程发生在一个特定企业的员工之中，则称其为集团（clan）；而当社会化过程发生在一个政治体的全体成员之中，则称其为文化。民族文化和组织文化均会影响个人的行为。Burawoy（1978）讨论了白人和黑人在工作中能够相处（组织文化），但在工作场所之外无法保持同样关系（民族文化）的案例。

管理控制研究文献确认了非正式控制的重要作用（例如，Langfield-Smith，1995；Otley，1994）：非正式控制能够影响企业员工的动机和行为。Collins 和 Porras（1994，p.72）描述了文化对组织控制的影响：将信念内化后的员工不需要来自其上层经理的命令，就可以为组织做他们该做的事以及做正确的事。Ezzamel，Lilley 和 Willmott（1997，p.453）发现：对那些以自律方式将控制内化的组织员工而言，强制性科层控制的必要性降低了。

内部控制是通过组织中的人员，通过他们的一言一行来实现的（COSO，2008，p. 23），而企业成员的思考、感觉和行动的方式受到其个人文化价值观和企业文化的影响（Hofsted，1980，1991）。Flamholtz，Das 和 Tsui（1985）认为，组织文化是影响管理控制系统的环境因素之一。潘飞等（2010，p.5）认为影响管理控制系统的因素包括组织外部因素、内部环境和竞争战略，而内部环境包括企业文化。文化可视为引导个体决策行为的力量之一。来自不同文化群体的个体对决策行为具有不同的基于文化的倾向，因而，来自不同文化群体的成员可能对相同的内部控制机制的反应并不相同。因此，在跨文化环境中经营的企业需要根据其成员的文化特征选择相应的内部控制系统。

3.1.3 内部控制系统的分类

从企业在设计内部控制系统时偏好正式控制还是偏好非正式控制这一角度，本书将内部控制系统的类型划分为四类：（1）重视非正式控制的内部控制系统；（2）重视正式控制的内部控制系统；（3）既重视非正式控制，也重视正式控制的内部控制系统；（4）既不重视非正式控制，也不重视正式控制的内部控制系统。

内部控制系统由五个要素构成。为了将内部控制系统按照上述正式控制和非正式控制的标准分类，以及分析民族文化特征和企业文化对内部控制偏好的影响，我们根据《企业内部控制基本规范》及其指引、

COSO（1992）和 COSO（2013）的内部控制——整合框架报告，将企业内部控制的五个要素进一步细分出其子要素，并按细分后的子要素对内部控制按正式控制和非正式控制的标准分类。

（1）内部环境及其子要素

我国《企业内部控制基本规范》第五条指出：内部环境是企业实施内部控制的基础。COSO（1992）指出：控制环境设定了一个组织的基调，影响其员工的意识。它是内部控制的其他所有构成要素的基础，为其提供了秩序和结构。

内部环境的子要素包括：

①员工的诚信和道德价值观。

COSO（1992）指出：内部控制的有效性不可能脱离建立、执行和监控它们的人员的诚信和道德价值观，诚信和道德价值观是控制环境的首要因素，它影响内部控制的其他构成要素的设计、执行和监控（COSO，2008，p.31）。管理层必须传达这样的信息：在诚信和道德价值观方面不能让步。最高管理层应当通过榜样、口头沟通、行为和示范等方式向员工沟通企业的诚信和道德价值观，员工必须接受和理解这些信息。

②对员工胜任能力的要求。

管理层需要明确企业特定岗位所需的胜任能力水平，并将这些水平转化为所需的知识和技能。对胜任能力的要求应体现在企业的人力资源政策和程序中。人力资源政策是招聘和留住胜任人员以便实施企业计划从而实现其目标的关键。

③确立组织架构、权力与责任。

企业的管理层是通过建立组织架构和汇报路线来履行其监督职责的。组织架构确定了引导人们行为的角色和责任。通过报告关系和工作描述，组织架构影响着期望或允许员工采取的行为。组织架构既不应该太简单，以致不能充分地监控企业的活动，也不应该太复杂，以致抑制了必要的信息流动。

权力与责任的分配包括对经营活动的权力和责任的分配，以及确立报告关系和授权的规程。企业通过授予权力与责任，使管理人员及其他员工能依照管理层的指令，为实现主体目标做出决策。

④董事会给予的关注和指导。

内部环境和"最高层的基调"受到企业董事会的重大影响。由于管理层具有凌驾内部控制系统的能力，董事会在确保有效的内部控制方面扮演着重要的角色。董事会应当独立于管理层，并对内部控制的开展与成效实施监督。

内部环境这一要素强调的是设定企业高层重视内部控制的基调，影响员工的控制意识。COSO（1992）指出："在整个企业范围内逐渐灌输诚信的态度和控制意识……以便在追求主体目标的过程中培养共同的价值观和团队精神（COSO，2008，p.30）。"如果这种共享的价值观与企业目标是一致的，那么企业对正式控制的需求自然减少。因为，正式控制通过建立行为标准和激励机制，其目的也是要将员工的目标与企业的协调一致。因此，内部环境及其子要素与非正式控制相关。

（2）风险评估

风险评估就是识别和分析与实现目标相关的风险，从而为确定应该如何管理风险奠定基础。识别和分析风险的过程是一个持续、反复的过程，它是有效的内部控制体系的关键构成要素。

风险评估的子要素包括：

①风险识别。

企业开展风险评估，应当准确识别与实现控制目标相关的内部风险和外部风险。

②风险分析。

企业识别出面临的外部和内部风险之后，需要进行风险分析。

我国《企业内部控制基本规范》第二十五条指出：企业应当根据风险分析的结果，结合风险承受度，权衡风险与收益，确定风险应对策略。但由于风险应对需要企业实施一系列的控制措施来完成，因此本书认为风险应对不应当作为风险评估的一个子要素存在。

在企业的目标已经设定的前提下，企业在进行风险评估的基础上，通过控制活动将风险控制在其容忍度之内，并利用监督要素来评价内部控制的效果。因此，这三个要素构成了一条较为完整的控制链：风险评估是内部控制的依据，控制活动是内部控制的手段，内部监督是内部控制的保证。

COSO（1992）指出：风险识别是一个反复的过程，通常与计划过程结合在一起（COSO，2008，p.48）。控制活动被 COSO 界定为"政策和程序"，发生于整个组织的所有层级和所有职能之中（COSO，2008，p.57）。内部监督中的持续监控"发生在经营的过程中"（COSO，2008，p.76）。因此，在重视用规则和标准进行控制的官僚机构中，这三个要素与正式控制相关。

③控制活动。

在内部控制的五要素中，控制活动要素特别重要，内部控制需要一系列的控制活动，如预算、业绩评价、职责分工等，才能最终落地。因此，控制活动也是内部控制存在的外在表现形式。

我国《企业内部控制基本规范》第五条指出：控制活动是企业根据风险评估结果，采用相应的控制措施，将风险控制在可承受度之内。可见，我国《企业内部控制基本规范》认为控制活动是"控制措施"。COSO（1992）将控制活动定义为：那些帮助确保管理层处置风险所需的特定指令得以贯彻的政策和程序，并且认为控制活动包括两个子要素：政策和程序。

Giglioni 和 Bedeian（1974）认为，基于控制论的控制（cybernetic control）是一个确定业绩标准，测量业绩并对实际业绩与标准进行比较，对比较发现的差异提供反馈信息的系统。Green 和 Welsh（1988）认为，正式控制系统一定是基于控制论的。许多会计学者也同意正式控制系统是基于控制论的这一观点。例如，Otley 和 Berry（1980）认为控制系统监督行为，并将结果与计划目标进行比较。比较之后，公司会采取改进的行动。因此，本书在进行理论分析时并不仅仅使用控制活动的政策和程序两要素观点。原因是：控制活动包含多种不同类别的控制，需要通过平衡这些控制形成控制活动组合来降低风险，如同时采取人工控制和自动化控制，以及预防性控制和发现性控制相结合的方式（COSO，2014，p.87）；我国《企业内部控制基本规范》第三十六条指出：企业应当根据内部控制目标，结合风险应对策略，综合运用控制措施，对各种业务和事项实施有效控制。也就是说，内部控制最终是要靠控制措施来落地的，仅仅依靠政策和程序这种两分法无益于我们的理论分析。

我国《企业内部控制基本规范》第二十八条指出：控制措施一般包括不相容职务分离控制、授权审批控制、会计系统控制、财产保护控制、预算控制、运营分析控制和绩效考评控制等。本书在理论分析时，考虑民族文化特征和企业文化对这些控制措施的影响。

（3）信息与沟通

信息与沟通是企业及时、准确地收集、传递与内部控制相关的信息，确保信息在企业内部、企业与外部之间进行有效沟通。

信息与沟通的子要素包括：

①信息。

为了实现企业的各类目标，企业各层级都需要信息，以便开展业务。在这个过程中需要利用的信息，通过信息系统进行识别、获取、处理和报告。

②沟通。

有效的沟通必须自上而下、自下而上地贯穿于整个组织。所有人都必须从最高管理层那里获得一条明确的信息：控制责任必须严格履行。

信息与沟通要素为内部控制的所有要素发挥作用提供支持（COSO，2014，p.101）。如果说风险评估是内部控制的依据、控制活动是内部控制的手段、内部监督是内部控制的保证，那么信息与沟通则是内部控制的保障。因此，这一要素与正式控制相关。此外，这一要素还与非正式控制相关。Birnberg 和 Snodgrass（1988，p.452）认为，当企业的共享价值观使员工个人的目标与企业的目标保持一致时，此时控制系统的任务是向正确的员工沟通和传递信息，使他们能做出正确的决策。

（4）内部监督

内部控制体系随着时间的推移而不断变化。因此，管理层需要确定内部控制体系是否继续适用和能否应对新的风险。内部监督是一个不断对内部控制体系的运行质量进行评估的过程，以确保内部控制体系持续有效运行。

内部监督的子要素包括：

①日常监督。

日常监督发生在经营的过程之中，它包括日常管理和监控活动，以及员工在履行他们的职责时采取的其他行动。

②专项监督。

专项监督的范围和频率主要取决于风险评估和日常监督程序的有效性。内部审计师通常把进行内部控制专项监督作为其常规责任的一部分，或者根据董事会、管理层的特别要求来进行内部控制的专项监督。

③报告缺陷。

对内部控制的缺陷应该向上报告，其中严重的问题应上报最高管理层和董事会。管理层应持续跟踪缺陷，确认其是否及时得到整改。

有效的内部控制要求五要素共同持续运行。因为信息与沟通要素与正式控制和非正式控制均相关，根据上述分析我们认为：第一，当一个企业较为重视内部环境要素，而对风险评估、控制活动、内部监督这三个要素重视程度相对较低时，我们可将该企业的内部控制系统分类为重视非正式控制的内部控制系统；第二，当一个企业较为重视风险评估、控制活动和内部监督这三个要素，而对控制环境要素重视程度相对较低时，我们可将该企业的内部控制系统分类为重视正式控制的内部控制系统；第三，当一个企业既重视风险评估、控制活动和内部监督这三个要素，又重视控制环境要素时，我们可将该企业的内部控制系统分类为既重视非正式控制也重视正式控制的内部控制系统；第四，当一个企业既不重视风险评估、控制活动、内部监督和信息与沟通这四个要素，又不重视控制环境要素时，我们可将该企业的内部控制系统分类为既不重视非正式控制也不重视正式控制的内部控制系统。

3.2 民族文化特征与内部控制偏好

不同类型的管理者控制和协调组织行为和绩效的方式，极大地依赖于企业及其所属的组织的类别以及企业所在的政治、金融、劳动和文化环境（Whitley，1999）。因此，本书研究的影响内部控制偏好的第一个权变因子是民族文化特征。

3.2.1 民族文化的维度

本书考虑的第一个权变因子是民族文化特征。民族文化的概念是基于 Hofstede（1980，p.25）对文化的定义，即文化是"将一个群体成员与其他群体成员区分的集体心理编程"。文化的核心由价值观构成，价值观是一种普遍性的倾向，表现为更喜欢事物的某些特定状态而非其他状态（Hofstede 等，2010，p.8）。Hofstede 的框架将文化分解成若干维度，并对每个维度提供了定量的测量方法。这些文化价值观维度是：个人主义、权力距离、不确定性规避和阳刚气质。Hofstede 和 Bond（1988）补充了第五个文化维度——长期导向和短期导向。Hofstede 在文化方面的研究是迄今为止在研究国家文化差异方面最为广泛的。

Hofstede 等（2010，p.35）指出："地区、种族及宗教的文化，这些只要是人们一生下来就开始习得的内容，都可以使用描述国家文化的那套术语来描述它们：基本上，用来区分国家文化差异的那些维度，同样可以用来区分国家内部的文化差异。"因此，本书使用 Hofstede 的框架来研究民族文化特征，即民族文化的特征也使用个人主义、权力距离、不确定性规避、阳刚气质和长期导向这五个价值观维度来测量。

Hofstede 的五种基本的社会价值维度的含义如下：

（1）个人主义-集体主义维度

个人主义的文化维度涉及人们有关"我"或"我们"的自我概念。Hofstede 认为，与集体主义偏好相互影响的紧密的社会约束不同，个人主义是偏好一种宽松的社会约束。根本问题是，一个社会的个体之间存在的相互依赖程度。人们关注他们自己而不是关注他们可能隶属的集体，这便是较高程度的个人主义的特征。在这种观点下，个人是被看作特殊的和完整的，或是拥有与集体相分离或不依赖于集体的自我认证。相反，在以较低程度的个人主义为特征的社会里仅仅是在一个集体里面，一个人才被认为是完整的个体。是集体而不是个人被看作社会的基本单元。

（2）权力距离维度

权力距离是指一个机构或组织所能接受的等级制度和不平等的权利分配的程度，主要涉及社会解决人与人之间不平等的方法。权力距离大的社会以接受不平等和将等级制度化为特征。相反，权力距离小的社会以一种人与人之间的不平等应该被减小到最小限度的规范价值为特征，并且在一定程度上，等级制度仅仅是为了管理的便利才存在于社会和机构中。

（3）不确定性规避维度

不确定性规避是指个人对不确定性和模糊性感到不安的程度。Hofstede 认为一个不确定性规避程度高的社会偏好通过书面或非书面规定的行为、组织结构正规化，以及标准化程序来降低不确定性和模糊性。相反，一个不确定性规避程度低的社会对于与他们自己不一致的观点或行为更具有灵活性和容忍性。

（4）阳刚气质–阴柔气质维度

阳刚是指性别角色分化的程度以及传统的男性价值观在表现及现有成就方面与相对应的传统女性价值观在人际关系、关怀、养育方面被强调的程度。阳刚得分较高是以竞争和取得物质上的成功为特征的。与阳刚相反的是"阴柔"，是以获得更高质量的生活为特征。

这四个文化维度确定了试图解释世界文化大体上的相似性和差异性的核心价值观。Hofstede（1980）为 40 个国家提供了这四种维度量化结果。Hofstede（1983）又将这些文化维度的量化结果扩展到 50 个国家和 3 个地区。Hofstede（1991，p.25）指出，鉴于这四种维度量化计算的方式，这些指标仅表示相对的而非绝对的国家状况（它们仅仅是对差异的度量）。

（5）长期取向–短期取向维度

Hofstede（2001，p.359）对第五个维度提供了简短的定义：长期取向培养一种倾向于未来报酬的品德，尤其是指坚持不懈和勤俭节约的优点。其对立观点——短期取向是指形成一种与过去和现在相关的品德，尤其指对传统的尊敬、保留"面子"以及完成社会义务。这个维度最初是通过运用中国人的价值观调查而发展起来的，并且可能体现了东西方文化的价值取向的差异。

与具有短期导向文化的国家相比，具有长期导向文化的国家是未来导向的（Hofstede 和 Bond，1988，p.16）。虽然实证研究发现，与美国公司相比，中国台湾公司较少使用长期激励，即在长期导向文化占主导的国家中，公司较少使用长期激励（Merchant et al.，1995），以及长期导向文化价值观与强调使用长期计划相关（Harrison et al.，1994），但从本书的研究目的出发，我们无法预计长期导向和短期导向价值观维度与企业内部控制设计时倾向于正式或非正式控制系统之间的关系。因此，本书主要考虑个人主义、权力距离、不确定性规避和阳刚气质这四个价值观维度对内部控制偏好的影响。

为了研究民族文化对内部控制偏好的影响，我们将主要关注文化的核心——文化价值观对内部控制的影响。价值观是社会群体成员对目的和实现目的的手段进行选择的基础。价值观决定了对特定事物状态或行为模式的集体或个体偏好，并提供了这些偏好的合法性（Kluckhohn 和 Strodtbeck，1961；Rokeach，1973；Schein，1985）。这样，价值观作为一种社会控制机制，可以按照社会文化系统对秩序和选择性行为的要求来规范个体的行为（Kluckhohn，1951）。价值观系统通过对特定文化环境中期望的行为和禁止的行为的积极和消极的认可，影响个体的思考、感受和行为的方式。因此，文化价值观在控制和指挥个体行为和组织行为方面具有重要的作用。

3.2.2　民族文化特征与个体行为

文化是后天习得的，而非与生俱来（Hofstede 等，2010，p.4）。文化被现在或过去生活在相同社会环境中的人们所共享，它将个体整合为家庭、企业、地区和国家等社会单位。个体通过后天习得的方式将这些社会单位的价值观和规范内化为其人格特质，从而展现出较为稳定和可预期的行为。在此意义上，文化与个体的人格共同设定了处于特定文化群体中的个体行动和决策的前提。

跨文化研究发现：当个体进入组织时，本国文化在很大程度上对个体产生了影响（Whyte 和 Williams，1963；Haire et al.，1966；England et al., 1974；Scarborough，1998）。他们的知觉（Chatterjee 和 Pearson，2000； Neelankavil et al.，2000； Segall et al.，1966）、认 知 过 程（Maruyama ，1974）、价值观（England et al. ，1974；Hampden-Turner 和 Trompenars，1993）、态度（Anastasi ，1983）和信念（Smith 和 Thomas ，1972）都在很大程度上受到本国文化的影响。这些影响相应 地也会影响整个企业的行为（Hofstede，1980）。这些后天习得的价值 观、态度和信念，在个体进入企业从事某项工作时，会影响个体和企业 的行为。

以下我们从 Hofstede（1980）的四个价值观维度分析文化价值观对 个体行为的影响。

权力距离价值观界定了在一个企业中，弱势成员对于权力分配不平 等的期待和接纳程度（Hofstede 等，2010，p.49）。从权力距离价值观对 个体行为的影响来看，具有高权力距离价值观的个体偏好命令式的领导 风格，低权力距离价值观的个体偏好民主式的领导风格。

个人主义指的是人与人之间松散联系的社会：人们只照顾自己及其 核心家庭。相反，集体主义指的是这样的社会：人们从出生起就融入强 大而紧密的内群体当中，这个群体为人们提供终身的保护以换取人们对 于该群体的绝对忠诚（Hofstede 等，2010，pp.80-81）。从个人主义和 集体主义价值观对个体行为的影响来看，高个人主义价值观的员工关注 自身的目标，只有当雇主利益与个人利益一致时，员工才会追求雇主的 利益，他们偏好竞争性的企业氛围；而高集体主义价值观的员工关注群 体的目标，他们追求的是内群体的利益，偏好合作性的企业氛围。

不确定性规避是指个体在面对不确定的或未知的情况时感到威胁的 程度（Hofstede 等，2010，p.177）。从不确定性规避价值观对个体行为 的影响来看，强不确定性规避的员工在情感上需要规章制度，偏好保守 的企业氛围；弱不确定性规避的员工认为只有在万不得已时才应该制定 规章制度，偏好开放的企业氛围。

阳刚气质和阴柔气质关注个体在生活中看重什么。阳刚气质指社会 偏好成就、英雄主义、自信和物质成就；阴柔气质指社会偏好关系、谦 虚、关注弱者和生活质量（Hofstede，1984，p.84）。从阳刚气质和阴柔气质价值观对个体行为的影响来看，阳刚气质的员工偏好以公平为基础进行奖励的激励方式，偏好通过"强者获胜"方式解决冲突的企业氛围；阴柔气质的员工偏好以平等为基础进行奖励的激励方式，偏好通过妥协和谈判来解决冲突的企业氛围。

3.2.3 民族文化特征与内部控制系统

文化从产品或服务、所有权类型和竞争规则等方面界定了一个社会中允许存在的企业类型（Child，1981；Maurice，1979）。文化价值观嵌入一个社会的各项制度安排之中，不仅会影响组织的性质，而且会影响组织中专业化程度、科层的形式、规则和程序的使用等较为具体的结构要素（Clark，1979；Gallie，1978；Hofstede，1980；Jamieson，1982）。因此，企业内部控制系统会受到文化价值观的影响。

文化价值观对企业的内部控制也会产生间接影响。Hofstede 等（2010，p.21）指出："管理者和领导者，以及与他们一起工作的人，都是国民社会中的一部分。要想理解他们的行为，必须了解他们的社会。"管理者的活动本身是由社会认知和社会知觉过程决定的（Weick，1979；Kiesler 和 Sproull，1982）。管理者在思考环境因素对企业内部控制的影响时，其文化价值观决定了管理者认为哪些环境因素是重要的、哪些环境因素应当忽略，以及对重要的环境因素应当如何应对。文化价值观的作用是提供意义（Ranson et al.，1980）。

内部控制会影响企业员工的行为及其相互交往，因此，其很可能受到国家文化的影响（Otley，1978；Daley et al.，1985）。对在跨文化环境中经营的企业而言，内部控制设计的一个关键问题是：被控制的企业成员是否认为企业的内部控制在文化上是恰当的，即企业的内部控制是否适合其经营环境共享的文化价值观。

下面我们分别从四个文化价值观维度分析民族文化特征与内部控制系统偏好之间的关系。

权力距离价值观维度描述了企业成员对垂直社会关系中的不平等的接受程度。Ouchi（1979，p.838）指出："雇员为了获取报酬，在特定领域会向其组织中的上级放弃自主权，允许上级指导其工作活动并监督其业绩。只有在组织员工接受组织中的上级具有命令、审计和监督其下级员工的合法权力的理念时，上述情况才可能发生。社会支持互惠和合法权力理念时，官僚控制机制才能成功运行。"权力距离高的社会，更可能接受合法权力理念，其成员也更容易接受官僚控制机制。实证研究也发现：当权力距离较高时，低层管理者更容易接受其上级在业绩评价和激励决定方面拥有更大的自主权（Harrison，1993；O'Connor，1995；Merchant et al.，1995）。Chow et al.（1996）的研究发现，在高权力距离的文化中，员工更愿意接受来自上级的指令。Soeters 和 Schreuder（1988）认为权力距离和组织的集权与分权有关。Whitley（1999，p.511）指出："组织文献中广泛讨论了官僚控制系统，这一系统一般包括较高的正规化水平和依赖书面的规则与程序，并对任务和活动的执行确定了详细的指令。"因此，我们预计，当企业员工具有高的权力距离价值观时，企业的内部控制设计会倾向于重视正式控制的内部控制系统。

强不确定性规避的社会对于规则的需要是情感性的，弱不确定性规避的国家则恰恰相反，人们对于成文的法规表现出深深的厌恶（Hofstede 等，2010，p.192）。Soeters 和 Schreuder（1988）认为不确定性规避代表了组织对正规化或规则导向的倾向。在强不确定性规避社会中的个体更喜欢预算控制和以清晰界定和量化后的业绩为目标的激励系统，这些预算控制和激励系统可以为他们提供努力、业绩评价和激励报酬之间较强的、明白的联系（Harrison，1993）。Chow et al.（1996）的研究发现，在强不确定性规避的社会中，员工更喜欢程序性的控制措施。因此，我们预计，当企业员工具有强不确定性规避价值观时，企业的内部控制设计会倾向于重视正式控制的内部控制系统。

据此，本书提出如下研究假说：

H1：当企业员工具有高的权力距离价值观或强不确定性规避价值观时，企业的内部控制设计会倾向于重视正式控制的内部控制系统。

个人主义和集体主义价值观维度描述了人们将自己视作个体或者群体成员的倾向。Ouchi（1979，p.838）指出："在缺乏市场的价格机制和官僚控制机制的外在规则时，集团（clan）的控制依赖于其成员就什么是恰当的行为达成深层次的共识，它要求个体对社会规定的行为做出高水平的承诺。"在集体主义文化中，由于和谐在社会中的中心地位、共享价值观和目标一致性，科层控制并不是必要的（Birnberg 和 Snodgrass，1988）。以个体为对象的业绩评价和动机很可能与集体主义价值观是相冲突的，因为它们突出了个体间的差异和引入了个体间的对抗（Merchant et al.，1995）。此外，在个人主义文化中对死板的预算控制的接受程度较低，因为它们被视为限制了个人的行为（Chow et al.，1996）。罗宾斯和库尔特（2004，p.302）指出了倡导个人主义的国家（如美国）和强调集体主义的国家（如日本）在人际沟通中的差异。美国的管理者喜欢用备忘录、通报、职务报告及其他正式沟通手段来阐明他对某一问题的看法；而在日本，人际间的接触更倾向于是非正式的。因此，我们预计，当企业员工具有高的集体主义价值观时，企业的内部控制设计会倾向于重视非正式控制的内部控制系统。

据此，本书提出如下研究假说：

H2：当企业员工具有高的集体主义价值观时，企业的内部控制设计会倾向于重视非正式控制的内部控制系统。

尽管文献中缺乏阳刚气质和阴柔气质与内部控制设计之间关系的清晰理论（Harrison，1993），但我们仍然可以预测具有阳刚气质的企业员工渴望成就和竞争，从而愿意接受聚焦于业绩、实现预算目标和相对业绩评价的内部控制系统；而具有阴柔气质的企业员工较不愿意接受不考虑员工福利只强调达成业绩目标的内部控制系统。Jansen et al.（2009）认为，在阳刚气质的国家，为了改善员工工作场所的质量，趋势是通过"授权"（例如，Simons，1995），即给工人提供更多的自主权和承担更大的责任，使个人的工作变得更加有趣；而在阴柔气质的国家中，趋势是通过培养群体成员的合作以及让群体成为独立运作的社会单位，使群体工作获得回报。因此，我们预计，当企业员工具有强阳刚气质时，企业的内部控制设计会倾向于重视正式控制的内部控制系统；而当企业员工具有强阴柔气质时，企业的内部控制设计会倾向于重视非正式控制的内部控制系统①。

Drazin 和 Van de Ven（1985）、Gerdin 和 Greve（2004）区分了权变理论研究中的一致方法（congruence approach）和权变方法（contingency approach）。一致方法认为，只有业绩最好的公司才能在竞争中生存，因而才能被观察到，因此研究的任务只探索环境和结构之间的关系，而不考虑这种关系是否影响业绩。权变方法则认为，组织与环境之间存在着不同程度的匹配，因此研究者必须表明高程度的匹配与高水平的业绩是相关的。Otley（1980）、Otley 和 Wilkinson（1998）认为，为了检验控制系统与其实施环境的适配程度，应该将一些期望获得的组织和管理业绩，作为结果变量加以观察。对最理想控制系统的偏离，可能会造成组织不协调、沟通无效、误解、士气低下、积极性降低，这些最后都会导致企业业绩表现不佳，而适配程度好则意味着企业业绩的提升。因此，我们预计，当企业员工的民族文化特征与内部控制设计相适配时，企业的业绩较好；而当企业员工的民族文化特征与内部控制设计适配程度较差时，企业的业绩较差。

据此，本书提出如下研究假说：

H3：企业的内部控制系统与企业员工的文化价值观的适配程度越高，企业的业绩越好。

3.3　企业文化与内部控制偏好

现有的基于权变理论与国家文化对内部控制设计影响的研究，其结果往往发现文化价值观对内部控制的影响是较弱的或不存在（例如，Chow et al.，1994；Lau and Tan，1998），有时甚至发现与理论预期相反的经验证据（例如，Merchant et al.，1995；Chow et al.，1996；Awasthi et al.，1998）。文化价值观对内部控制的影响是较弱的或不存在的另一个可能的但被较少研究关注的原因是：它们忽略了企业文化对内部控制设计的影响。过去几十年中，许多研究者都强调了组织文化对内部控制

---

① 本书发现汉族和维吾尔族在阳刚气质价值观维度得分类似，本书的数据无法检验阳刚气质价值观对内部控制偏好的影响，因此，在此处未提出待检验的研究假说。

具有重要的影响（例如，Dent，1991；Flamholtz，Das 和 Tsui，1985；Gordon 和 Miller，1976）。Chenhall（2003，p.154）认为：在工作环境中，一个很强势的组织文化可能支配国家文化。跨国公司在国外经营机构中管理控制系统设计的相关文献为 Chenhall（2003）的上述观点提供了间接证据。例如，Firth（1996）的研究发现，中国的中外合资企业倾向于采用合资方的管理控制和激励系统，特别是当合资方来自美国时；O'Connor et al.（2002）发现在中国国有企业中，合资的经验增加了在企业中使用西方管理实务的现象。

由于在组织文化和管理控制设计领域，研究还是鲜有涉及（Chenhall，2003；Bhimani，2003），本书研究第二个权变因子——企业文化，对内部控制偏好的影响。

3.3.1 企业文化的类型

企业文化的概念自 20 世纪 70 年代起受到组织研究者的广泛关注（Pettigrew，1979；Ouchi，1981；Deal 和 Keenedy，1982；Peters 和 Waterman，1982）。企业文化是指一个企业中理所当然接受的价值观和假定，它体现了一整套期望、定义和记忆，代表了"在一个组织中事情是怎样的"（Cameron 和 Quinn，1999）。它是一个全面的概念，反映了组织的历史，具有柔软、社会建构性，并且难以改变（Hofstede et al.，1990）。

从本书的研究目的出发，企业文化是指塑造人们行为的价值观和理念的模式及其人造产物（Zammuto 和 Krakower，1991）。企业价值观可以描述企业文化的深层次结构（Quinn 和 Kimberly，1984）。企业文化作为共享的价值观，与企业的组织结构和控制系统一起产生企业的行为规范。

Quinn 和 Rohrbaugh（1983）开发出了竞争价值观模型（Competing Values Model），这一模型可以用来研究不同的组织现象，包括组织文化（例如，Deshpande，Farley 和 Webster，1993；Quinn 和 McGrath，1985；Zammuto 和 Krakower，1991）。这一模型对组织基础价值观和反映这些价值观的文化产物进行了区分。该模型依赖于以下前提：尽管神话、语言、仪式和符号等文化产物是一个组织特有的，但是价值观并不是组织特有的。因为不同的企业文化并不是因为这些企业拥有不同的价值观，而是因为它们对于价值观聚焦的重点是不同的（Zammuto 和 Krakower，1991）。

竞争价值观模型包括两对竞争性价值观。第一对竞争性价值观是控制/灵活，这一维度是指偏好结构、稳定，还是偏好变化。第二对竞争性价值观是人/组织，这一维度是指组织关注焦点的差异。如果每一对竞争性价值观代表一个坐标轴，那么两个坐标轴就会形成四个象限。这四个象限代表了四种类型的组织文化：凝聚共识的文化（group culture）、成长调适的文化（developmental culture）、层级节制的文化（hierarchical culture）和理性主导的文化（rational culture）（Quinn，1988；Quinn 和 Kimberly，1984）。这四种类型企业文化的特征见表3-1。

表 3-1　　　　**竞争价值观模型中企业文化的类型及特征**

特征	企业文化类型			
	凝聚共识	成长调适	层级节制	理性主导
灵活/控制	灵活	灵活	控制	控制
内部/外部	内部	外部	内部	外部
手段	员工参与、内聚力、士气	适应性、成熟度	沟通信息管理	计划、目标制定
目的	人力资源发展	增长、资源获取	稳定、官僚、控制	生产率效率
遵从	归属	思想体系	规则	合同
动机	依附	增长	安全	能力
领导	关注支持	有创造力风险承担	保守谨慎	命令式目标导向

注：本表根据 Quinn 和 Kimberly（1984）整理得到。

3.3.2　企业文化与个体行为

企业创建者和主要领导者的价值观塑造了组织文化，但是，这些文化通过共同的实践活动影响着普通成员（Hofstede 等，2010，p.306）。

这种影响主要是通过企业对员工的选择和社会化过程来完成的。

企业对员工的选择主要有两种形式：员工招聘和自选择（Wiener，1988）。员工招聘指企业外部人员通过识别、甄别和邀请进入企业的方式。企业只会招聘那些价值观与组织价值观类似的个体。自选择是指外部人员准备参加企业员工招聘的过程。拥有与企业价值观类似价值观的个体会被企业吸引。一般而言，高度依赖选择恰当人员的控制，由于人员将价值观内化，将产生较高的承诺（Ouchi，1979，p.841）。O'Reilly et al.（1991）发现个体与企业的匹配与个体对组织的承诺、满意度和长期任职相关。

社会化发生在个体进入企业之后。它是指使企业员工的价值观与企业价值观保持一致的过程（Etzioni，1961）。企业的价值观通过符号、英雄和仪式表现出来。企业的员工通过对符号、英雄和仪式这些实践活动的学习，逐渐形成了共同的价值观系统。社会化的过程还蕴含着选择的过程。企业通过提升那些对企业价值观高度认同的员工，以及解雇那些不认同企业价值观的员工，保证社会化过程的完成（Chatman，1991；Harrison 和 Carroll，1991）。

3.3.3　企业文化与内部控制偏好

企业文化会影响员工的行为，因此企业在进行内部控制设计时，也应当考虑企业文化的影响。Fisher（1995，p.14）认为，因为员工的信念和规范与组织的目标是一致的，强公司文化会减少对其他控制机制的需要。组织互动的所有方面以及高层管理者的活动均受到文化的影响（Chatterjee，Lubatkin，Schweiger 和 Weber，1992）。正式的政策规定了管理层希望发生的事情，公司文化则决定实际发生的事情，以及遵守、曲解或忽略了哪些规则（COSO，2008，p.31）。企业文化被视作正式控制系统设计和使用的起点（Flamholtz，1983）。Markus 和 Pfeffer（1983）认为，控制系统的语言和符号以及包含在其中的有关目标的假定，必须与占主导地位的组织文化相对应，否则控制系统会遇到极大的阻力，导致控制系统的失败。Rousseau（1990）认为：控制系统是受到组织基础价值观影响的行为模式。

理性主导的企业文化类型和层级节制的企业文化植根于控制价值观，而凝聚共识的企业文化和成长调适的企业文化则强调灵活的价值观（Quinn，1988）。控制价值观偏好可预测性、稳定、正规化和遵从，而灵活价值观偏好自发行为、变化、开放、适应性和反应。

值得注意的是，根据竞争价值观模型确定的这四种企业文化类型仅仅是一种理想状态，因为没有哪一家企业仅仅采用其中的一种文化类型。每一家企业都会基于价值观的组合形成自己独特的企业文化（Quinn 和 Kimberly，1984）。"真实的组织不可能恰好属于这四种模型中的任何一种。事实上，模型并不包含组织，而组织包含这四种模型。在每一个组织中，上述四种模型均存在（Quinn，1988，p.42）。"控制价值观和灵活价值观并不是一种非此即彼的二元划分，所有企业的企业文化都在不同程度上同时包含控制价值观和灵活价值观。因此，本书中控制价值观类型的企业是指控制价值观在企业文化中占主导地位的企业，而灵活价值观类型的企业是指灵活价值观在企业文化中占主导地位的企业。如果将控制价值观作为连续体的一级，而将灵活价值观作为连续体的另一级，那么企业处在这个连续体上的位置将影响其对内部控制系统的偏好。

层级节制的企业文化以信息管理和沟通为手段，期望达到稳定和控制的目的。这种文化类型反映的是官僚机构的价值规范，强调通过充分的协调和分配实现有序的工作场所，从而为企业员工提供安全、稳定的感觉。员工的行动根据正式界定的岗位职责来指挥，工作执行按照企业确定的规则进行。

理性主导的企业文化以计划和目标为手段，期望达到效率的目的。这种文化类型强调目标完成和成就，员工的动机来自于实现良好的业绩和达成规定的目标将会获得报酬这一信念。

层级节制和理性主导这两种强调控制价值观的企业文化类型有助于促进对经营活动的紧密控制、高度结构化的沟通渠道和严格限制的信息流动（Burns 和 Stalker，1961）。这两种文化类型强调计划、业绩考评控制、信息沟通等手段，表明和它们相协调的内部控制系统应强调控制活动、信息沟通等控制要素。据此，我们提出以下研究假说：

H4：具有强调控制价值观企业文化类型的企业，更可能偏好强调正式控制的内部控制系统。

凝聚共识的企业文化以内聚力、士气和员工参与决策为手段，期望达到人力资源发展的目的。这种文化类型强调共享的价值观和在企业内部建立共识，是基于归属感价值规范的。

成长调适的企业文化以成熟度和灵活为手段，期望达到增长和资源获取的目的。这种文化类型是靠工作任务对员工思想上的吸引力来激励员工的。

凝聚共识和成长调适这两种强调灵活价值观的企业文化类型有助于促进企业采用松散和非正式的控制、开放和横向的信息渠道以及信息的自由流动（Burns 和 Stalker，1961）。这两种文化类型强调在企业中培养共同的价值观以及依靠思想体系的吸引力来激励员工，表明和它们相协调的内部控制系统应强调控制环境要素。据此，我们提出以下研究假说：

H5：具有强调灵活价值观企业文化类型的企业，更可能偏好强调非正式控制的内部控制系统。

企业内部控制系统与企业文化适配程度的高低，同样会影响企业的业绩。我们预计，当企业文化类型与内部控制设计相适配时，企业的业绩较好；而当企业文化类型与内部控制设计适配程度较差时，企业的业绩较差。

据此，我们提出以下研究假说：

H6：企业的内部控制系统与企业文化的适配程度越高，企业的业绩越好。

3.4 民族文化特征、企业文化与内部控制偏好

在第二节和第三节中，我们分别讨论了民族文化特征与内部控制偏好、企业文化与内部控制偏好之间的关系，并提出了相应的研究假说。但是，企业本身同时受到民族文化特征和企业文化这两个因素的影响，如果只关注单一维度的权变变量，例如，只关注企业所处的文化环境或

者企业文化的类型，是无法完全捕捉到内部控制系统设计的复杂性的。第一，只关注单一维度的权变变量没有考虑到企业是在面临许多不同要求的环境中生存的。第二，面临的多个权变变量要求设计在不同的权变变量之间进行权衡，可能使最终的设计对任何一个权变因子都无法很好地适配（Child，1975；Gerwin，1979）。因此，在设计内部控制系统时，需要同时考虑这两个因素的影响。Gresov（1989）指出：只讨论一种情境的影响可能无法理解设计的过程，其结果是可能会产生一种无法被广泛接受的管理控制理论。因此，本书除了对民族文化特征与内部控制偏好、企业文化与内部控制偏好分别进行双变量关系的分析之外，还使用系统方法（systems approach）对这两个权变因子与内部控制偏好的关系进行系统分析。Drazin 和 Van de Ven（1985）认为，双变量关系的分析和系统方法可以提供独特和互补的信息，单独依赖任一种方法可能都会导致信息的损失。

在第二和第三部分提出的研究假说中，单一的权变变量会影响内部控制的偏好。符合逻辑的推论是：一个权变变量如果单独会影响内部控制的偏好，那么，它与其他权变变量的组合也会影响内部控制的偏好。因此，我们的任务是建立内部控制偏好与两个权变变量一起考虑时的关系。为此，我们首先讨论民族文化特征与企业文化的关系，并在此基础上提出研究假说。

组织所处的环境既包括技术和经济环境，又包括文化环境（Hickson et al.，1974；Hofstede，1980；Jamieson，1978；Triandis，1984）。因此，企业文化显然也会受到企业外部的技术和经济环境的影响，也会受到外部文化环境的影响。在跨文化环境中，组织形式和结构变化问题的关键不在于这种变化是由哪一种环境因素引起的，关键的问题是这些环境因素的相对影响（Hickson 和 McMillan，1981）。Chatman 和 Jehn（1994）研究发现，组织文化受到行业技术和增长的影响。Mathur et al.（1996）发现，在相同的文化环境中，公共部门和私人部门中的组织具有不同的组织文化。这是因为相对于公共部门中的组织而言，私人部门中的组织在强度更高的竞争环境中经营，从而具有更强的利润导向。组织有自己的边界，这将它们与其所处的环境分开，并为其提供了独立的身份（Aldrich，1979；Argyris，1964；Katz 和 Kahn，1966）。民族文化特征代表的是潜在的、微妙的和不可观察到的价值观，而企业文化代表的是可观察的、引人注目的共同实践：符号、英雄和仪式（Hofstede et al.，1990）。企业文化深受 CEO、低层管理者的个性和政策的影响（安东尼和戈文达拉扬，2010，p.51），它代表了能够对内部控制偏好施加直接影响的管理实践；而民族文化特征的影响则较为间接。换句话说，与民族文化特征相比，企业文化具有更强的情境相关性。因此，两者之间存在着明确的区别。

从图 3-1 可以看出，民族文化特征和企业文化这两个权变因子的相互作用会形成企业内部控制设计所处的四种环境类型。在类型 1 和类型 4 中，民族文化特征和企业文化这两个权变因子之间并不存在冲突。

	企业文化	
	控制	灵活
权力距离大、不确定性规避强	类型 1	类型 3
集体主义倾向性强	类型 2	类型 4

（民族文化特征）

图 3-1　企业文化与民族文化特征两种权变因子的相互作用模式

在类型 1 中，当企业处于高权力距离文化环境或强不确定性规避文化环境中时，此时内部设计时应倾向于强调正式控制的内部控制系统；如果企业文化是强调控制价值观类型的，其对内部控制系统的要求也是倾向于强调正式控制的内部控制系统。因此，类型 1 中的企业在进行内部控制设计时，偏好强调正式控制的内部控制系统。在类型 1 中，内部控制的设计与民族文化特征和企业文化两个权变因子实现了良好的适配，企业的业绩会较好。

在类型 4 中，当企业处于集体主义倾向强的文化环境中时，此时内部设计时应倾向于强调非正式控制的内部控制系统；如果企业文化是强调灵活价值观类型的，其对内部控制系统的要求也是倾向于强调非正式控制的内部控制系统。因此，类型 4 中的企业在进行内部控制设计时，偏好强调非正式控制的内部控制系统。在类型 4 中，内部控制的设计与民族文化特征和企业文化两个权变因子实现了良好的适配，企业的业绩会较好。

在类型 2 和 3 中，企业面对的民族文化特征与企业文化主导的价值观特征是相冲突的。在类型 2 中，当企业处于高集体主义文化环境中时，此时内部设计时应倾向于强调非正式控制的内部控制系统；如果企业文化是控制价值观类型的，其对内部控制系统的要求则是倾向于强调正式控制的内部控制系统。在此种情形下，内部控制设计时应当同时考虑民族文化特征与企业文化主导的价值观特征对内部控制偏好的影响，即内部控制设计应当既强调正式控制又强调非正式控制。这样，内部控制的设计与民族文化特征和企业文化两个权变因子也实现了良好的适配，企业的业绩也会较好。基于同样的道理，在类型 3 中，企业内部控制设计也应当既强调正式控制又强调非正式控制。

与理想内部控制设计偏离的企业，其业绩也会较差。偏离幅度越大，业绩越差。据此，我们提出以下研究假说：

H7：当企业所处的文化环境中民族文化特征与企业文化主导的价值观特征相冲突时，内部控制的设计与民族文化特征和企业文化两个权变因子同时实现了良好的适配的企业，其业绩也较好。

H8：偏离理想内部控制设计的企业，其偏离程度越高，业绩越差。

4 研究方法

本书研究民族文化特征和企业文化这两个权变因子是如何共同影响企业内部控制偏好的。第 3 章通过理论分析，提出了本书的研究假说。本章论述检验这些研究假说的研究方法。为了获取民族文化特征、企业文化和内部控制偏好的数据，本书采用问卷调查的研究方法。对于与自我呈报信念和行为相关的研究问题，问卷调查方法是恰当的（Neuman，2000，p.247）。本章从设计和程序、变量计量、研究模型和调查问卷设计四个方面阐述了使用的研究方法。

4.1 设计和程序

本书以调查问卷数据为基础，对相关研究假设进行实证检验。我们首先在回顾内部控制相关文献以及本书理论分析的基础上设计了最初的问卷。接着，为了保证问卷质量，我们采取了专家评审、模拟试填、面访、初步测试等必要步骤对调查问卷进行了修改。

本书研究的一个前提假设是：企业管理层会根据员工具有的民族文

化特征调整自己的内部控制系统，从而提高企业的业绩。我们在问卷设计时，是以某一民族的全职员工占企业全体员工半数以上来界定企业面临的文化环境的。从我们回收的问卷来看，除了汉族和维吾尔族在被调查企业中占半数以上的样本较多之外，其他民族在被调查企业中占半数以上的样本极少（回族为 5 家，哈萨克族为 3 家），我们在有效问卷中剔除了这些样本。受这一要求的限制，本书样本企业中只有汉族和维吾尔族在被调查企业中占半数以上这两种情形出现。

本书的调查问卷使用的语言为各民族的本族语言，汉族参与人使用的调查问卷用汉语表达，维吾尔族参与人使用的调查问卷用维语表述。我们先设计了汉语调查问卷，维语调查问卷由一名高校会计学专业的维吾尔族教师将汉语调查问卷翻译而成。为了确保翻译无误，由另外一名维吾尔族教师对调查问卷进行了回译。我们根据回译的结果对问卷的措辞进行了调整。调查问卷见附件。

由于针对企业高层进行大样本随机调查难度较大，本书借鉴国内大多数同行的做法（例如，张玉利和李乾文，2009；文东华、陈世敏和潘飞，2014），采取便利抽样的原则。我们向新疆乌鲁木齐、石河子、塔城、阿克苏、喀什、昌吉、伊犁、阿尔泰、哈密、巴州、吐鲁番等地区的企业发放了调查问卷。调查问卷要求被调查企业的财务负责人填制。为了控制行业对研究结果的影响，我们将问卷发放集中在制造业、采掘业和批发零售业。规模过小的企业内部控制通常并不健全，我们只针对企业全职员工人数在 50 人以上的企业发放问卷。

由于本书在测量企业内部控制偏好和内部控制目标实现程度时，使用了自编量表，调查问卷的发放分两个阶段：第一个阶段发放 600 份问卷，用于问卷的预测试，收回 295 份，有效问卷 267 份，问卷实际回收率为 44.5%。根据有效问卷，本书确定了内部控制偏好量表和内部控制目标实现程度量表题项，并检验了量表的效度，本书将在第 5 章详细论述对这两个量表的测量过程。第二个阶段根据预测试阶段确定的最终问卷，发放 750 份问卷，收回 371 份，有效问卷 319 份，问卷实际回收率为 42.53%。问卷的回收总数和回收率都达到了研究的要求（Van der Stede，Young 和 Chen，2005）。

为了评估潜在的应答偏差，我们对第一阶段和第二阶段回收的有效问卷的基本特征进行了比较。第一阶段回收的问卷企业全职员工人数的均值为 261 人，第二阶段回收的问卷企业全职员工人数的均值为 253 人，T 检验的 P 值为 0.4726。第一阶段和第二阶段回收的问卷在制造业、采掘业和批发零售业这三个行业独立性卡方检验的 P 值分别为 0.409、0.372 和 0.283。这些结果表明本书第一次和第二次回收的样本不存在显著的差异。

4.2　变量计量

4.2.1　民族文化特征

许多研究者都对国家文化进行了定义和分类（例如，Hofstede，1980，1991；Child，1981；Brislin，1983；Triandis，1984；Schein，1985；Adler et al.，1986）。在这些定义和分类中，Hofstede 的定义和分类在企业和会计研究中使用最广泛（例如，Jaeger，1983；Triandis，1984；Ronen 和 Shenkar，1985；Kreacic 和 Marsh，1986；Soeters 和 Schreuder，1988；Gudykunst 和 Ting-Toomey，1988；Pratt 和 Beaulieu，1992；Harrison，1992，1993；Pratt et al.，1993）。

本书使用 Hofstede 的 Value Survey Module 1994 确定的量表来测量民族文化特征，即测量个人主义、权力距离、不确定性回避和阳刚这四种文化价值观维度。

（1）个人主义价值观维度

在 Hofstede 的文化价值观问卷 Values Survey Module 1994 中，个人主义价值观维度是用参与人对四个问题的回答得分来度量的。这四个问题要求参与人指出，以下四项工作属性的重要程度：休闲时间、良好的工作环境、工作有保障和工作内容。每一个问题都用五级量度进行衡量，其中"1"表示极为重要，而"5"表示几乎不重要。

根据 Values Survey Module 1994 的说明，个人主义指数按如下公式计算：

$$IDV=-50\left(\frac{\text{“休闲时间”重要}}{\text{程度平均得分}}\right)+30\left(\frac{\text{“良好的工作环境”}}{\text{重要程度平均得分}}\right)+20\left(\frac{\text{“工作有保障”}}{\text{重要程度平均得分}}\right)$$

$$-25\left(\frac{\text{“工作内容”}}{\text{重要程度平均得分}}\right)+130$$

（2）权力距离价值观维度

在 Hofstede 的文化价值观问卷 Values Survey Module 1994 中，权力距离价值观维度是用参与人对四个问题的回答得分来度量的。这四个问题要求参与人指出以下四项情形的重要程度、发生频率或赞同程度：与上级的关系、为上级提供决策建议、向上级表达不同的意见和工作统一指挥。每一个问题都用五级量度进行衡量，其中"1"表示极为重要，而"5"表示几乎不重要。

根据 Values Survey Module 1994 的说明，权力距离指数按如下公式计算：

$$PDI=-35\left(\frac{\text{“与上级的关系”}}{\text{重要程度平均得分}}\right)+35\left(\frac{\text{“为上级提供决策建议”}}{\text{重要程度平均得分}}\right)$$

$$+25\left(\frac{\text{“向上级表达不同的意见”}}{\text{频率平均得分}}\right)-20\left(\frac{\text{“工作统一指挥”}}{\text{同意程度平均得分}}\right)-20$$

（3）不确定性回避价值观维度

在 Hofstede 的文化价值观问卷 Values Survey Module 1994 中，不确定性回避价值观维度是用参与人对四个问题的回答得分来度量的。这四个问题要求参与人指出以下四种情形的发生频率或赞同程度：工作中的焦虑与紧张、对下属提出问题的反应、员工之间的竞争和对违反公司制度的态度。每一个问题都用五级量度进行衡量，其中"1"表示极为重要，而"5"表示几乎不重要。

根据 Values Survey Module 1994 的说明，不确定性规避指数按如下公式计算：

$$UAI=25\left(\frac{\text{“工作中的焦虑与紧张”}}{\text{频率平均得分}}\right)+20\left(\frac{\text{“对下属提出问题的反应”}}{\text{同意程度平均得分}}\right)$$

$$-50\left(\frac{\text{“员工之间的竞争”}}{\text{同意程度平均得分}}\right)-15\left(\frac{\text{“对违反公司制度的态度”}}{\text{同意程度平均得分}}\right)+120$$

（4）阳刚气质价值观维度

在 Hofstede 的文化价值观问卷 Values Survey Module 1994 中，阳刚

价值观维度是用参与人对四个问题的回答得分来度量的。这四个问题要求参与人指出，对以下四项工作属性的重要程度或赞同程度：和有团队精神的同事一起工作、有晋升的机会、信赖他人和失败归责。每一个问题都用五级量度进行衡量，其中"1"表示极为重要或强烈同意，而"5"表示几乎不重要或强烈反对。

根据 Values Survey Module 1994 的说明，阳刚气质指数按如下公式计算：

$$MAS = 60 \left(\begin{array}{c} \text{"和有团队精神的同事一起工作"} \\ \text{重要程度平均得分} \end{array} \right) - 20 \left(\begin{array}{c} \text{"有晋升的机会"} \\ \text{重要程度平均得分} \end{array} \right)$$

$$+ 20 \left(\begin{array}{c} \text{"信赖他人"} \\ \text{同意程度平均得分} \end{array} \right) - 70 \left(\begin{array}{c} \text{"失败归责"} \\ \text{同意程度平均得分} \end{array} \right) + 100$$

4.2.2 企业文化

本书对企业文化的测量工具主要根据竞争价值观框架工具（Cameron 和 Quinn，1999；Quinn，1988）、Bhimani（2003）和 Henri（2006）对企业文化测量方法编制形成。相关研究已经检验了该工具的效度（例如，Zammuto 和 Krakower，1991），而 Bhimani（2003）和 Henri（2006）的研究也表明该工具可以在会计研究中使用。

企业文化测量工具设计了企业特征、企业领导、企业凝聚力和企业强调的重点这四个维度来测量参与人企业所属的文化类型。四个维度中的每一个维度都包含 4 条陈述，陈述中的企业 A 代表了凝聚共识的文化（group culture），企业 B 代表了成长调适的文化（developmental culture），企业 C 代表了层级节制的文化（hierarchical culture），企业 D 代表了理性主导的文化（rational culture）。参与人对企业特征、企业领导、企业凝聚力和企业强调的重点这四个维度中的每一个，根据自己所在企业与陈述相似程度，将 100 分在四种企业文化类型中进行分配。调查问卷见附件。

对于凝聚共识、成长调适、层级节制和理性主导这四种文化类型，每一种文化类型的得分，是将四个维度中每一个维度该文化类型得分相加后取均值得到。对于每一家企业，这四种文化类型的得分相加后应当等于 100 分。

强调灵活价值观和强调控制价值观的企业文化类型得分，按以下公式计算：

强调灵活价值观的企业文化类型得分 ＝ （凝聚共识得分+成长调适得分）

强调控制价值观的企业文化类型得分 ＝ （层级节制得分+理性主导得分）

根据第 3 章的理论分析，所有企业的企业文化都在不同程度上同时包含控制价值观和灵活价值观。我们用强调控制价值观的企业文化类型得分减去强调灵活价值观的企业文化类型得分，就可以计算出占主导地位的价值观类型得分。如果将控制价值观作为企业文化连续体的一级，而将灵活价值观作为连续体的另一级，占主导地位的价值观类型得分可以反映出企业在这个连续体上的位置。正的得分代表的是控制价值观主导的企业文化，负的得分代表的是灵活价值观主导的企业文化。占主导地位的价值观类型得分的值域是从-100 分到 100 分。表 4-1 列示了占主导地位的价值观类型得分的取值情况。

表 4-1 　　　　　　占主导地位价值观类型得分的取值情况

控制价值观得分	灵活价值观得分	占主导地位价值观得分
100	0	100（控制）
75	25	50（控制）
50	50	0（没有占主导地位的）
25	75	−50（灵活）
0	100	−100（灵活）

4.2.3　企业面临的文化环境

第 3 章的理论分析指出，企业在设计内部控制时，必须考虑其员工具有的不同文化特征。新疆是一个多民族的地区，境内的绝大多数企业都是多民族企业。为此本书认为，当企业汉族全职职工占半数以上时，企业管理层在设计内部控制系统时应当主要考虑汉族员工具有的民族文化特征；而当企业维吾尔族职工占半数以上时，企业管理层在设计内部控制系统时应当主要考虑维吾尔族员工具有的民族文化特征。上文指出，本书使用 Hofstede 的 Value Survey Module 1994 确定的量表来测量民族文化特征。

4.2.4　内部控制偏好

内部控制偏好根据自编量表测量。该量表主要测量企业在设计内部控制时对正式控制和非正式控制的偏好程度。该量表的开发过程及检验的描述见第 5 章第一节。该量表的测量条目主要从内部控制的五要素及其子要素在发挥正式控制或非正式控制作用的角度来编写的。该量表共包括 21 个测量条目，每一个维度用 7 级量度，从"完全不同意"得分为 1 到"完全同意"得分为 7，由企业中高层管理人员对本企业内部控制目标的实现程度进行自我评价来衡量。

4.2.5　企业业绩

Otley（1980）指出：只有包含了业绩变量的研究才是真正完整的权变研究。在权变理论的研究中，控制效果的评价一直由自我评估过程主导，围绕着组织的目标或重要的管理流程，个体提供他们各自绩效或组织单位的指标（Chenhall，2003，p.134）。

企业业绩采用 Govindarajan（1988）以及 Govindarajan 和 Fisher（1990）开发的工具，测量相对于竞争对手，过去 3 年中企业业绩的实现情况。这一测量在以权变理论为基础的管理控制研究中得到广泛使用（例如，Abernethy 和 Guthrie，1994；Abernethy 和 Stoelwinder，1991；Chenhall 和 Langfield-Smith，1998；Chong 和 Chong，1997；Govindarajan 和 Gupta，1985，等等）。该量表从十个维度，要求参与者评价在过去 3 年中，企业相对于其竞争对手的业绩表现。每一个维度用 7 级量度，从"非常不满意"得分为 1 分到"出色的业绩"得分为 7 分。参与者还应对每一个维度对企业的相对重要性进行排序。每一个维度的得分由"业绩"和"重要性"得分相乘得到。最终的得分是所有十个维度的得分的平均值。

4.2.6　内部控制目标的实现程度

内部控制目标的实现程度代表了内部控制实施的效果。我国《企业内部控制基本规范》第四条指出内部控制的目标共包括合法合规、资产安全、财务报告及相关信息真实完整、经营效率和效果以及发展战略这五个目标。内部控制目标的实现程度根据自编量表测量。该量表开发过程及检验的描述见第 5 章第二节。

内部控制目标的实现程度量表共包括 15 个测量条目，每一个维度用 7 级量度，从"完全不同意"得分为 1 到"完全同意"得分为 7，由企业中高层管理人员对本企业内部控制目标的实现程度进行自我评价来衡量。

4.2.7　控制变量

在权变理论研究中，影响内部控制设计的权变变量很多，包括外部环境、技术、组织规模、战略、文化等（Chenhall，2003）。我们将这些权变因子作为控制变量。内部控制不是附加在企业各项活动之上的东西，而是渗透到企业各项活动之中的一系列行为。COSO（1992）指出：当内部控制体系嵌入主体构架之中并成为企业本体的一部分时，内部控制最为有效。它们应该"嵌入其中"，而不是"置于其上"（COSO，2008，p.23）。并且 COSO（1992）认为组织结构、权力和责任的分配作为控制环境的子要素，因此，本书并不把管理控制研究中的组织结构作为影响内部控制偏好的一个权变因子对待，即本书的控制变量不包括组织结构这一权变因子。

（1）环境不确定性

本书在测量企业面临的环境不确定性时，使用 Hoque（2004）和 Govindarajan（1984）测量环境不确定性的量表。该量表包括 8 个题项：①供应商行为；②消费者需求及偏好；③放松管制和全球化；④竞争对手的市场行为；⑤生产技术；⑥政府管制和政策；⑦经济环境；⑧行业之间的关系。这一量表最初由 Gordon 和 Naryanan（1984）、Govindarajan（1984）开发并使用，其后在管理学研究中得到了大量使用（例如，Cooper，1995；D'Aveni 和 Gunther，1995；Goldman et al.，1995；Hamel 和 Prahalad，1994；Hoque 和 Hopper，1997；Hoque，2004）。Hoque（2004）还测试了该量表在商业环境发生巨大变化的今天是否依然适用，结果表明在当下的经营环境中该量表依然适用。这一量

表要求参与者从 8 个方面评价企业外部环境的可预测性。每一个问项用 5
级量度，从"完全不可预测"得分为 1 分到"完全可预测"得分为 5 分。

（2）企业战略

企业战略关注企业应当如何获取竞争优势（Slater 和 Olson，2001），
管理控制系统应当支持企业战略，从而能产生更好的业绩（Langfield-
Smith，1997）。Porter（1980）认为组织为了进行有效竞争，可以选择成
本领先和差异化这两种战略中的一种来攻取竞争优势①。差异化战略利用
较好的产品质量、产品灵活性和产品设计等因素来满足顾客的需要。成
本领先战略则通过以低于竞争对手的价格提供产品进行竞争。

除了 Porter 对战略的分类之外，还存在对企业战略的其他分类。例
如，Miles 和 Snow（1978）将战略分为探索型和防御型两类。本书在选
择企业战略的分类时，主要考虑战略的分类应该能够让本研究的参与人
易于理解。Miller 和 Dess（1993）认为 Porter 对战略的分类提供了战略
属性复杂形态的一种方便的标识，是用简单的语言来描述复杂、全面的
战略形态。此外，Langfield-Smith（1997）分析了 Porter 的战略分类与
Miles 和 Snow（1978）等对战略其他分类之间的联系，这也有利于本书
研究结论与基于其他战略分类研究之间的比较。

针对 Porter 的竞争战略开发的测量工具已经在许多文献中得到使用
（例如，Govindarajan，1988；Miller，1988；Kumar 和 Subramaniam，
1997；Chenhall 和 Langfield-Smith，1998；Auzair 和 Langfield-Smith，
2005）。本书测量成本领先和差异化战略的测量工具主要根据 Chenhall
和 Langfield-Smith（1998）、Kumar 和 Subramaniam（1997）以及 Auzair
和 Langfield-Smith（2005）的测量工具修改得到。

测量工具要求参与人指出在过去 3 年中其所在公司的战略对以下
11 个方面的重视程度：①提供高质量的产品；②提供比竞争对手成本
更低的产品；③提供与竞争对手相比具有独特特征的产品；④提供比竞
争对手更低价格的产品；⑤改变产品设计和迅速引入新产品；⑥能够快
速实现产品组合的变化；⑦不断改进将产品交付给客户的时间；⑧提高

---

① 除了成本领先和差异化战略之外，Porter 认为还存在聚焦战略。但是聚焦战略的竞争
优势要么是成本领先，要么是差异化。

企业现有设备的利用率；⑨提供有效的售后服务和支持；⑩将产品设计得更容易制造；⑪定制产品或服务来满足客户的需求。每一个问项用 7 级量度，从"完全不重视"得分为 1 分到"非常重视"得分为 7 分。

参与人如果在问项②、④和⑧上得分较高，表示其所在企业的战略强调成本领先战略；参与人如果在问项①、③、⑤、⑥、⑦、⑨和⑪上得分较高，表示其所在企业的战略强调差异化战略。

（3）任务的不确定性

技术是影响管理控制系统设计的一个重要的权变变量（Chenhall，2003）。Ouchi（1977，1979，1980）认为转换过程的知识和结果的可测量性是影响组织控制的两个重要因素。Rockness 和 Shields（1984）认为：转换过程的知识依赖于技术的不确定性。Perrow（1965）、Reeves 和 Woodward（1970）以及 Thompson（1967）均认为关于组织核心技术的知识是组织结构和控制模式的一个重要决定因素。因此，本书以任务的不确定性来控制技术因素对研究结论可能产生的影响。

我们使用 Withey et al.（1983）开发的量表来测量任务的不确定性。该量表与 Thompson 对任务不确定性的定义是一致的，且 Withey et al.（1983）验证了该量表的可靠性。该量表在以权变理论为基础的管理控制研究中也得到了使用（例如，Brownell 和 Hirst，1986；Lau et al.，1995）。

任务不确定性可分解为任务可分析性和任务多变性两个维度。测量任务不确定的量表有 10 个问项，每个问项用 7 级量度。在这 10 个问项中，"你的工作任务重复情况如何""你单位的工作在多大程度上是常规性的""基本上单位同事在做工作时，都在完成重复的活动""你单位的工作任务有多少是每天一样的""我单位的员工在大部分时间中以相同的方式做同样的工作"这 5 个问项用来测量任务的多变性，"在你单位的工作中，在多大程度上有可理解的工作步骤可以遵循""在你单位日常遇到的主要工作中，在多大程度上有已知的方法可以使用""在你单位中，在多大程度上有清晰的知识体系可以引导你完成工作""在你单位中，完成一项工作在多大程度上有可理解的工作步骤可以遵循""在你单位的工作中，在多大程度上员工实际依赖已经制定的程序"这 5 个问项用来测量任务的可分析性。

（4）规模

由 Burns 和 Stalker（1961）、Lawrence 和 Lorsch（1967）以及 Woodward（1965）发展形成的权变组织理论认为，规模会影响组织设计和使用管理系统的方式。在这一理论的影响下，Merchant（1981，1984）认为组织的增长会带来沟通和控制的问题；Bruns 和 Waterhouse（1975）、Ezzamel（1990）、Libby 和 Waterhouse（1996）认为：随着组织规模的扩大，会计和控制过程会更加专门化和复杂化。企业的规模与资源获得能力以及内部的差异化有关，因此产生了对复杂控制系统的可能和必要。

大部分以权变理论为基础的管理控制研究用员工的人数测量规模（Chenhall，2003，p.149）。研究也发现，员工的人数与净资产相关（Pugh et al.，1968，1969）。因此，本书也使用员工的人数测量企业规模。

（5）行业虚拟变量

本书调查的企业共涉及制造业、采掘业和批发零售业三个行业。我们使用两个虚拟变量来控制行业对企业业绩的影响。indu_dumy1 为制造业虚拟变量，当企业属于制造业时等于 1，否则等于 0；indu_dumy2 为采掘业虚拟变量，当企业属于采掘业时等于 1，否则等于 0。

本书使用的各变量的变量代码、变量名称和计量方法的汇总结果见表 4-2。

表 4-2　　　　　　　　　　　　研究变量汇总表

变量代码	变量名称	计量方法
cultuenvirn	企业面临的文化环境	当企业汉族职工占半数以上时为1；当企业维吾尔族职工占半数以上时为0
controlrights	产权性质	当企业产权性质为民营时为1，否则为0
firmlf	公司成立时间	企业成立的时间
ind_all	个人主义	根据 Hofstede 的 Value Survey Module 1994 测量
pow_all	权利距离	根据 Hofstede 的 Value Survey Module 1994 测量
unc_all	不确定性规避	根据 Hofstede 的 Value Survey Module 1994 测量
mas_all	阳刚	根据 Hofstede 的 Value Survey Module 1994 测量

续表

变量代码	变量名称	计量方法
scost_all	成本领先战略	根据 Chenhall 和 Langfield-Smith（1998）、Auzair 和 Langfield-Smith（2005）等的测量工具测量
sdiff_all	差异化战略	根据 Chenhall 和 Langfield-Smith（1998）、Auzair 和 Langfield-Smith（2005）等的测量工具测量
ration_all	理性主导的文化	根据 Cameron 和 Quinn（1999）、Quinn（1988）的测量方法测量
hieral_all	层级节制的文化	根据 Cameron 和 Quinn（1999）、Quinn（1988）的测量方法测量
group_all	凝聚共识的文化	根据 Cameron 和 Quinn（1999）、Quinn（1988）的测量方法测量
develop_all	成长调适的文化	根据 Cameron 和 Quinn（1999）、Quinn（1988）的测量方法测量
flextype	强调灵活价值观的企业文化	强调灵活价值观的企业文化类型得分 =（凝聚共识的文化得分+成长调适的文化得分）
controltype	强调控制价值观的企业文化	强调控制价值观的企业文化类型得分 =（层级节制的文化得分+理性主导的文化得分）
domitype	占主导地位的企业文化价值观	占主导地位的企业文化价值观类型得分 =（强调控制价值观的企业文化类型得分-强调灵活价值观的企业文化类型得分）
cen_all	内部环境	内部控制偏好自编量表
cav_all	控制活动	内部控制偏好自编量表
inf_all	信息与沟通	内部控制偏好自编量表
ris_all	风险评估	内部控制偏好自编量表
mon_all	内部监督	内部控制偏好自编量表
perform_all	主观业绩评价	根据 Govindarajan（1988）、Govindarajan 和 Fisher（1990）的测量方法测量
conobject	内部控制目标实现程度	内部控制目标实现程度自编量表
enunexp_all	环境不确定性	根据 Hoque（2004）和 Govindarajan（1984）开发的量表测量
lnsize	企业规模	企业全职员工人数的对数
anal_all	问题可分析性	根据 Withey et al.（1983）开发的量表测量
excep_all	任务可变性	根据 Withey et al.（1983）开发的量表测量
indu_dumy1	制造业虚拟变量	当企业属于制造业时等于 1，否则等于 0
indu_dumy2	采掘业虚拟变量	当企业属于采掘业时等于 1，否则等于 0

4.3 研究模型

Burkert，Davila，Mehta 和 Oyon（2014，p.22）指出：尽管结构方程模型（SEM）在检验干扰形式的适配模型时能够提供有效的方法，但是，以之进行匹配（match）形式的适配模型检验仍是一项挑战。本书主要研究内部控制与民族文化特征和企业文化这两个权变因子的匹配问题，因此，尽管本书涉及较多的潜变量，我们在检验研究假说时不使用结构方程模型。

对于第 3 章提出的研究假说 1 和 2，我们使用模型（1）进行检验：

$$IC = \beta_0 + \beta_1 cultuenvirn + 控制变量 \tag{1}$$

在模型（1）中，IC 可以是企业偏好正式控制得分或者是偏好非正式控制得分。根据第 3 章的理论分析，我们将偏好正式控制得分定义为风险评估、控制活动、信息与沟通和内部监督四个要素得分的平均值；我们将偏好非正式控制得分定义为内部环境和信息与沟通两个要素得分的平均值。Cultuenvirn 是企业面临的文化环境。

对于第 3 章提出的研究假说 3，我们使用模型（2）进行检验：

$$PERF = \beta_0 + \beta_1 IC + \beta_2 cultuenvirn + \beta_3 IC^* cultuenvirn + 控制变量 \tag{2}$$

在模型（2）中，PERF 可以是企业业绩或者是内部控制目标实现程度，IC 可以是企业偏好正式控制得分或者是偏好非正式控制得分，Cultuenvirn 是企业面临的文化环境。

对于第 3 章提出的研究假说 4 和 5，我们使用模型（3）进行检验：

$$IC = \beta_0 + \beta_1 ORCUL + 控制变量 \tag{3}$$

在模型（3）中，IC 可以是企业偏好正式控制得分或者是偏好非正式控制得分，ORCUL 可以是强调控制价值观的企业文化类型得分或强调灵活价值观的企业文化类型得分。

对于第 3 章提出的研究假说 6，我们使用模型（4）进行检验：

$$PERF = \beta_0 + \beta_1 IC + \beta_2 domitype + \beta_3 IC^* domitype + 控制变量 \tag{4}$$

在模型（4）中，PERF 可以是企业业绩或者是内部控制目标实现程度，IC 可以是企业偏好正式控制得分或者是偏好非正式控制得分，

domitype 是占主导地位的企业文化价值观得分。

对于第 3 章提出的研究假说 7 和 8，我们使用系统方法进行检验。系统方法认为，当一个企业的内部控制设计离最优的内部控制设计越远，公司业绩会越差。Van de Ven 和 Drazin（1985）认为欧式距离（ED）是最适合于研究系统适配性的操作工具。与他们的研究类似，我们选择了业绩最好的企业，作为内部控制设计的基准企业。那么，内部控制设计不适配的情形就被定义为在内部控制各个要素上与基准公司的欧式距离。

$$欧式距离:\mathrm{ED}j = \left(\sum_i \left(X_i^* - X_i^* \right)^2 \right)^{\frac{1}{2}}$$

本书的数据处理使用 Stata12.0 软件，在对数据进行探索性和验证性因子分析时我们使用了 SPSS 22.0 软件和 AMOS 17.0 软件。

4.4 调查问卷设计

根据 Sekaran（1992），问卷数据可以通过个人访谈（personal interviews）和自填式问卷（Self-administered questionaire）等方法进行收集。个人访谈可以使研究者在阐明问题方面有更大的灵活性，但个人访谈受到成本、时间和访炎地域限制的影响。而自填式问卷不会受到地域限制的影响，从而能够调查到较为广泛地理区域内的参与人。然而，自填式问卷的一个缺陷是：当调查问卷问题在理解上存在模糊性时，参与人不能向研究者表达其对调查问卷问题的理解。为了解决这一问题，研究者可以从总体中选择有代表性的参与人对编制好的问卷进行预测试。

为了提高调查问卷的回复率，问卷的长度应保持在适当的水平。Neuman（2000）认为对于接受过较高程度教育的参与人，问卷长度在 10~15 页是可以接受的。本书最终定稿的调查问卷长度是 7 页，这对于接受过良好教育的企业财务人员是可以接受的。

本书的调查问卷共包括五个部分，共 127 个题项。调查问卷的设计和组织应避免使参与人感到困惑（Neuman，2000）。调查问卷的结构见

表 4-3。

表 4-3　　　　　　　　　　　调查问卷的结构

问卷结构	说明	题项数量
第一部分	民族文化特征测量及参与人背景信息	21
第二部分	内部控制实施情况	21
第三部分	企业文化的类型	16
第四部分	内部控制目标实现与业绩	35
第五部分	其他权变变量量表	34
合计		127

4.4.1　参与人民族文化特征及背景信息

问卷的第一部分首先是关于参与人背景的 5 个问项。这些问项的主要目的是获得关于参与人的年龄、性别、受教育程度、民族和在岗位从事工作的年限；其次，用 Hofstede 的 Value Survey Module 1994 量表来测量民族文化特征，即对个人主义、权力距离、不确定性回避和阳刚这四种文化价值观维度进行测量。文化价值观维度与 Value Survey Module 1994 问卷各题项之间的关系见表 4-4。

表 4-4　　文化价值观维度与 VSM（1994）问卷题项之间的关系

文化价值观维度	问卷题项编号
个人主义	1，2，4，8
权力距离	3，6，10，13
不确定性回避	9，12，14，15
阳刚	5，7，11，16

4.4.2　内部控制偏好

问卷的第二部分要求参与人对企业的内部控制实施情况进行判断。问卷的这一部分是为了检验企业内部控制设计时对正式控制和非正式控制的偏好情况，即从 COSO 内部控制框架的五个要素及其子要素出发考察其对正式控制和非正式控制的依赖程度。

为了防止出现陈述中描述的内部控制实施情况，在参与人所在企业中并不存在的情况，我们在调查问卷中设计了"内部控制不存在"和"内部控制存在"这两列，方便参与人进行回答。如果参与人在阅读完一段陈述后，认为该段陈述中内部控制实施情况在其公司并不存在，就在调查问卷中选择"内部控制不存在"；如果参与人认为该段陈述的内部控制实施情况在其所在公司存在，就在调查问卷中表达对这些陈述同意或者是不同意的程度。每条内部控制实施情况陈述均要求参与人采用七点量表示其同意或不同意的程度，即参与人要在"强烈同意"、"同意"、"略微同意"、"基本同意""略微不同意"、"不同意"和"强烈反对"之中进行唯一性选择。内部控制五要素与问项陈述之间的对应关系见表4-5。

表4-5　　　　　　　　　　内部控制偏好测量的描述

内部控制 五要素	第二部分 题项编号	测量陈述
控制活动	9	管理层和员工的报酬是根据对他们工作业绩的书面评价确定的
	3	预算管理在企业中是一个标准化的流程
	10	决策、执行、记录和资产保管等不相容职务的分离已经体现在各项业务流程的书面管理制度中
	5	会计部门编制的会计资料和数据是真实可靠的
	18	企业强调员工应当始终遵守程序，反对任何不顾程序只求完成任务的行为
	15	企业建立并执行了财产日常管理和定期清查制度
内部环境	7	合理的权力和责任已分配给企业中的所有员工
	20	董事会对管理层提出的计划决策进行质疑和审查，并在必要时采取适当行动
	1	管理层用语言和行动表明诚信和道德价值观是企业内部控制的首要因素
	13	现有的人事政策和程序不能招聘到内部控制体系所需的胜任的、值得信任的人员
	17	员工了解他们的责任和管理层对他们的期望

续表

内部控制 五要素	第二部分 题项编号	测量陈述
信息与 沟通	19	小型会议或面对面的交流是管理层与员工经常使用的沟通方式
	11	管理层和员工在开展工作任务时，可以获取与他们工作任务相关的信息
	4	为了保证经营活动顺畅进行，信息在企业不同部门之间的沟通是充分的
	16	企业强调要通过组织架构中确定的报告关系进行沟通
风险评估	2	管理层未能积极识别企业内部和外部风险
	8	企业保存着所有风险识别结果的书面记录
	14	企业所有的风险分析活动必须遵循严格的操作程序
内部监督	6	内部审计部门定期向董事会或总经理提交内部控制评价报告
	12	运营经理按照业务流程要求，对其下属员工开展经营活动的情况进行日常监督和控制
	21	对于内部监督中发现的内部控制缺陷，相应的管理层在完成整改后，均需向上级汇报并听取指示

4.4.3　企业文化

问卷的第三部分要求参与人考虑描述企业文化类型的一系列陈述，并对是否同意这些陈述表达意见。问卷的这一部分是为了检验作为权变因素之一的企业文化，是如何与民族文化特征相配合，进而影响企业的业绩。为了观察参与人对企业文化类型的判断，问卷提出了与企业文化类型有关的四个方面：企业特征、企业领导、企业凝聚力和企业强调的重点。每个问题都包含对企业的四种陈述，对于企业文化类型的每一个方面，均要求参与者根据其所在企业与陈述的相似程度，将 100 分在这四种陈述之间进行分配。企业文化类型与进行测量的陈述之间的对应关系见表 4-6。

表 4-6 　　　　　　　　　　企业文化类型测量的描述

企业文化类型	题项编号	测量陈述
企业特征	1	企业A是一个人性化的组织，像一个大家庭，成员间能分享彼此的经验或想法
	2	企业B是一个具有活力和创业精神的组织，成员富有进取心与冒险精神
	3	企业C是一个严格管理与层级分明的组织，成员严格按规章制度做事
	4	企业D是成果导向型组织，强调工作的完成，成员具有强烈的竞争意识与成就导向
企业领导	5	企业A的最高管理者以导师或父亲的形象主动指导、协助并关爱组织成员
	6	企业B的最高管理者具有企业家精神，注重创新并勇于冒险
	7	企业C的最高管理者善于协调与组织，注重组织的管理
	8	企业D的最高管理者以推动者和竞争者的形象出现，富有进取心并重视成果
企业凝聚力	9	促使企业A凝聚的力量是成员的忠诚及传统，强调对组织的承诺
	10	促使企业B凝聚的力量是对创新与发展的承诺，强调走在时代的前沿
	11	促使企业C凝聚的力量是正式的规章制度，强调组织运作的顺畅
	12	促使企业D凝聚的力量是对成就与目标达成的重视
企业强调的重点	13	企业A重视人力资源的发展，强调凝聚力和士气
	14	企业B重视增长和获取新资源，强调迎接新挑战和寻求新机遇
	15	企业C重视持久与稳定，强调效率控制及顺畅的运作
	16	企业D重视竞争与成功，强调可计量目标的实现

4.4.4　内部控制目标实现与企业业绩

问卷的第四部分首先要求参与人考虑描述企业内部控制目标实现情况的一系列陈述，并对企业内部控制目标实现情况与这些陈述的吻合程度表达意见。问卷的这一部分共包括 15 条陈述，每条陈述均要求参与人采用七点量表示其同意或不同意的程度。

其次，对于企业业绩的测量则从相对于竞争对手的业绩和各业绩指标的相对重要性两个方面进行。相对于竞争对手的业绩提出了 10 条问项，要求参与人采用七点量表示其所在公司相对于竞争对手的业绩表现；而对于各业绩指标的相对重要性，问卷提出了 10 条问项，要求参与人采用五点量表示每一个指标在企业业绩评价中的重要性，即参与人要在"非常重要"、"重要"、"基本重要"、"较为不重要"和"不重要"之中进行唯一性选择。内部控制目标实现程度与进行测量的陈述之间的对应关系见表 4-7。企业业绩与进行测量的陈述之间的对应关系见表 4-8。

表 4-7　　　　　　　　　　内部控制目标实现程度的测量描述

内部控制目标	题项编号	测量陈述
资产安全目标	4	公司有时会出现出售资产时的价格远远低于正常市场价格的情况
	9	公司的专利权经常受到竞争对手的侵害
	14	公司有时发生资产失窃的情况
财务报告目标	2	我不能完全相信财务部门提供的报告，有时必须参照其他来源的信息进行验证
	7	有时会出现编制好的财务报告有遗漏，需要进一步修改补充的情况
	12	财务报告总是能为我提供及时的信息
法律法规遵循	3	公司员工在执行现行法律和法规方面不存在问题
	8	公司经常因为违反相关法规，受到监管部门的处罚
	13	在公司中，没有专人来负责监控对公司产生影响的法律法规的变化
经营效率效果	1	经过合理的努力后，公司经营效率能够得到进一步改善
	6	公司经营中可能存在问题，如果这些问题得以解决，公司会有更高的投入产出比率
	11	我对本企业各流程的经营效率没有任何质疑
战略	5	公司能够有效应对供应商变化带来的市场风险
	10	消费者对公司所提供的商品或服务不太满意
	15	与同行业竞争对手相比，本企业市场份额有所下降

表 4-8   企业业绩的测量描述

业绩维度	测量维度
相对于竞争对手的业绩	投资报酬率
	利润
	经营活动现金流量
	成本控制
	新产品开发
	销售量
	市场份额
	市场开发
	人员发展
	政治和公共事务
各业绩指标的相对重要性	投资报酬率
	利润
	经营活动现金流量
	成本控制
	新产品开发
	销售量
	市场份额
	市场开发
	人员发展
	政治和公共事务

4.4.5　其他权变变量量表

问卷的第五部分首先要求参与人回答其所在企业的全职职工人数、占半数以上全职职工的民族类别、产权性质、企业所属的行业以及企业成立的时间 5 个问题。其次是有关测量环境不确定性、战略和技术这三个权变因素的问项。测量企业环境不确定性共有 8 个问项，测量企业战略类型共有 11 个问项，测量企业技术共有 10 个问项。上述三个量表的每项陈述均要求参与人采用七点量表示其同意或不同意的程度。企业其他权变因素与进行测量的陈述之间的对应关系分别见表 4-9、表 4-10和表 4-11。

表 4-9 **环境不确定性的测量描述**

企业权变因素	测量陈述
环境不确定性	供应商行为
	消费者需求及偏好
	放松管制和全球化
	竞争对手的市场行为
	生产技术
	政府管制和政策
	经济环境
	行业之间的关系

表 4-10 **战略的测量描述**

维度	测量陈述
成本领先	提供比竞争对手成本更低的产品
	提供比竞争对手更低价格的产品
	提高企业现有设备的利用率
	将产品设计得更容易制造
差异化战略	提供高质量的产品
	提供与竞争对手相比具有独特特征的产品
	改变产品设计和迅速引入新产品
	能够快速实现产品组合的变化
	不断改进将产品交付给客户的时间
	提供有效的售后服务和支持
	定制产品或服务来满足客户的需求

表 4-11 **技术的测量描述**

维度	测量陈述
问题可分析性	你单位的工作在多大程度上是常规性的
	在你单位的工作中，在多大程度上有可理解的工作步骤可以遵循
	在你单位日常遇到的主要工作中，在多大程度上有已知的方法可以使用
	在你单位中，在多大程度上有清晰的知识体系可以引导你完成工作
	在你单位中，完成一项工作在多大程度上有可理解的工作步骤可以遵循
任务可变性	在你单位的工作中，在多大程度上员工实际依赖已经制定的程序
	你单位的工作任务有多少是每天一样的
	我单位的员工在大部分时间中以相同的方式做同样的工作
	基本上单位同事在做工作时，都在完成重复的活动
	你的工作任务重复情况如何

5 内部控制偏好及目标实现程度量表的编制

本章阐述自编的内部控制偏好量表和内部控制目标实现程度量表的开发过程。第一节阐述内部控制偏好量表的开发过程，第二节阐述内部控制目标实现程度量表的开发过程。

5.1 内部控制偏好量表的编制

5.1.1 研究目的

为了研究民族文化特征与企业文化这两个权变因子对内部控制偏好的影响，我们需要对企业进行内部控制设计时的偏好进行测量。我们检索了国内外相关的文献，并未发现从偏好正式控制或非正式控制角度测量内部控制偏好的量表。我们的研究目的是从偏好正式控制或非正式控制角度形成测量内部控制偏好量表的条目分布，形成正式量表，为本研究及其后续研究提供测量工具。

5.1.2　研究工具

发展量表的首要任务是准确地定义我们所要测量的目标构念，清楚地说明构念的理论边界。COSO（1992，2013）和我国的《企业内部控制基本规范》都认为内部控制应当包括 5 个要素，每个要素都由若干个子要素构成，有效的内部控制要求 5 个要素同时存在。内部控制的 5 个要素在内部控制的有效运行中，发挥着不同的作用。内部环境强调"软"控制，而控制活动、内部监督等要素则相对强调"硬"控制。基于此，我们认为，内部控制设计偏好正式控制还是非正式控制，就体现在其对不同内部控制要素组合的依赖和使用上。

按照这一思路，我们在文献研究和访谈的基础上，自编了内部控制偏好量表。预试量表共 41 道题目，正式量表共 21 道题目。每一道题目从"强烈反对"到"强烈同意"按 7 分计量。

5.1.3　研究程序

内部控制偏好量表开发的研究程序按照编制预测量表—试测—修订条目—正式施测来进行。

我们在参考以往理论文献的基础上，通过征求专家意见，初步拟定一张半开半闭式问卷，并在问卷末端留出空行，请专家对条目自身存在的问题做出补充或提出意见。然后请会计学专家和研究生对该问卷涉及条目进行修改或评定，以 60% 的赞同率作为取舍的标准，初步形成内部控制偏好预试量表。为便于施测，将条目进行随机排列，最终形成包含 41 个条目的预试量表。施测过程中，为避免被试心理定式的影响，量表中还设置了 2 道反向记分题，以便在统计记分时进行分数转换。

根据便利抽样的原则，我们向新疆乌鲁木齐、阿克苏、喀什、昌吉、伊犁、阿尔泰、哈密、巴州、吐鲁番等地区的企业发放了 600 份调查问卷，用于量表的预测试，收回 295 份，有效问卷 267 份，问卷实际回收率为 44.5%。规模过小的企业内部控制通常并不健全，我们只针对企业全职员工人数在 50 人以上的企业发放问卷。我们从预试的 267 份内部控制偏好问卷中随机选择 134 份问卷进行探索性因子分析，并用剩余 133 份问卷进行验证性因子分析。

本书使用 SPSS 22.0 进行探索性因子分析，采用 Amos 17.0 进行验证性因子分析。

5.1.4 结果与分析

（1）项目分析

项目分析（item analysis）是对量表中的各个条目依次进行质量分析。本书运用临界比（critical ration，CR 值）来进行项目分析。项目分析是决定条目是否保留的第一步，本书的具体操作步骤为：首先，按照由高到低的顺序将各项目的总分进行排列；其次，找出能够区分前后 27% 的具体分数作为临界值；再次，采用独立样本 T 检验分析各条目在每一项目上的差异；最后，将未达到显著性水平的条目删除。

项目分析结果表明，所采用的 41 个条目的临界比值均达显著性水平（p<0.001），表明所有条目均具有良好的鉴别度，能够区分出不同企业的反应程度。

（2）同源偏差检验

由于本书在进行问卷调查时，所有变量的数据在同一时点由同一填写者填写，有可能存在同源偏差（common method variance）的问题。本书使用答卷者信息隐匿法和反向条目设计法等方法对可能存在的同源偏差进行事前预防。

检测同源偏差的常见方法是 Podsakoff 和 Organ（1986）建议的 Harman 单因子检测方法。我们对问卷中所有条目一起做探索性因子分析，考察未经转轴的结果中第一个因子变异占总变异量的比例，如果在 50% 以下时，表明同源偏差并不严重（Hair et al.，1998）。在本次检验中，第一个因子变异占总变异量的比例为 23.62%（<50%），因此，同源偏差并不严重。

（3）内部控制偏好结构的探索性因子分析

本书对随机选择的 134 份问卷的被试数据（N=134）进行探索性因子分析。在运用探索性因子分析确定内部控制偏好的结构时，采用以下标准来筛选内部控制偏好的条目：①项目因子载荷值大于 0.5；②共同度大于 0.3；③特征值大于 1；④碎石检验（scree test）准则中，碎石出现明显的陡坡；⑤条目的单级化；⑥交叉因子载荷小于 0.4（Hair et al.，1998）。根据以上筛选标准，剔除了 20 个条目，最后剩余 21 个条目构成内部控制偏好量表。

下面报告剩余 21 个条目的探索性因子分析结果

在进行因子分析之前，运用 KMO 样本适合性检验（Kaiser-Meyer-Olkin Measure of Sampling Adequacy）和巴特利特球形检验（Bartlett Test Sphericity），对数据的适合性进行检验，得到的 KMO 值为 0.801。根据 KMO 的检验标准，KMO 的值越接近 1 越好，一般规定 0.90 以上为极好；0.80 以上为较好；0.70 以上为一般；0.60 以上为较差；0.50 以上为差；0.50 以下为不可接受。Bartlett 球形检验值为 1 355.842，其显著性小于 0.000。由此说明该数据适合进行因子分析。

我们先用主成分分析法提取共同因子（common factor），求得初始因子负荷矩阵，再用最大方差法求出旋转因子负荷矩阵，最后根据以下标准确定因子数目：特征值（eigenvalue）大于 1 以及碎石图（scree plot）拐点显示（如图 5-1 所示），确定 5 个因子，各因子的负荷值、共同度及解释率见表 5-1。

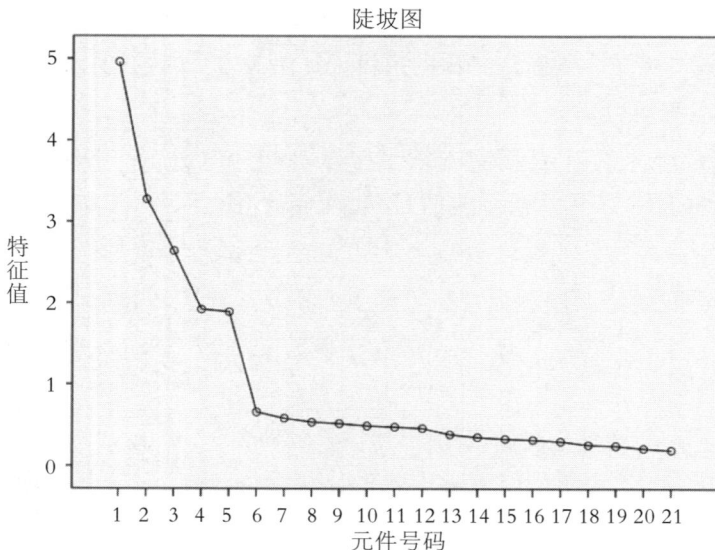

陡坡图

图 5-1　内部控制偏好量表因子分析碎石图

表 5-1 内部控制偏好量表因子

因子	条目内容	因子载荷	共同度
F1	管理层和员工的报酬是根据对他们工作业绩的书面评价确定的	0.849	0.738
	预算管理在企业中是一个标准化的流程	0.819	0.689
	决策、执行、记录和资产保管等不相容职务的分离已经体现在各项业务流程的书面管理制度中	0.810	0.667
	会计部门编制的会计资料和数据是真实可靠的	0.790	0.666
	企业强调员工应当始终遵守程序,反对任何不顾程序只求完成任务的行为	0.784	0.652
	企业建立并执行了财产日常管理和定期清查制度	0.772	0.630
	特征值3.984,贡献率18.973%		
F2	合理的权力和责任已分配给企业中的所有员工	0.840	0.726
	董事会对管理层提出的计划决策进行质疑和审查,并在必要时采取适当行动	0.824	0.702
	管理层用语言和行动表明诚信和道德价值观是企业内部控制的首要因素	0.810	0.672
	现有的人事政策和程序不能招聘到内部控制体系所需的胜任的、值得信任的人员	0.804	0.682
	员工了解他们的责任和管理层对他们的期望	0.795	0.681
	特征值3.439,贡献率16.374%		
F3	小型会议或面对面的交流是管理层与员工经常使用的沟通方式	0.829	0.731
	管理层和员工在开展工作任务时,可以获取与他们工作任务相关的信息	0.816	0.667
	为了保证经营活动顺畅进行,信息在企业不同部门之间的沟通是充分的	0.807	0.666
	企业强调要通过组织架构中确定的报告关系进行沟通	0.807	0.683
	特征值2.732,贡献率13.010%		
F4	管理层未能积极识别企业内部和外部风险	0.865	0.765
	企业保存着所有风险识别结果的书面记录	0.837	0.738
	企业所有的风险分析活动必须遵循严格的操作程序	0.832	0.720
	特征值2.308,贡献率10.989%		
F5	内部审计部门定期向董事会或总经理提交内部控制评价报告	0.852	0.763
	运营经理按照业务流程要求,对其下属员工开展经营活动的情况进行日常监督和控制	0.846	0.742
	对于内部监督中发现的内部控制缺陷,相应的管理层在完成整改后,均需向上级汇报并听取指示	0.831	0.705
	特征值2.221,贡献率10.574%		

由表 5-1 可知,内部控制偏好量表包括 5 个因子,可解释全部变异量

的 69.921%。条目的最高负荷是 0.865，最低负荷是 0.772。所有条目的共同度介于 0.630～0.765。因子命名遵循的原则：①根据该因子的条目主要来自预试量表的维度进行命名；②参照条目因子的载荷值命名，即根据载荷值较高的条目所隐含的意义命名。依此原则进行描述和命名：因子一（F1）共有 6 个条目，该因子的特征值 3.984，贡献率 18.973%，各条目主要涉及：管理层和员工的业绩评价、预算管理的使用、不相容职务的分离、会计资料和数据的可靠性、员工对程序的遵守程度以及财产日常管理和定期清查制度的建立和执行等内容，故命名为"控制活动"。因子二（F2）共有 5 个条目，该因子的特征值 3.439，贡献率 16.374%，各条目主要涉及：权利和责任分配、董事会对管理层决策的质疑和审查、提倡诚信和道德价值观以及员工对自身责任和管理层期望的理解等内容，故命名为"内部环境"。因子三（F3）共有 4 个条目，该因子的特征值 2.732，贡献率 13.010%，各条目主要涉及：小型会议或面对面交流的使用频率、工作任务相关的信息的获取、信息沟通是否充分以及是否通过组织架构中确定的报告关系进行沟通等内容，故命名为"信息与沟通"。因子四（F4）共有 3 个条目，该因子的特征值 2.308，贡献率 10.989%，各条目主要涉及：管理层对企业内外部风险的识别、企业对风险识别结果书面记录的保存情况以及企业所有的风险分析活动必须遵循严格的操作程序等内容，故命名为"风险评估"。因子五（F5）共有 3 个条目，该因子的特征值 2.221，贡献率 10.574%，各条目主要涉及：内部审计部门定期提交内部控制评价报告、运营经理按照业务流程要求进行日常监督和控制以及对于内部监督中发现的内部控制缺陷，相应的管理层在完成整改后，均需向上级汇报并听取指示等内容，故命名为"内部监督"。

（4）内部控制偏好量表的信度检验

量表信度考察主要采用内部一致性信度系数（Cronbach's Alpha，即 α 系数）和折半信度系数。结果见表 5-2。

表 5-2　　　　　　　　内部控制偏好量表的信度系数

	F1	F2	F3	F4	F5	Fsum
α 系数	0.894	0.880	0.840	0.826	0.815	0.828
折半信度	0.882	0.824	0.801	0.709	0.711	0.389

从表 5-2 可以看出，各因子的 α 系数在 0.815～0.894，折半信度在 0.709～0.882，总量表的 α 系数为 0.828，折半信度系数为 0.389。由此说明，本量表具有较好的信度。

（5）内部控制偏好量表的效度检验

①内容效度（content validity）。

内容效度是指，量表题目在多大程度上包含了所要测试的内容，是对量表题目的代表性以及对所要测量内容取样的概括性进行考察。本书的内容效度是从两个方面进行检验。

第一是规范的研究程序。在内部控制偏好量表的编制过程中，采用了访谈、开放式调查、半开半闭式量表调查等研究方法。量表条目的编制主要取自于内部控制偏好的访谈分析和开放式量表调查结果。

第二是在语义方面运用逻辑分析的方法，来检验量表的测试条目是否完全切合量表原定所要测试的内容。量表的测试条目需要符合以下几点要求：语言清晰简明；与研究假设和测试目标相吻合；避免使用设问和推测句式；题目不能从属包含；避免生僻或专业性术语；对测试目标范围的反映完整而明确。本书中量表所包含的各个条目语义含义清晰，因此具有较好的内容效度。

②结构效度（construct validity）。

本书采用验证性因子分析来验证结构效度。

在测量模型中，量表中的题目均被事先设定为只表征某一个潜变量的指标变量，因而总体来说，其分析结果比探索性因子分析更为准确（O'Leary-Kelly 和 Vokurka，1988）。在评价测量模型与数据是否拟合时，我们主要观察参数的标准误、T 值、标准化残差、修正指数和一系列拟合优度统计量（Joreskog 和 Sorbom，1993）。从众多拟合优度统计量中，我们选用了卡方自由度比（χ^2/df），近似误差均方根（RMSEA）、Akaike 一致性信息指数（CAIC）、省俭拟合优度指数（PGFI）、省俭赋范拟合指数（PNFI）和相对拟合指数（CFI）。以上是评价模型拟合优度时最常用的指数，且涵盖了绝对拟合指数、相对拟合指数和简约拟合指数等三大类指数。

拟合度较好的模型应该具备：较低的 χ^2 值、RMSEA 值和 RMR 值，$\chi^2/df<3.0$，RMSEA 值 <0.08，CAIC 小于饱和模型和独立模型，

PGFI>0.5，PNFI>0.5，CFI>0.9。

　　本书利用从预试的 267 份内部控制偏好量表中随机选择 133 份量表的被试数据（N=133），运用 Amos 统计软件，对前面通过探索性因子分析得到的内部控制偏好模型进行检验，以考察该模型的正确性，结果如图 5-2 所示。

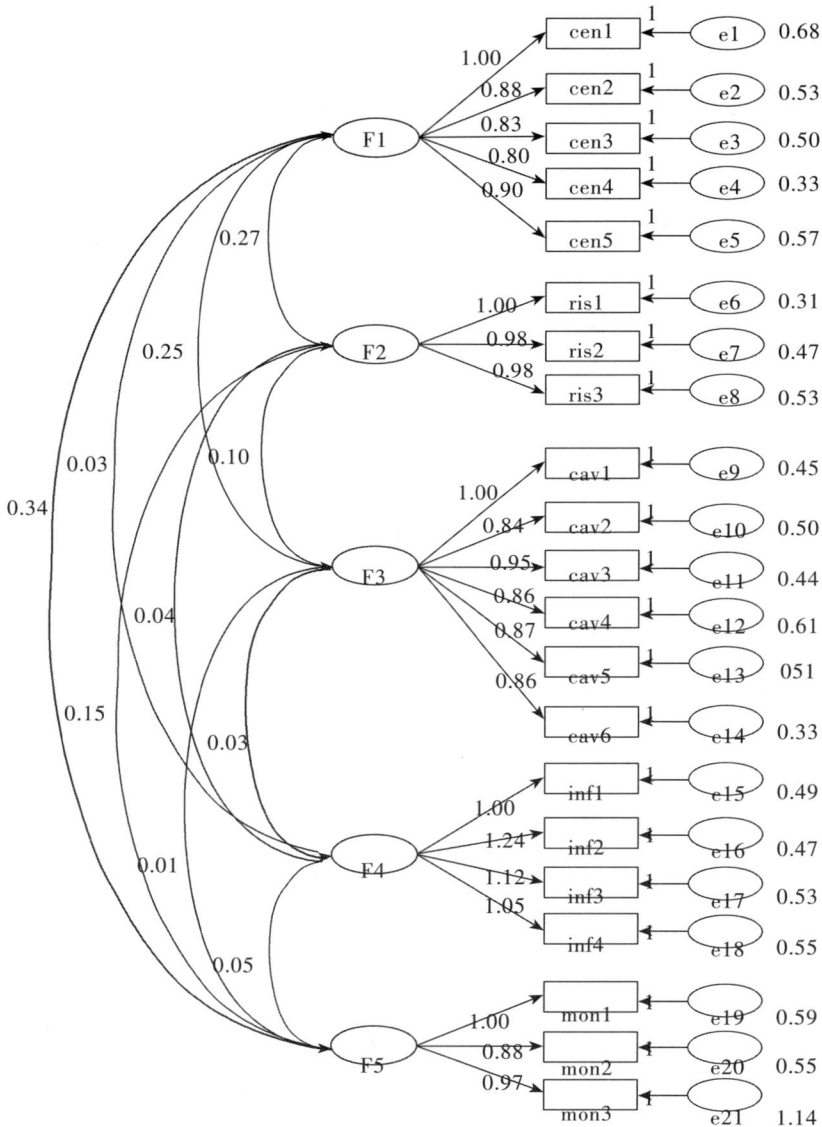

图 5-2　内部控制偏好量表的验证性因子分析

表 5-3　　　　　　　内部控制偏好验证性因子分析（N=133）

Panel A：测量模型评估

拟合优度统计量	内部控制偏好测量模型	可接受值
卡方自由度比	1.188	<3.0
RMSEA	0.038	<0.08
CAIC	518.979	小于饱和模型和独立模型
饱和模型的 CAIC	1360.671	
独立模型的 CAIC	1614.139	
PGFI	0.679	>0.5
PNFI	0.731	>0.5
CFI	0.974	>0.9

Panel B：因子分析结果

项目名称	项目内容	因子载荷
	内部环境（F1）	
cen1	管理层用语言和行动表明诚信和道德价值观是企业内部控制的首要因素	0.771
cen2	合理的权力和责任已分配给企业中的所有员工	0.770
cen3	现有的人事政策和程序不能招聘到内部控制体系所需的胜任的、值得信任的人员	0.760
cen4	员工了解他们的责任和管理层对他们的期望	0.811
cen5	董事会对管理层提出的计划决策进行质疑和审查，并在必要时采取适当行动	0.766
	风险评估（F2）	
ris1	管理层未能积极识别企业内部和外部风险	0.866
ris2	企业保存着所有风险识别结果的书面记录	0.808
ris3	企业所有的风险分析活动必须遵循严格的操作程序	0.790
	控制活动（F3）	
cav1	预算管理在企业中是一个标准化的流程	0.805
cav2	会计部门编制的会计资料和数据是真实可靠的	0.734
cav3	管理层和员工的报酬是根据对他们工作业绩的书面评价确定的	0.792
cav4	决策、执行、记录和资产保管等不相容职务的分离已经体现在各项业务流程的书面管理制度中	0.706
cav5	企业建立并执行了财产日常管理和定期清查制度	0.740
cav6	企业强调员工应当始终遵守程序，反对任何不顾程序只求完成任务的行为	0.806
	信息与沟通（F4）	
inf1	为了保证经营活动顺畅进行，信息在企业不同部门之间的沟通是充分的	0.737
inf2	管理层和员工在开展工作任务时，可以获取与他们工作任务相关的信息	0.807
inf3	企业强调要通过组织架构中确定的报告关系进行沟通	0.759
inf4	小型会议或面对面的交流是管理层与员工经常使用的沟通方式	0.731
	内部监督（F5）	
mon1	内部审计部门定期向董事会或总经理提交内部控制评价报告	0.805
mon2	运营经理按照业务流程要求，对其下属员工开展经营活动的情况进行日常监督和控制	0.778
mon3	对于内部监督中发现的内部控制缺陷，相应的管理层在完成整改后，均需向上级汇报并听取指示	0.688

从表 5-3 的 Panel A 中可以看出，内部控制偏好测量模型中各项拟合指数值均在可接受范围内，说明内部控制偏好测量模型与数据的拟合程度令人满意。表 5-3 中的 Panel B 列示了对内部控制偏好做验证性因子分析后保留下来的条目及其在相应因子上的载荷。从 Panel B 可以看出，各条目的因子载荷均大于 0.7。

③量表的效度还可以从单一构面性、聚合效度和区别效度这三个方面来验证。单一构面性指任何一个指标变量只由某一个潜变量表示，而与其他潜变量无关。单一构面性既可由探索性因子分析也可用验证性因子分析加以检验，上述验证性因子分析的结果表明量表具有较好的单一构面性。

聚合效度指某一量表所测结果与对同一特征其他测量之间的相互关联程度。聚合效度可以由每个项目与相关因子回归系数的 T 检验来评估（Ahire et al.，1996）。如果每个项目的 T 值大于 2，则表明有较高的聚合效度（Krause，1999）。从表 5-4 验证性因子分析的结果可以看出，内部控制偏好条目的 T 值均远远大于 2，说明聚合效度令人满意。

区别效度是指量表所测结果与对其他不同特征的测量之间不相关联的程度。区别效度可以通过每个因子与其他因子的相关系数来评估，如果相关系数低于其 Cronbach α 值，则证明有较好的区别效度（Crocker和 Algina，1986）。从表 5-5 可以看出，各因子间的相关系数小于相应的 Cronbach α 值，表明区别效度令人满意。

表 5-4　　　　　　　验证性因子分析的系数 （N=133）

	Estimate	S.E.	C.R.
cen1	1.000		
cen2	0.879	0.098	8.967
cen3	0.828	0.094	8.830
cen4	0.797	0.084	9.486
cen5	0.903	0.101	8.906
ris1	1.000		
ris2	0.980	0.099	9.853
ris3	0.979	0.101	9.683

	Estimate	S.E.	C.R.
cav1	1.000		
cav2	0.841	0.094	8.993
cav3	0.946	0.096	9.884
cav4	0.860	0.100	8.570
cav5	0.869	0.096	9.085
cav6	0.857	0.085	10.114
inf1	1.000		
inf2	1.235	0.149	8.313
inf3	1.121	0.141	7.941
inf4	1.046	0.136	7.680
mon1	1.000		
mon2	0.884	0.119	7.449
mon3	0.973	0.138	7.055

表 5-5　　　　变量相关系数及 Cronbach α 值（N=133）

变量	F1	F2	F3	F4	F5	Cronbach α
F1	1.000					0.894
F2	0.283	1.000				0.880
F3	0.276	0.114	1.000			0.840
F4	0.042	0.054	0.048	1.000		0.826
F5	0.323	0.148	0.015	0.062	1.000	0.815

5.1.5　小结

（1）关于内部控制偏好量表的结构

本书运用文献分析、访谈、开放式和半开半闭式问卷调查的研究方法，采用科学规范的研究程序对调查量表进行编制，并分别进行了探索性因子分析和验证性因子分析。首先通过探索性因子分析建立了内部控制偏好量表，然后对内部控制偏好量表进行信度检验，接着采用验证性因子分析来验证结构效度，最后又从单一构面性、聚合效度和区别效度这三个方面对内部控制偏好量表进行效度检验。

本书从预试的 267 份内部控制偏好量表中随机选择 134 份量表的被试数据（N=134）进行探索性因子分析，又运用剩下的 133 份量表的被试数据（N=133）进行验证性因子分析。得到了与构想一致的内部控制偏好 5 个因子结构：F1（控制活动）、F2（内部环境）、F3（信息与沟通）、F4（风险评估）和 F5（内部监督）。这个结构与 COSO 的理论构想是一致的。

（2）关于内部控制偏好量表的信度和效度

本书以文献分析为基础，形成初步的调查方案之后通过预测和正式量表的测量，得到了内部控制偏好量表的结构，编制出内部控制偏好量表。本书在执行过程中严格按照量表编制的有关程序规范进行，使研究的信度和效度都能够得到最大限度的保证。

本书中，量表信度考察采用了内部一致性信度系数和折半信度系数。其中，各因子的 α 系数在 0.81～0.894 之间，折半信度在 0.709～0.882 之间，总量表的 α 系数为 0.828，折半信度系数为 0.389。由此说明，本量表具有较好的信度。

关于量表的效度问题，本书首先对内容效度和结构效度进行了验证，最后从单一构面性、聚合效度和区别效度这三个方面对效度进行了检验。

本书中量表所包含的各个条目语义含义清晰，与原定构想相吻合，对测试目标范围的反映完整而明确，因此，具有较好的内容效度。

本书采用验证性因子分析来验证结构效度。验证性因子分析结果表明：内部控制偏好测量模型具有较低的 χ^2 值、RMSEA 值和 RMR 值，$\chi^2/df<3.0$，RMSEA 值 <0.08，CAIC 小于饱和模型和独立模型，PGFI>0.5，PNFI>0.5，CFI>0.9，各项拟合指数值均在可接受范围内。因此，结构效度令人满意。

此外，本书中内部控制偏好项目的 T 值均远远大于 2，各因子间的相关系数小于相应的 Cronbach α 值，可以说明聚合效度令人满意，区别效度令人满意。

5.2　内部控制目标实现程度量表的编制

5.2.1　研究目的

权变理论认为，只有包含业绩变量的研究才是真正完整的权变研究（Otley，1980）。在考察民族文化性和企业文化与内部控制的适配性时，必须考察适配性对企业业绩的影响。对于内部控制的实施而言，适配性的好坏最直接的体现就是实现内部控制系统之后，企业内部控制目标的实现程度。我们检索了国内外相关的文献，并未发现测量内部控制 5 个目标实现程度的量表。我们的研究目的是形成测量内部控制目标实现程度量表的条目分布，形成正式量表，为本研究及其后续研究提供测量工具。

5.2.2　研究工具

准确地定义我们所要测量的目标构念是发展量表的首要任务。我国《企业内部控制基本规范》第四条指出：内部控制的目标是合理保证企业经营管理合法合规、资产安全、财务报告及相关信息真实完整，提高经营效率和效果，促进企业实现发展战略。可以看出，我国企业内部控制基本规范界定了内部控制应当实现的目标有五类。

基于此，我们在文献研究和访谈的基础上，自编了内部控制目标实现程度量表。预试量表共 35 道题目，正式量表共 15 道题目。每一道题目从"完全不同意"到"完全同意"按 7 分计量。

5.2.3　研究程序

内部控制目标实现程度量表开发的研究程序按照编制预测量表—试测—修订条目—正式施测来进行。

我们在参考以往理论文献的基础上，通过征求专家意见，初步拟定一张半开半闭式问卷，并在问卷末端留出空行，请专家对条目自身存在的问题做出补充或提出意见。然后请会计学专家和研究生对该问卷涉及条目进行修改或评定，以 60% 的赞同率作为取舍的标准，初步形成内部控制目标实现程度预试量表。为便于施测，将条目进行随机排列，最终形成包含 35 个条目的预试量表。施测过程中，为避免被试心理定式的影响，量表中还设置了反向记分题，以便在统计记分时进行分数转换。

预试问卷的发放和回收情况已在本章第一节进行了描述。我们从预试的 267 份内部控制目标实现程度问卷中随机选择 134 份问卷进行探索性因子分析，并用剩余的 133 份问卷进行验证性因子分析。

本书使用 SPSS 22.0 进行探索性因子分析，采用 Amos 17.0 进行验证性因子分析。

5.2.4 结果与分析

（1）项目分析

项目分析的方法与本章第一节的描述相同。项目分析结果表明，所采用的 35 个条目的临界比值均达显著性水平（ P <0.001），表明所有条目均具有良好的鉴别度，能够区分出不同企业的反应程度。

（2）同源偏差检验

由于本书在进行问卷调查时，所有变量的数据在同一时点由同一填写者填写，有可能存在同源偏差的问题。本书使用答卷者信息隐匿法和反向条目设计法等方法对可能存在的同源偏差进行事前预防。

检测同源偏差的方法已在本章第一节中进行了描述。在本次检验中，第一个因子变异占总变异量的比例为 23.13%（<50%），因此，同源偏差并不严重。

（3）内部控制目标实现程度量表的探索性因子分析

本书对随机选择的 134 份问卷的被试数据（N=134）进行探索性因子分析。在运用探索性因子分析确定内部控制目标实现程度的结构时，采用以下标准来筛选内部控制目标实现程度的条目：①项目因子载荷值大于 0.5；②共同度大于 0.3；③特征值大于 1；④碎石检验准则中，碎石出现明显的陡坡；⑤条目的单级化；⑥交叉因子载荷小于 0.4（Hair et al.，1998）。根据以上筛选标准，剔除了 20 个条目，最后剩余 15 个条目构成内部控制目标实现程度量表。

下面报告剩余 15 个条目的探索性因子分析结果。

对随机选择的 134 份问卷的被试数据（N=134）进行因子分析。在进行因子分析之前，运用 KMO 和巴特利特球形检验，对数据的适合性进行检验，得到的 KMO 值为 0.706。根据 KMO 的检验标准，KMO 的值越接近 1 越好，一般规定 0.90 以上为极好；0.80 以上为较好；0.70 以上为一般；0.60 以上为较差；0.50 以上为差；0.50 以下为不可接受。Bartlett 球形检验值为 812 843，其显著性小于 0.000。这说明该数据适合进行因子分析。

我们运用主成分分析法提取共同因子，求得初始因子载荷矩阵，再用最大方差法求出旋转因子负荷矩阵。最后根据以下标准确定因子数目：特征值大于 1 以及碎石图拐点显示（如图 5-3 所示），确定 5 个因子。各因子的载荷值和共同度见表 5-6。

陡坡图

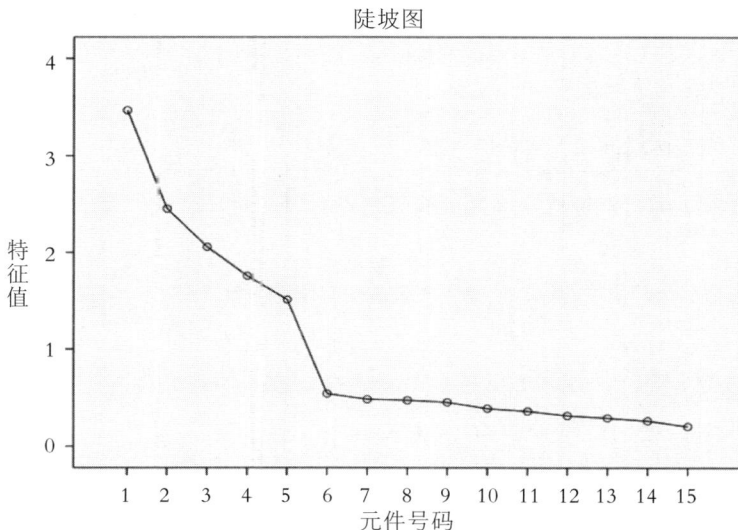

图 5-3 内部控制目标实现程度问卷因子分析碎石图

表 5-6   内部控制目标实现程度量表

因子	条目内容	因子载荷	共同度
F1	公司有时会出现出售资产时的价格远远低于正常市场价格的情况	0.874	0.774
	公司的专利权经常受到竞争对手的侵害	0.887	0.802
	公司有时发生资产失窃的情况	0.852	0.731
	特征值2.342，贡献率15.611%		
F2	我不能完全相信财务部门提供的报告，有时必须参照其他来源的信息进行验证	0.885	0.790
	有时会出现编制好的财务报告有遗漏，需要进一步修改补充的情况	0.865	0.773
	财务报告总是能为我提供及时的信息	0.795	0.679
	特征值2.276，贡献率15.174%		
F3	公司员工在执行现行法律和法规方面不存在问题	0.872	0.771
	公司经常因为违反相关法规，受到监管部门的处罚	0.827	0.750
	在公司中，没有专人来负责监控对公司产生影响的法律法规的变化	0.833	0.737
	特征值2.236，贡献率14.909%		
F4	经过合理的努力后，公司经营效率能够得到进一步改善	0.863	0.766
	公司经营中可能存在问题，如果这些问题得以解决，公司会有更高的投入产出比率	0.839	0.746
	我对本企业各流程的经营效率没有任何质疑	0.842	0.728
	特征值2.215，贡献率14.764%		
F5	公司能够有效应对供应商变化带来的市场风险	0.810	0.715
	消费者对公司所提供的商品或服务不太满意	0.817	0.695
	与同行业竞争对手相比，本企业市场份额有所下降	0.877	0.795
	特征值2.184，贡献率14.561%		

由表 5-6 可知，内部控制目标实现程度问卷包括 5 个因子，可解释全部变异量的 75.019%。条目的最高因子载荷是 0.887，最低因子载荷是 0.795。所有条目的共同度介于 0.679~0.802 之间。因子命名遵循的原则：①根据该因素的条目主要来自预试问卷的维度进行命名；②参照条目因子的载荷值命名，即根据载荷值较高的条目所隐含的意义命名。依此原则进行描述和命名：因子一（F1）共有 3 个条目，该因子的特征值 2.342，贡献率 15.611%，各条目主要涉及：公司资产售价远低于市场价、公司专利权受到侵害以及公司发生资产失窃等内容，故命名为"资产安全目标"。因子二（F2）共有 3 个条目，该因子的特征值 2.276，贡献率 15.174%，各条目主要涉及：不能完全信任财务部门提供的报告、财务报告有遗漏以及财务报告能够提供及时的信息等内容，故命名为"财务报告目标"。因子三（F3）共有 3 个条目，该因子的特征值 2.236，贡献率 14.909%，各条目主要涉及：员工对法律和法规的执行不存在问题、公司因违反相关法规而受到处罚以及没有专人监控法律法规变化等内容，故命名为"法律法规遵循目标"。因子四（F4）共有 3 个条目，该因子的特征值 2.215，贡献率 14.764%，各条目主要涉及：通过努力，公司经营效率能够得到进一步改善以及员工对企业各流程的经营效率没有质疑等内容，故命名为"经营效率效果目标"。因子五（F5）共有 3 个条目，该因子的特征值 2.184，贡献率 14.561%，各条目主要涉及：公司能够有效应对市场风险、消费者满意程度以及与同行业竞争对手相比，企业的市场份额等内容，故命名为"战略目标"。

（4）内部控制目标实现程度问卷的信度检验

问卷信度考察主要采用内部一致性信度系数（α 系数）和折半信度系数。结果见表 5-7。

表 5-7   **内部控制目标实现程度量表的信度检验系数**

	F1	F2	F3	F4	F5	Fsum
α 系数	0.848	0.820	0.814	0.819	0.804	0.772
折半信度	0.726	0.682	0.729	0.688	0.766	0.495

从表 5-7 可以看出，各因子的 α 系数在 0.804 ~ 0.848 之间，折半信度在 0.682 ~ 0.766 之间，总问卷的 α 系数为 0.772，折半信度系数为 0.495。由此说明，本量表具有较好的信度。

（5）内部控制目标实现程度问卷的效度检验

①内容效度。

本量表的内容效度是从两个方面进行检验。

第一是规范的研究程序。在内部控制目标实现程度量表的编制过程中，采用了访谈、开放式调查、半开半闭式问卷调查等研究方法。问卷条目的编制取自于内部控制目标实现程度的访谈分析和开放式问卷调查结果。

第二是在语义方面运用逻辑分析的方法来检验问卷的测试条目是否完全切合问卷原定所要测试的内容。因此，问卷的测试条目需要符合以下几点要求：语言清晰简明；与研究假设和测试目标相吻合；避免使用设问和推测句式；题目不能从属包含；避免生僻或专业性术语；以及对测试目标范围的反映完整而明确。

本书中问卷所包含的各个条目语义含义清晰，与原定构想相吻合，因此，具有较好的内容效度。

②结构效度。

本书采用验证性因子分析来验证内部控制目标实现程度量表的结构效度。

在测量模型中，采用验证性因子分析比探索性因子分析更为准确（O'Leary-Kelly 和 Vokurka，1988）。因此，我们选用卡方自由度比（χ^2/df），近似误差均方根（RMSEA）、Akaike 一致性信息指数（CAIC）、省俭拟合优度指数（PGFI）、省俭赋范拟合指数（PNFI）和相对拟合指数（CFI）来验证结构效度。拟合度较好的模型应该具备：较低的 χ^2 值、RMSEA 值和 RMR 值，$\chi^2/df<3.0$，RMSEA 值 <0.08，CAIC 小于饱和模型和独立模型，PGFI>0.5，PNFI>0.5，CFI>0.9。

本书利用从预试的 267 份内部控制目标实现程度问卷中随机选择 133 份问卷的被试数据（N=133），运用 Amos 统计软件，对前面通过探索性因子分析得到的内部控制目标实现程度模型进行检验，以考察该模型的正确性，结果如图 5-4 所示。

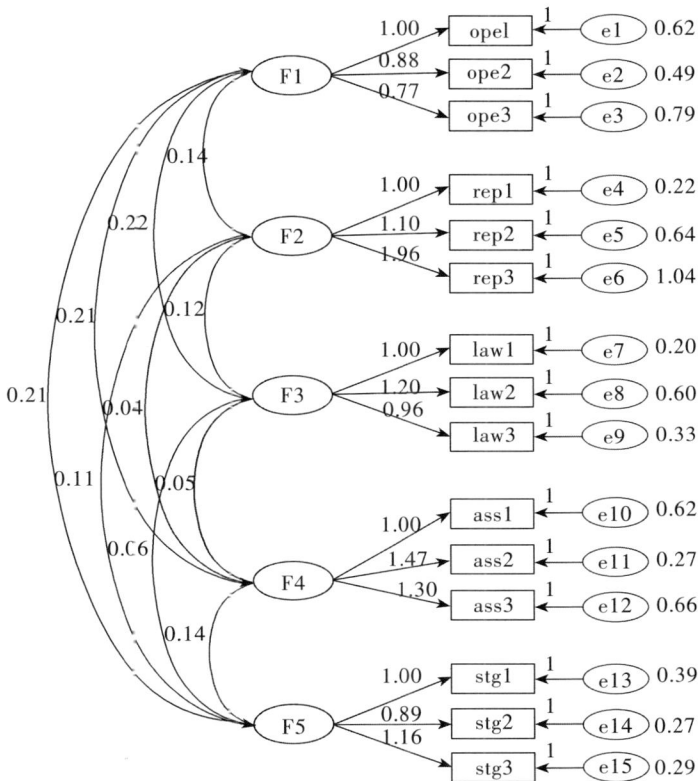

图 5-4　内部控制目标实现程度问卷的验证性因子分析

从表 5-8 的 Panel A 中可以看出，内部控制目标实现程度测量模型中各项拟合指数值均在可接受范围内，说明内部控制目标实现程度测量模型与数据的拟合程度令人满意。表 5-8 中的 Panel B 列示了对内部控制目标实现程度做验证性因子分析后保留下来的条目及其在相应因子上的载荷。

表 5-8　内部控制目标实现程度验证性因子分析（N=133）

Panel A：测量模型评估		
拟合优度统计量	内部控制目标实现程度测量模型	可接受值
卡方自由度比	0.814	<3.0
RMSEA	0.000	<0.08
CAIC	300.730	小于饱和模型和独立模型
饱和模型的 CAIC	706.842	
独立模型的 CAIC	874.686	

续表

项目名称	项目内容	因子载荷
PGFI	0.628	>0.5
PNFI	0.699	>0.5
CFI	1.000	>0.9

Panel B：因子分析结果

项目名称	项目内容	因子载荷
	资产安全目标（F1）	
ope1	经过合理的努力后，公司经营效率能够得到进一步改善	0.808
ope2	公司经营中可能存在问题，如果这些问题得以解决，公司会有更高的投入产出比率	0.807
ope3	我对本企业各流程的经营效率没有任何质疑	0.682
	财务报告目标（F2）	
rep1	我不能完全相信财务部门提供的报告，有时必须参照其他来源的信息进行验证	0.863
rep2	有时会出现编制好的财务报告有遗漏，需要进一步修改补充的情况	0.754
rep3	财务报告总是能为我提供及时的信息	0.599
	法律法规遵循（F3）	
law1	公司员工在执行现行法律和法规方面不存在问题	0.832
law2	公司经常因为违反相关法规，受到监管部门的处罚	0.739
law3	在公司中，没有专人来负责监控对公司产生影响的法律法规的变化	0.731
law3	在公司中，没有专人来负责监控对公司产生影响的法律法规的变化	0.731
	经营效率效果（F4）	

续表

项目名称	项目内容	因子载荷
ass1	公司有时会出现出售资产时的价格远远低于正常市场价格的情况	0.670
ass2	公司的专利权经常受到竞争对手的侵害	0.895
ass3	公司有时发生资产失窃的情况	0.751
	战略（F5）	
stg1	公司能够有效应对供应商变化带来的市场风险	0.764
stg2	消费者对公司所提供的商品或服务不太满意	0.784
stg3	与同行业竞争对手相比，本企业市场份额有所下降	0.846

③问卷的效度还可以从单一构面性、聚合效度和区别效度这三个方面来验证。单一构面性指任何一个指标变量只由某一个潜变量表示，而与其他潜变量无关。单一构面性既可由探索性因子分析也可用验证性因子分析加以检验，上述验证性因子分析的结果表明量表具有较好的单一构在性。

聚合效度指某一量表所测结果与对同一特征其他测量之间的相互关联程度。聚合效度可以由每个项目与相关因子回归系数的 T 检验来评估（Ahire et al.，1996）。如果每个项目的 T 值大于 2，则表明有较高的聚合效度（Krause，1999）。从表 5-9 验证性因子分析的系数表可以看出，内部控制目标实现程度项目的 T 值均远远大于 2，可以说明聚合效度令人满意。

区别效度是指量表所测结果与对其他不同特征的测量之间不相关联的程度。区别效度可以通过每个因子与其他因子的相关系数来评估，如果相关系数低于其 Cronbach α 值，则证明有较好的区别效度（Crocker和 Algina，1986）。从表 5-10 可以看出，各因子间的相关系数小于相应的 Cronbach α 值，表明区别效度令人满意。

表 5-9   验证性因子分析的系数（N=133）

	Estimate	S.E.	C.R.
ope1	1.000		
ope2	0.881	0.110	7.979
ope3	0.768	0.105	7.294
rep1	1.000		
rep2	1.159	0.170	6.824
rep3	0.961	0.159	6.057
law1	1.000		
law2	1.260	0.166	7.612
law3	0.960	0.127	7.566
ass1	1.000		
ass2	1.474	0.202	7.297
ass3	1.304	0.179	7.292
stg1	1.000		
stg2	0.887	0.105	8.450
stg3	1.159	0.134	8.678

表 5-10   变量相关系数及 Cronbach α 值（N=133）

变量	F1	F2	F3	F4	F5	Cronbach α
F1	1.000					0.848
F2	0.164	1.000				0.820
F3	0.302	0.215	1.000			0.814
F4	0.271	0.078	0.112	1.000		0.819
F5	0.261	0.189	0.114	0.263	1.000	0.804

5.2.5 小结

（1）关于内部控制目标实现程度问卷的结构

本书运用文献分析、访谈、开放式和半开半闭式问卷调查的研究方法，采用科学规范的研究程序对调查问卷进行编制，并分别进行了探索性因子分析和验证性因子分析。首先通过探索性因子分析建立了内部控制目标实现程度量表，然后对内部控制目标实现程度量表进行了信度检验，接着采用验证性因子分析来验证结构效度，最后又从单一构面性、聚合效度和区别效度这三个方面对内部控制目标实现程度量表进行效度检验。

本书从预试的 267 份内部控制目标实现程度问卷中随机选择 134 份问卷的被试数据（N=134）进行探索性因子分析，又运用剩下的 133 份问卷的被试数据（N=133）进行验证性因子分析。得到了与构想一致的内部控制目标实现程度的 5 个因子结构：F1（资产安全目标）、F2（财务报告目标）、F3（法律法规遵循目标）、F4（经营效率效果目标）、F5（战略目标）。这个结构与前面的理论构想基本一致。

（2）关于内部控制目标实现程度量表的信度和效度

本书以文献分析为基础，形成初步的调查方案之后通过预测和正式量表的测量，得到了内部控制目标实现程度量表的结构，编制出内部控制目标实现程度量表。本书在执行过程中严格按照问卷编制的有关程序规范进行，使研究的信度和效度都能够得到最大限度的保证。

本书中，问卷信度考察采用了内部一致性信度系数（α 系数）和折半信度系数。其中，各因子的 α 系数在 0.804～0.848 之间，折半信度在 0.682～0.766 之间，总问卷的 α 系数为 0.772，折半信度系数为 0.495。由此说明，本问卷具有较好的信度。

本书中问卷所包含的各个条目语义含义清晰，与原定构想相吻合，对测试目标范围的反映完整而明确，因此，具有较好的内容效度。

本书采用验证性因子分析来验证结构效度。验证性因子分析结果表明：内部控制目标实现程度测量模型具有较低的 χ^2 值、RMSEA 值和 RMR 值，$\chi^2/df<3.0$，RMSEA 值 <0.08，CAIC 小于饱和模型和独立模型，PGFI>0.5，PNFI>0.5，CFI>0.9，各项拟合指数值均在可接受范围内。因此，结构效度令人满意。

　　此外，本书中内部控制目标实现程度项目的 T 值均远远大于 2，各因子间的相关系数小于相应的 Cronbach α 值，可以说明聚合效度令人满意和区别效度令人满意。

6 实证研究结果

本章第一节首先对问卷所调查的样本企业特征以及研究变量进行描述性统计分析，然后对企业文化测量问卷的信度进行分析，最后对战略这一权变因素进行探索性因子分析；第二节对汉族和维吾尔族民族文化特征进行比较分析；第三节运用回归分析和系统方法对研究假设进行检验。

6.1 描述性统计

6.1.1 样本企业特征的描述性统计

调查问卷的第五部分是关于参与项目企业特征的信息，本节将分别按这些特征进行描述性统计，并对本书所需变量进行了汇总。

（1）企业规模

样本企业规模的描述性统计见表 6-1。从表 6-1 可以看出，样本企业全职员工的人数均值为 257.0973，标准差为 149.0587，最小值为 51

人，最大值为 728 人。

表 6-1 　　　　　　　　　　　　企业规模的描述性统计

变量	均值	标准差	最小值	最大值
size	257.0973	149.0587	51	728

注：size 代表企业规模，等于企业全职员工人数。

（2）企业面临的文化环境

样本企业面临的文化环境的描述性统计见表 6-2。从表 6-2 可以看出，样本企业中汉族职工占半数以上的企业有 66.38%。企业面临的文化环境变量的标准差为 0.4728。

表 6-2 　　　　　　　　　　企业面临文化环境的描述性统计

变量	均值	标准差	最小值	最大值
cultuenvirn	0.6638	0.4728	0	1

注：cultuenvirn 代表企业面临的文化环境，当企业汉族职工占半数以上时为 1；当企业维吾尔族职工占半数以上时为 0。

（3）产权性质

样本企业产权性质的描述性统计见表 6-3。从表 6-3 可以看出，样本企业中 60.41% 为民营企业。产权性质变量标准差为 0.4895。

表 6-3 　　　　　　　　　　企业产权性质的描述性统计

变量	均值	标准差	最小值	最大值
controlrights	0.6041	0.4895	0	1

注：controlrights 代表产权性质，当企业产权性质为民营时为 1，否则为 0。

（4）行业变量

样本企业所属行业的描述性统计见表 6-4。从表 6-4 可以看出，样本企业中 61.95% 的企业属于制造业，20.47% 的企业属于采掘业，17.58% 的企业属于批发和零售业。代表制造业虚拟变量的标准差为 0.4859,；代表采掘业虚拟变量的标准差为 0.4039；代表批发和零售业虚拟变量的标准差为 0.3809。

表 6-4   企业行业变量的描述性统计

变量	均值	标准差	最小值	最大值
indu_dumy1	0.6195	0.4859	0	1
indu_dumy2	0.2047	0.4039	0	1
indu_dumy3	0.1758	0.3809	0	1

注：indu_dumy1 代表制造业虚拟变量，当企业属于制造业时 =1，否则等于 0；
indu_dumy2 代表采掘业虚拟变量，当企业属于采掘业时 =1，否则等于 0。
indu_dumy3 代表批发和零售业虚拟变量，当企业属于批发和零售业时 =1，否
则等于 0。

（5）企业成立时间

样本企业成立时间的描述性统计见表 6-5。从表 6-5 可以看出，样
本企业成立的平均时间为 9.5 年，标准差为 4.0333，最小值为 3，最大
值为 16。

表 6-5   企业成立时间变量的描述性统计

变量	均值	标准差	最小值	最大值
firmlf	9.4983	4.0333	3	16

注：firmlf 代表企业成立的时间。

6.1.2 变量的描述性统计

从表 6-6 中可以得出，内部环境要素变量的均值为 3.9539，略低
于平均值 4，这表明平均而言，样本企业在进行内部控制建设时，对
内部环境要素的偏好接近中等水平；标准差为 0.9463，最小值和最大
值分别为 1.4 和 7；内部环境要素变量的 α 系数为 0.8824，大于建议
分数 0.7（Nunnally，1967），这表明内部环境要素量表具有较好的
信度。

变量的描述性统计见表 6-6。

表 6-6　　　　　　　　　　变量的描述性统计（N=586）

变量	均值	标准差	最小值	最大值	Cronbach alpha
cen_all	3.9539	0.9463	1.4	7	0.8824
cav_all	5.0899	0.9211	2.5	7	0.8957
inf_all	4.9160	0.9483	1.5	7	0.8563
ris_all	3.7196	0.9700	1	7	0.8254
mon_all	4.4664	1.0941	1	7	0.8119
perform_all	120.6246	30.4432	49	219	0.8204
conobject	4.6529	0.5332	3.0667	6.1333	0.7426
enunexp_all	3.9424	0.8432	1.75	5.875	0.7990
scost_all	3.0593	0.8973	1.25	6	0.6938
sdiff_all	4.2474	0.8653	1.7143	6.5714	0.7483
anal_all	4.0515	0.8935	1.4	6.8	0.7282
excep_all	4.2137	0.9367	1.8	6.8	0.7063

注：cen_all 代表企业内部控制中的内部环境要素；

cav_all 代表企业内部控制中的控制活动要素；

inf_all 代表企业内部控制中的信息与沟通要素；

ris_all 代表企业内部控制中的风险评估要素；

mon_all 代表企业内部控制中的内部监督要素；

perform_all 代表以主观业绩评价来衡量企业业绩；

conobject 代表以内部控制目标实现程度来衡量企业业绩；

enunexp_all 代表环境不确定性权变因素；

scost_all 代表成本领先权变因素；

sdiff_all 代表差异化战略权变因素；

anal_all 代表问题可分析性；

excep_all 代表任务可变性。

控制活动要素变量的均值为 5.0899，高于平均值 4，标准差为 0.9211，最小值和最大值分别为 2.5 和 7，这表明平均而言，样本企业在进行内部控制建设时，较为偏好控制活动要素；控制活动要素变量的 α 系数为 0.8957，大于建议分数 0.7（Nunnally，1967），这表明控制活动要素量表具有较好的信度。

信息与沟通要素变量的均值为 4.9160，高于平均值 4，这表明平均而言，样本企业在进行内部控制建设时，较为偏好信息与沟通要素；标准差为 0.9483，最小值和最大值分别为 1.5 和 7；信息与沟通要素变量的 α 系数为 0.8563，大于建议分数 0.7（Nunnally，1967），这表明信息与沟通要素量表具有较好的信度。

风险评估要素变量的均值为 3.7196，低于平均值 4，这表明平均而言，样本企业在进行内部控制建设时，对风险评估要素的偏好程度较低；标准差为 0.9700，最小值和最大值分别为 1 和 7；风险评估要素变量的 α 系数为 0.8254，大于建议分数 0.7（Nunnally，1967），这表明风险评估要素量表具有较好的信度。

内部监督要素变量的均值为 4.4664，高于平均值 4，这表明平均而言，样本企业在进行内部控制建设时，较为偏好内部监督要素；标准差为 1.0941，最小值和最大值分别为 1 和 7；α 系数为 0.8119，大于建议分数 0.7（Nunnally，1967），这表明内部监督要素量表具有较好的信度。

主观业绩评价变量的均值为 120.6246，标准差为 30.4432，最小值和最大值分别为 49 和 219；主观业绩评价变量的 α 系数为 0.8204，大于建议分数 0.7（Nunnally，1967），这表明主观业绩评价量表具有较好的信度。

内部控制目标实现程度变量的均值为 4.6529，高于平均值 4，这表明平均而言，样本企业内部控制目标实现程度较好；标准差为 0.5332，最小值和最大值分别为 3.0667 和 6.1333；内部控制目标实现程度变量的 α 系数为 0.7426，大于建议分数 0.7（Nunnally，1967），这表明内部控制目标实现程度量表具有较好的信度。

环境不确定性变量的均值为 3.9424，略低于平均值 4；标准差为 0.8432，最小值和最大值分别为 1.75 和 5.875；环境不确定性变量的 α 系数为 0.7990，大于建议分数 0.7（Nunnally，1967），这表明环境不确定性量表具有较好的信度。

成本领先变量的均值为 3.0593，低于平均值 4；标准差为 0.8973，最小值和最大值分别为 1.25 和 6；成本领先变量的 α 系数为 0.6938，略小于建议分数 0.7（Nunnally，1967），这表明成本领先量表的信度可以接受。

差异化战略变量的均值为 4.2474，略高于平均值 4；标准差为 0.8653，最小值和最大值分别为 1.7143 和 6.5714；差异化战略变量的 α 系数为 0.7483，大于建议分数 0.7（Nunnally，1967），这表明差异化战略量表具有较好的信度。

问题可分析性变量的均值为 4.0515，略高于平均值 4；标准差为 0.8935，最小值和最大值分别为 1.4 和 6.57148；问题可分析性变量的 α 系数为 0.7282，大于建议分数 0.7（Nunnally，1967），这表明问题可分析性量表具有较好的信度。

任务可变性变量的均值为 4.2137，高于平均值 4；标准差为 0.9367，最小值和最大值分别为 1.8 和 6.57148；任务可变性变量的 α 系数为 0.7063，大于建议分数 0.7（Nunnally，1967），这表明任务可变性量表具有较好的信度。

除以上变量之外，企业文化量表的描述性统计将单独在表 6-7 中报告。民族文化特征的描述性统计将单独在表 6-8 中报告。

表 6-7　　　　　　　**企业文化量表的描述性统计**

	样本量	均值	标准差	最小值	最大值
文化类型得分					
凝聚共识文化	586	22.20	11.16	2	63.25
成长调适文化	586	23.60	1.39	15.5	31.25
层级节制文化	586	26.35	12.71	1.75	67
理性主导文化	586	27.85	13.90	2.75	78.25
		100.0			
价值类型得分					
灵活价值观	586	45.80	11.26	22.25	87
控制价值观	586	54.20	20.37	13	125.25
		100.0			
主导价值观类型得分	586	8.40	21.47	-48.25	80.5

表 6-8　　　　　　**汉族和维吾尔族民族文化特征得分表**

文化价值观维度	汉族	维吾尔族
个人主义	18	69
权力距离	41	88
不确定性规避	46	84
阳刚	82	81

从表 6-7 可以看出，在文化类型得分当中，凝聚共识文化（group culture）的均值为 22.20，标准差为 11.16，最小值和最大值分别为 2 和 63.25；成长调适文化（developmental culture）的均值为 23.60，标准差为 1.39，最小值和最大值分别为 15.5 和 31.25；层级节制文化（hierarchical culture）的均值为 26.35，标准差为 12.71，最小值和最大值分别为 1.75 和 67；而理性主导文化（rational culture）的均值为 27.85，标准差为 13.90，最小值和最大值分别为 2.75 和 78.25。

灵活价值观（flexibility values）的均值为 45.80，标准差为 11.26，最小值和最大值分别为 22.25 和 87；而控制价值观（control values）的均值为 54.20，标准差为 20.37，最小值和最大值分别为 13 和 125.25。最后，占主导地位的价值观类型得分（dominant-type score）均值为 8.40，标准差为 21.47，最小值和最大值分别为−48.25 和 80.5。

表 6-8 列示了汉族和维吾尔族民族文化特征的得分。Hofstede（1980，1991）提出，只有当分数差异达到 20 分以上才能够算作有显著差异。可以看出，在个人主义、权力距离和不确定性规避这三个维度，维吾尔族得分远远高于汉族。因此，维吾尔族拥有较大的权力距离和较强的不确定性规避，而汉族则拥有更强的集体主义倾向。在阳刚维度，维吾尔族得分与汉族几乎没有差异，说明在阳刚的价值观维度，汉族和维吾尔族不存在显著差异。

表 6-9 是本书各研究变量的 Perason 相关系数表。从表 6-9 可以看出：对于内部环境要素变量，主观业绩评价变量与其相关系数为 0.5710，内部控制目标实现程度变量与其相关系数为 0.5648，占主导地位的价值观变量与其相关系数为 0.5320，三者均在小于 0.01 的水平上显著；对于控制活动要素变量，主观业绩评价变量与其相关系数为 0.2561，内部控制目标实现程度变量与其相关系数为 0.4443，占主导地位的价值观变量与其相关系数为−0.2129，三者均在小于 0.01 的水平上显著；对于信息与沟通要素变量，主观业绩评价变量与其相关系数为 0.2363，在小于 0.01 的水平上显著；对于风险评估要素变量，主观业绩评价变量与其相关系数为 0.2980，内部控制目标实现程度变量与其相关

表6-9　　研究变量的 Pearson 相关系数表

	cen_all	cav_all	inf_all	ris_all	mon_all	perform_all	conobject	enunexp_all	scost_all	sdiff_all	anal_all	excep_all
cen_all	1											
cav_all	0.1420***	1										
inf_all	0.1357***	0.1376***	1									
ris_all	0.1550***	0.1506***	0.1207***	1								
mon_all	0.1491***	0.1293*	0.1202***	0.1369***	1							
perform_all	0.5710***	0.2561***	0.0584	0.2980*	0.1824***	1						
conobject	0.5648***	0.4443***	0.2363**	0.3764***	0.1812**	0.6556***	1					
enunexp_all	0.0089	-0.0557	0.0025	-0.0831**	0.0192	-0.0033	-0.0527	1				
scost_all	0.0051	-0.0393	-0.0008	-0.0692*	0.0610	0.0234	-0.0241	0.8912***	1			
sdiff_all	-0.0141	-0.0443	0.0058	-0.0336	-0.0510	-0.0233	-0.0580	0.4696***	0.1820***	1		
anal_all	0.0466	0.0110	-0.0528	0.0375	-0.0183	0.0845**	0.0434	-0.0543	-0.0367	-0.0214	1	
excep_all	0.0401	0.0322	-0.0561	-0.0385	-0.0205	0.0554	0.0704*	-0.0638	-0.0538	0.0272	0.4388***	1
domitype	0.5320***	-0.2129***	0.0713*	0.4521***	0.1753***	0.5394***	0.4281***	0.0212	0.0327	0.0083	0.0297	-0.0037

注：*在<0.1 的水平上显著；**在<0.05 的水平上显著；***在<0.01 的水平上显著。

系数为 0.3764，占主导地位的价值观变量与其相关系数为 0.4521，三者均在小于 0.01 的水平上显著；对于内部监督要素变量，主观业绩评价变量与其相关系数为 0.1824，内部控制目标实现程度变量与其相关系数为 0.1812，占主导地位的价值观变量与其相关系数为 0.1753，三者均在小于 0.01 的水平上显著。

对于主观业绩评价变量，内部控制目标实现程度变量与其相关系数为 0.6556，占主导地位的价值观变量与其相关系数为 0.5394，二者均在小于 0.01 的水平上显著；对于内部控制目标实现程度变量，占主导地位的价值观变量与其相关系数为 0.4281，在小于 0.01 的水平上显著；对于环境不确定性变量，成本领先变量与其相关系数为 0.8912，差异化战略变量与其相关系数为 0.4696，二者均在小于 0.01 的水平上显著；对问题可分析性变量，任务可变性变量与其相关系数为 0.4388，在小于 0.01 的水平上显著。

6.1.3 企业文化的信度分析结果

问卷信度考察主要采用内部一致性信度系数（即 α 系数）。从表 6-10 中可以看出，成长调适的文化的 α 系数为 0.869，大于建议分数 0.7（Nunnally，1967）；凝聚共识的文化、层级节制的文化和理性主导的文化（rational culture）的 α 系数分别为 0.645、0.634 和 0.664，均接近建议分数 0.7（Nunnally，1967），说明这四个量表均具有较好的信度。

表 6-10　　　　　　**企业文化测量问卷的信度检验系数**

企业文化	Cronbach Alpha
凝聚共识文化	0.645
成长调适文化	0.869
层级节制文化	0.634
理性主导文化	0.664

6.1.4 对战略这一权变因素的探索性因子分析

对战略这一权变因素进行因子分析之前，运用 KMO 样本适合性检验和巴特利特球形检验，对数据的适合性进行检验，得到的 KMO 值为 0.808。根据 KMO 的检验标准，KMO 的值越接近 1 越好，一般规定 0.90 以上为极好；0.80 以上为较好；0.70 以上为一般；0.60 以上为较差；0.50 以上为差；0.50 以下为不可接受。Bartlett 球形检验值为 1 553.087，其显著性小于 0.000，极其显著。由此说明该数据适合进行因子分析。

本书用主成分分析法来提取共同因子，求得初始因子负荷矩阵，再用最大方差法求出旋转因子负荷矩阵。最后根据以下标准确定因子数目：特征值大于 1 以及碎石图拐点显示。碎石图结果显示（如图 6-1 所示），应当确定 2 个因子。各因子的负荷值、共同度及解释率见表 6-11。

陡坡图

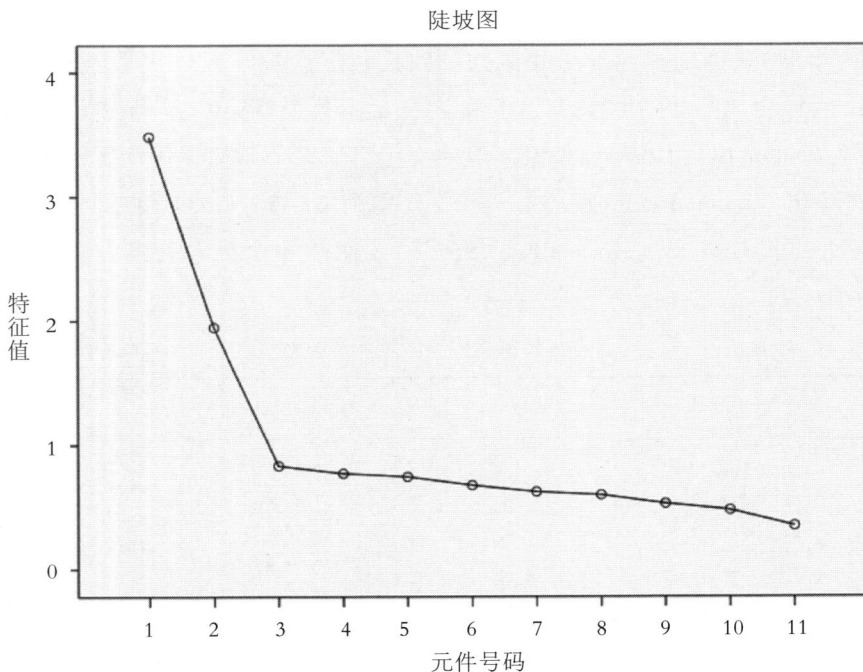

图 6-1 对战略这一权变因素的因子分析碎石图

表 6-11	战略权变因素的因子分析表		
因子	条目内容	因子载荷	共同度
F1 （差异化战略）	提供高质量的产品	0.673	0.455
	提供与竞争对手相比具有独特特征的产品	0.732	0.541
	改变产品设计和迅速引入新产品	0.722	0.524
	能够快速实现产品组合的变化	0.690	0.482
	不断改进将产品交付给客户的时间	0.673	0.459
	提供有效的售后服务和支持	0.597	0.361
	定制产品或服务来满足客户的需求	0.695	0.486
	特征值3.299，贡献率29.99%		
F2 （成本领先）	提供比竞争对手成本更低的产品	0.728	0.533
	提供比竞争对手更低价格的产品	0.647	0.425
	提高企业现有设备的利用率	0.779	0.609
	将产品设计得更容易制造	0.734	0.547
	特征值2.123，贡献率19.30%		

由表 6-11 可知，战略一共包含 2 个因子，可解释全部变异量的 49.290%。条目的最高负荷是 0.779，最低负荷是 0.597。所有条目的共同度介于 0.361 ~ 0.609。因子命名遵循的原则：①参照理论模型的构想命名。根据该因素的条目主要来自依据理论模型编制的预试问卷的维度进行命名；②参照条目因素的负荷值命名，即根据负荷值较高的条目所隐含的意义命名。依此原则进行描述和命名：因子一（F1）共有 7 个条目，该因子在特征值 3.299，贡献率 29.99%，各条目主要涉及：提供高质量的产品、提供具有独特特征的产品、改变产品设计和迅速引入新产品、快速实现产品组合的变化、不断改进将产品交付给客户的时间、提供有效的售后服务和支持以及定制产品或服务来满足客户的需求，故命名为"差异化战略"。因子二（F2）共有 4 个条目，该因子的特征值 2.123，贡献率 19.30%，各条目主要涉及：提供比竞争对手成本更低的产品、提供比竞争对手更低价格的产品、提高企业现有设备的利用率以及将产品设计得更容易制造，故命名为"成本领先战略"。

6.2　汉族和维吾尔族民族文化特征的比较分析

　　Hofstede（1980，1991）提出，只有当分数差异达到 20 分以上才能够算作有显著差异。表 6-8 中的结果说明，维吾尔族和汉族在个人主义、权力距离和不确定性规避这三个文化价值观维度有显著差异，而在阳刚价值观维度差异不显著。下面我们将对文化价值观的每一个维度进行单变量检验，来对比维吾尔族和汉族民族文化特征的差异。

　　表 6-12 反映了个人主义价值观维度的单变量检验结果。我们将样本分为维吾尔族和汉族两个组别，运用 T 检验（Panel A）来比较每一变量均值的差异，运用 Wilcoxon 秩和检验（Panel B）来比较每一变量中位数的差异。

表 6-12　　　**汉族和维吾尔族个人主义价值观维度比较**

Panel A：T-Test				
变量	维吾尔族	汉族	T 值	P 值
ind1	2.9594	3.5064	−5.6699	0.0000
ind2	3.1066	2.9177	1.8360	0.0669
ind3	3.1929	2.7789	4.2646	0.0000
ind4	2.7868	3.1979	−4.0662	0.0001
Panel B：Wilcoxon Z-Test				
变量	维吾尔族	汉族	Z 值	P 值
ind1	3	4	−5.292	0.0000
ind2	3	3	1.689	0.0912
ind3	3	3	4.009	0.0001
ind4	3	3	−4.044	0.0001

　　注：ind1 = 有充足的时间放在个人或家庭生活中；

　　ind2 = 有好的工作环境；

　　ind3 = 工作有保障，不会经常需要重新找工作；

　　ind4 = 工作的多样性因素和冒险性因素。

　　从表 6-12 的 Panel A 中可以看出，对于维吾尔族和汉族两个组别，ind1 变量的均值分别为 2.9594 和 3.5064，维吾尔族均值小于汉族，并在小于 0.01 的水平上显著，说明维吾尔族具有更强的个人主义；ind2

变量的均值分别为 3.1066 和 2.9177，维吾尔族均值大于汉族，并在小于 0.01 的水平上显著，说明维吾尔族具有更强的个人主义；ind3 变量的均值分别为 3.1929 和 2.7789，维吾尔族均值大于汉族，并在小于 0.01 的水平上显著，说明维吾尔族具有更强的个人主义；ind4 变量的均值分别为 2.7868 和 3.1979，维吾尔族均值小于汉族，并在小于 0.01 的水平上显著，说明维吾尔族具有更强的个人主义。

从表 6-12 的 Panel B 口可以看出，对于维吾尔族和汉族两个组别，ind1 变量的中位数分别为 3 和 4，维吾尔族的中位数小于汉族，并在 0.000 的水平上显著；ind2、ind3 和 ind4 变量的中位数均为 3，中位数的检验结果在小于 0.10 的水平上显著。

表 6-13 反映了权力距离价值观维度的单变量检验结果。我们将样本分为维吾尔族和汉族两个组别，运用 T 检验（Panel A）来比较每一变量均值的差异，运用 Wilcoxon 秩和检验（Panel B）来比较每一变量中位数的差异。

表 6-13　　汉族和维吾尔族权力距离价值观维度比较

Panel A：T-Test

变量	维吾尔族	汉族	T值	P值
pow1	2.4619	2.8663	−3.8885	0.0001
pow2	4.1320	3.6401	5.2430	0.0000
pow3	4.0761	3.7198	3.8265	0.0001
pow4	2.6193	2.9589	−3.4001	0.0007

Panel B：Wilcoxon Z-Test

变量	维吾尔族	汉族	Z值	P值
pow1	2	3	−3.182	0.0001
pow2	4	4	5.411	0.0000
pow3	4	4	3.787	0.0002
pow4	3	3	−3.307	0.0009

注：pow1 = 和你的直接上级保持良好的工作关系；

pow2 = 能够为你的直接上级提供决策建议；

pow3 = 在你的经历中，下级害怕向上级表达不同的意见吗；

pow4 = 在一个组织中，一个人无论如何都不应该有两个上司。

从表 6-13 的 Panel A 中可以看出，对于维吾尔族和汉族两个组别，

pow1 变量的均值分别为 2.4619 和 2.8663，维吾尔族均值小于汉族，并在小于 0.01 的水平上显著，说明维吾尔族具有更大的权力距离；pow2 变量的均值分别为 4.1320 和 3.6401，维吾尔族均值大于汉族，并在小于 0.01 的水平上显著，说明维吾尔族具有更大的权力距离；pow3 变量的均值分别为 4.0761 和 3.7198，维吾尔族均值大于汉族，并在小于 0.01 的水平上显著，说明维吾尔族具有更大的权力距离；pow4 变量的均值分别为 2.6193 和 2.9589，维吾尔族均值小于汉族，并在小于 0.01 的水平上显著，说明维吾尔族具有更大的权力距离。

从表 6-13 的 Panel B 中可以看出，对于维吾尔族和汉族两个组别，pow1 变量的中位数分别为 2 和 3，维吾尔族的中位数小于汉族，并在 0.001 的水平上显著；pow2 和 pow3 变量的中位数均为 3，pow4 变量的中位数均为 4，中位数的检验结果在小于 0.001 的水平上显著。

表 6-14 反映了不确定性规避价值观维度的单变量检验结果。我们将样本分为维吾尔族和汉族两个组别，运用 T 检验（Panel A）来比较每一变量均值的差异，运用 Wilcoxon 秩和检验（Panel B）来比较每一变量中位数的差异。

表 6-14   汉族和维吾尔族不确定性规避价值观维度比较

Panel A：T-Test				
变量	维吾尔族	汉族	T 值	P 值
unc1	3.4924	3.2262	2.6450	0.0084
unc2	3.2944	2.9949	2.8247	0.0049
unc3	2.8528	3.2416	−3.9882	0.0001
unc4	3.1371	3.4653	−3.3165	0.0010
Panel B：Wilcoxon Z-Test				
变量	维吾尔族	汉族	Z 值	P 值
unc1	4	3	2.658	0.0079
unc2	3	3	2.776	0.0055
unc3	3	3	−3.893	0.0001
unc4	3	4	−3.076	0.0021

注：unc1 = 在工作中你会感到焦虑与紧张吗；

unc2 = 一个人对于下属在工作中提出的问题，即使不能给出确切的答案，也能做一个好的管理者；

unc3 = 员工之间的竞争弊大于利；

unc4 = 一个公司或组织的制度不得被违反，即使员工违反制度是为了公司的最大利益。

从表 6-14 的 Panel A 中可以看出，对于维吾尔族和汉族两个组别，unc1 变量的均值分别为 3.4924 和 3.2262，维吾尔族均值大于汉族，并在小于 0.01 的水平上显著，说明维吾尔族具有更强的不确定规避；unc2 变量的均值分别为 3.2944 和 2.9949，维吾尔族均值大于汉族，并在小于 0.01 的水平上显著，说明维吾尔族具有更强的不确定规避；unc3 变量的均值分别为 2.8528 和 3.2416，维吾尔族均值小于汉族，并在小于 0.01 的水平上显著，说明维吾尔族具有更强的不确定规避；unc4 变量的均值分别为 3.1371 和 3.4653，维吾尔族均值小于汉族，并在小于 0.01 的水平上显著，说明维吾尔族具有更强的不确定性规避。

从表 6-14 的 Panel B 中可以看出，对于维吾尔族和汉族两个组别，unc1 变量的中位数分别为 4 和 3，维吾尔族的中位数大于汉族，并在小于 0.01 的水平上显著；unc2 和 unc3 变量的中位数均为 3，unc4 变量的中位数分别为 3 和 4，中位数的检验结果均在小于 0.01 的水平上显著。

表 6-15 反映了阳刚价值观维度的单变量检验结果。我们将样本分

表 6-15　　　　　　汉族和维吾尔族阳刚价值观维度比较

Panel A：T-Test			
变量	维吾尔族	汉族	T 值	P 值
mas1	3.2030	3.1157	0.8423	0.4000
mas2	2.9391	2.9255	0.1356	0.8922
mas3	3.1371	3.0206	1.1180	0.2640
mas4	3.0761	2.9537	1.2361	0.2169
Panel B：Wilcoxon Z-Test			
变量	维吾尔族	汉族	Z 值	P 值
mas1	3	3	0.881	0.3785
mas2	3	3	0.083	0.9338
mas3	3	3	1.232	0.2180
mas4	3	3	1.201	0.2296

注：mas1 = 和有团队精神的同事一起工作；

mas2 = 有晋升的机会；

mas3 = 大多数人都是值得信赖的；

mas4 = 一个人在生活中的失败应该归咎于他自己的错误。

为维吾尔族和汉族两个组别，运用 T 检验（Panel A）来比较每一变量均值的差异，运用 Wilcoxon 秩和检验（Panel B）来比较每一变量中位数的差异。

从表 6-15 的 Panel A 中可以看出，对于维吾尔族和汉族两个组别，mas1 变量的均值分别为 3.2030 和 3.1157；mas2 变量的均值分别为 2.9391 和 2.9255；mas3 变量的均值分别为 3.1371 和 3.0206；mas4 变量的均值分别为 3.0761 和 2.9537，四个变量维吾尔族均值均大于汉族，检验结果 P 值均不显著，说明维吾尔族和汉族在阳刚价值观维度不具有显著差异。

从表 6-15 的 Panel B 中可以看出，对于维吾尔族和汉族两个组别，mas1、mas2、mas3 和 mas4 变量的中位数均为 3，中位数的检验结果 P 值均不显著，说明维吾尔族和汉族在阳刚价值观维度不具有显著差异。

综上所述，通过对民族文化特征的分析中我们得出，维吾尔族具有更大的权力距离和更强的不确定性规避，汉族则具有更强的集体主义倾向，而对于阳刚价值观维度，维吾尔族和汉族不具有显著差异。

6.3 研究假设的检验结果

6.3.1 对假设 1 和假设 2 的实证检验结果

表 6-16 的回归方程是为了检验假设 1 和假设 2。假设 1 提出当企业员工具有高的权力距离价值观或强不确定性规避价值观时，企业的内部控制设计会倾向于重视正式控制的内部控制系统；假设 2 提出当企业员工具有高的集体主义价值观时，企业的内部控制设计会倾向于重视非正式控制的内部控制系统。

表 6-16 强调正式和非正式内部控制得分对民族文化特征的回归分析结果

解释变量	formcontrol（2）			informcontrol（3）		
（1）	系数	T值	P值	系数	T值	P值
cultuenvirn	0.0616	1.17	0.241	0.0221	0.34	0.733
enunexp_all	−0.1155	−1.31	0.189	0.0564	0.52	0.603
indu_dumy1	−0.0420	−0.59	0.553	0.0251	0.29	0.774
indu_dumy2	−0.0830	−0.95	0.344	0.0027	0.02	0.980
lnsize	0.0355	0.30	0.426	−0.0413	−0.75	0.453
anal_all	0.0044	0.15	0.884	−0.0005	−0.01	0.989
excep_all	−0.0249	−0.86	0.388	−0.0067	−0.19	0.851
scost_all	0.0823	1.11	0.267	−0.0411	−0.45	0.653
sdiff_all	0.0041	0.10	0.917	−0.0232	−0.48	0.632
_cons	4.6328	15.90	0.000	4.6579	12.97	0.000
Adj R^2	−0.0034			−0.0136		
F值	0.78			0.12		
P值	0.6381			0.9991		

注：被解释变量：formcontrol 代表除内部环境以外四个要素得分之和的平均值；

informcontrol 代表内部环境与信息沟通两个要素得分之和的平均值。

解释变量：cultuenvirn 代表企业面临的文化环境，当企业汉族职工占半数以上时为 1；当企业维吾尔族职工占半数以上时为 0。

控制变量：enunexp_all 代表环境不确定性权变因素；

indu_dumy1 代表制造业虚拟变量，当企业属于制造业时=1，否则等于 0；

indu_dumy2 代表采掘业虚拟变量，当企业属于采掘业时=1，否则等于 0；

lnsize 代表企业规模，等于企业全职员工人数的对数；

anal_all 代表问题可分析性；

excep_all 代表任务可变性；

scost_all 代表成本领先权变因素；

sdiff_all 代表差异化战略权变因素。

在表 6-16 的回归分析中，formcontrol 变量代表除内部环境以外四个要素得分之和的平均值；informcontrol 变量代表内部环境与信息沟通两个要素得分之和的平均值。从表 6-16 第（2）列可以看出，当以强调正式控制的内部控制系统为自变量时，回归模型调整后的 R^2 值为-0.0034，F 值为 0.78，P 值为 0.6381，整个模型不显著。被解释变量为强调正式控制的内部控制系统，企业面临的文化环境变量的系数为 0.0616，P 值为 0.241，不显著；控制变量的系数也均不显著。上述结果表明，不考虑两个权变因子的交互作用，单从民族文化特征权变因素对内部控制偏好的影响来看，企业员工的民族文化特征对强调正式控制的内控设计偏好不会产生显著影响。

从表 6-16 第（3）列可以看出，当以强调非正式控制的内部控制系统为自变量时，回归模型调整后的 R^2 值为-0.0136，F 值为 0.12，P 值为 0.9991，整个模型不显著。被解释变量为强调非正式控制的内部控制系统，企业面临的文化环境变量的系数为 0.0221，P 值为 0.733，不显著；控制变量的系数也均不显著。上述结果表明，不考虑两个权变因子的交互作用，单从民族文化特征权变因素对内部控制偏好的影响来看，企业员工的民族文化特征对强调非正式控制的内控设计偏好不会产生显著影响。

因此，以上回归分析结果不支持研究假说 1 和假说 2，即没有证据显示：①当企业员工具有高的权力距离价值观或强不确定性规避价值观时，企业的内部控制设计倾向于重视正式控制的内部控制系统；②当企业员工具有高的集体主义价值观时，企业的内部控制设计会倾向于重视非正式控制的内部控制系统。

6.3.2 对假设 3 的实证检验结果

（1）以企业业绩为因变量的实证检验

以企业业绩为因变量进行检验时，本书首先检验了企业偏好正式控制的内部控制系统与企业员工的文化价值观的适配程度与企业业绩的关系；其次，本书检验了企业偏好非正式控制的内部控制系统与企业员工的文化价值观的适配程度与企业业绩的关系。

表 6-17 的回归方程是为了检验研究假设 3，即以企业业绩为因变量时，企业偏好正式控制的内部控制系统与企业员工的文化价值观的适配程度越高，企业的业绩越好。

表 6-17　　　企业业绩对强调正式内部控制得分的回归结果

解释变量（1）	perform_all（2）		
	系数	T 值	P 值
formcontrol	19.0504	5.34	0.000
cultuenvirn	1.3730	0.53	0.596
dmean_formcon*cultenvir	−2.4285	−0.56	0.578
enunexp_all	−2.5757	−0.60	0.552
indu_dumy1	1.0190	0.29	0.771
indu_dumy2	−5.2461	−1.21	0.225
lnsize	−0.4122	−0.19	0.851
anal_all	2.4087	1.63	0.105
excep_all	1.0993	0.77	0.439
scost_all	2.9278	0.80	0.422
sdiff_all	0.3721	0.19	0.848
_cons	20.9967	0.98	0.328
Adj R²: 0.1139	F 值：7.83	P 值：0.0000	

注：被解释变量：perform_all 代表以主观业绩评价来衡量企业业绩。

解释变量：formcontrol 代表除内部环境以外四个要素得分之和的平均值。

cultuenvirn 代表企业面临的文化环境，当企业汉族职工占半数以上时为 1；当企业维吾尔族职工占半数以上时为 0。

dmean_formcon*cultenvir 代表 formcontrol 去中心化后与 cultuenvirn 的交乘项。

控制变量：enunexp_all 代表环境不确定性权变因素。

indu_dumy1 代表制造业虚拟变量，当企业属于制造业时=1，否则等于 0。

indu_dumy2 代表采掘业虚拟变量，当企业属于采掘业时=1，否则等于 0。

lnsize 代表企业规模，等于企业全职员工人数的对数。

anal_all 代表问题可分析性。

excep_all 代表任务可变性。

scost_all 代表成本领先权变因素。

sdiff_all 代表差异化战略权变因素。

为避免变量 formcontrol 和变量 cultuenvirn 的交乘项可能引起的回归模型的共线性问题，本书首先对 formcontrol 变量进行去中心化处理，即用 formcontrol 减去其均值后与 cultuenvirn 变量进行交乘，得到交乘项 dmean_formcon*cultenvir。

表 6-17 中的回归分析结果显示，回归模型调整后的 R² 值为 0.1139，F 值为 7.83，P 值为 0.0000，模型在小于 0.01 的水平上显著。被解释变量为企业业绩，解释变量 formcontrol 的系数为 19.0504，

cultuenvirn 的系数为 1.3730，交乘项 dmean_formcon_cultenvir 的系数为 -2.4285，T 值为 -0.56，P 值为 0.578，结果不显著。上述回归结果说明，没有证据显示在以主观业绩评价作为衡量标准时，企业偏好正式控制的内部控制系统与企业员工的文化价值观的适配程度越高，企业的业绩越好。

此外，环境不确定性变量的系数为 -2.5757，制造业虚拟变量的系数为 1.0190，采掘业虚拟变量的系数为 -5.2461，企业规模变量的系数为 -0.4122，问题可分析性变量的系数为 2.4087，任务可变性变量的系数为 1.0993，成本领先变量的系数为 2.9278，差异化战略变量的系数为 0.3721，常数项为 20.9967，结果均不显著。

上述模型各变量的 VIF 均未超过 10，表明不存在严重的多重共线性问题。

表 6-18 的回归方程是为了检验研究假设 3，即以企业业绩为因变量时，企业偏好非正式控制的内部控制系统与企业员工的文化价值观的适配程度越高，企业的业绩越好。

为避免变量 informcontrol 和变量 cultuenvirn 的交乘项可能引起的回归模型的共线性问题，本书首先对 informcontrol 变量进行去中心化处理，即用 informcontrol 减去其均值后与 cultuenvirn 变量进行交乘，得到交乘项 dmean_informcon*cultenvir。

表 6-18 中的回归分析结果显示，回归模型调整后的 R^2 值为 0.1935，F 值为 13.76，模型在小于 0.01 的水平上显著。被解释变量为企业业绩，解释变量 informcontrol 的系数为 10.0760，cultuenvirn 的系数为 2.1906，交乘项 dmean_informcon_cultenvir 的系数为 11.1142，T 值为 3.22，P 值为 0.001，在小于 0.01 的水平上显著。交乘项系数为正，与我们的预期相反，因而上述回归结果说明，没有证据显示在以主观业绩评价作为衡量标准时，企业偏好非正式控制的内部控制系统与企业员工的文化价值观的适配程度越高，企业的业绩越好。

此外，环境不确定性变量的系数为 -5.2401，制造业虚拟变量的系数为 -0.1990，采掘业虚拟变量的系数为 -6.9795，企业规模变量的系数为 0.9111，问题可分析性变量的系数为 2.2594，任务可变性变量的系数为 0.9444，成本领先变量的系数为 4.9565，差异化战略变量的系数为 0.9769，结果均不显著。而常数项为 59.3287，在小于 0.01 的水平上显著。

表 6-18　　企业业绩对强调非正式内部控制得分的回归结果

解释变量（1）	perform_all（2）		
	系数	T值	P值
informcontrol	10.0760	3.50	0.000
cultuenvirn	2.1906	0.89	0.374
dmean_informcon*cultenvir	11.1142	3.22	0.001
enunexp_all	−5.2401	−1.27	0.204
indu_dumy1	−0.1990	−0.06	0.952
indu_dumy2	−6.9795	−1.70	0.090
lnsize	0.9111	0.44	0.664
anal_all	2.2594	1.60	0.110
excep_all	0.9444	0.70	0.485
scost_all	4.9565	1.43	0.154
sdiff_all	0.9769	0.53	0.597
_cons	59.3287	3.18	0.002
Adj R²: 0.1935	F值：13.76	P值：0.0000	

注：被解释变量：perform_all 代表以主观业绩评价来衡量企业业绩。

解释变量：informcontrol 代表内部环境与信息沟通两个要素得分之和的平均值。

cultuenvirn 代表企业面临的文化环境，当企业汉族职工占半数以上时为 1；当企业维吾尔族职工占半数以上时为 0。

dmean_informcon_cultenvir 代表 informcontrol 去中心化后与 cultuenvirn 的交乘项。

控制变量：enunexp_all 代表环境不确定性权变因素。

indu_dumy1 代表制造业虚拟变量，当企业属于制造业时=1，否则等于 0。

indu_dumy2 代表采掘业虚拟变量，当企业属于采掘业时=1，否则等于 0。

lnsize 代表企业规模，等于企业全职员工人数的对数。

anal_all 代表问题可分析性。

excep_all 代表任务可变性。

scost_all 代表成本领先权变因素。

sdiff_all 代表差异化战略权变因素。

上述模型各变量的 VIF 均未超过 10，表明不存在严重的多重共线性问题。

（2）以内部控制目标实现程度为因变量的实证检验

以内部控制目标实现程度作为企业业绩代理变量进行检验时，本书首先检验了企业偏好正式控制的内部控制系统与企业员工的文化价值观的适配程度与企业业绩的关系；其次，本书检验了企业偏好非正式控制的内部控制系统与企业员工的文化价值观的适配程度与企业业绩的关系。

表 6-19 的回归方程是为了检验假设 3，即在以内部控制目标实现程度作为因变量时，企业偏好正式控制的内部控制系统与企业员工的文化价值观的适配程度越高，企业的业绩越好。

为避免变量 formcontrol 和变量 cultuenvirn 的交乘项可能引起的回归模型的共线性问题，本书首先对 formcontrol 变量进行去中心化处理，即用 formcontrol 减去其均值后与 cultuenvirn 变量进行交乘，得到交乘项 dmean_formcon*cultenvir。

表 6-19 中的回归分析结果显示，回归模型调整后的 R^2 值为 0.2649，F 值为 20.16，模型在小于 0.01 的水平上显著。被解释变量为以内部控制目标实现程度来衡量的企业业绩，解释变量 formcontrol 的系数为 0.4656，cultuenvirn 的系数为 -0.0275，交乘项 dmean_formcon_cultenvir 的系数为 0.0117，T 值为 0.17，P 值为 0.866，结果不显著。上述回归结果说明，没有证据显示，在以内部控制目标实现程度作为衡量标准时，企业偏好正式控制的内部控制系统与企业员工的文化价值观的适配程度越高，企业的业绩越好。

此外，环境不确定性变量的系数为 -0.0260，制造业虚拟变量的系数为 -0.0361，采掘业虚拟变量的系数为 -0.0599，企业规模变量的系数为 -0.0347，问题可分析性变量的系数为 0.0049，成本领先变量的系数为 0.0187，差异化战略变量的系数为 -0.0139，结果均不显著。而任务可变性变量的系数为 0.0466，在小于 0.05 的水平上显著，常数项为 2.6626，在小于 0.01 的水平上显著。

上述模型各变量的 VIF 均未超过 10，表明不存在严重的多重共线性问题。

表 6-20 的回归方程是为了检验假设 3，即在以内部控制目标实现程度作为因变量时，企业偏好非正式控制的内部控制系统与企业员工的文化价值观的适配程度越高，企业的业绩越好。

表 6-19 内部控制目标实现程度对强调正式内部控制得分的回归结果

解释变量（1）	conobject（2）		
	系数	T值	P值
formcontrol	0.4656	8.17	0.000
cultuenvirn	−0.0275	−0.67	0.505
dmean_formcon*cultenvir	0.0117	0.17	0.866
enunexp_all	−0.0260	−0.38	0.706
indu_dumy1	−0.0361	−0.65	0.517
indu_dumy2	−0.0599	−0.87	0.385
lnsize	−0.0347	−0.99	0.322
anal_all	0.0049	0.21	0.836
excep_all	0.0466	2.06	0.040
scost_all	0.0187	0.32	0.748
sdiff_all	−0.0139	−0.45	0.653
_cons	2.6626	7.79	0.000
Adj R²: 0.2649	F值：20.16	P值：0.0000	

注：被解释变量：conobject 代表以内部控制目标实现程度来衡量企业业绩。

解释变量：formcontrol 代表除内部环境以外四个要素得分之和的平均值。

cultuenvirn 代表企业面临的文化环境，当企业汉族职工占半数以上时为 1；当企业维吾尔族职工占半数以上时为 0。

dmean_formcon_cultenvir 代表 formcontrol 去中心化后与 cultuenvirn 的交乘项。

控制变量：enunexp_all 代表环境不确定性权变因素。

indu_dumy1 代表制造业虚拟变量，当企业属于制造业时=1，否则等于 0。

indu_dumy2 代表采掘业虚拟变量，当企业属于采掘业时=1，否则等于 0。

lnsize 代表企业规模，等于企业全职员工人数的对数。

anal_all 代表问题可分析性。

excep_all 代表任务可变性。

scost_all 代表成本领先权变因素。

sdiff_all 代表差异化战略权变因素。

表 6-20 内部控制目标实现程度对强调非正式内部控制得分的回归结果

解释变量（1）	conobject（2）		
	系数	T值	P值
informcontrol	0.2911	6.17	0.000
cultuenvirn	−0.0065	−0.16	0.873
dmean_informcon*cultenvir	0.1531	2.71	0.007
enunexp_all	−0.0977	−1.44	0.149
indu_dumy1	−0.0646	−1.18	0.237
indu_dumy2	−0.1015	−1.50	0.133
lnsize	−0.0020	−0.06	0.954
anal_all	0.0047	0.20	0.840
excep_all	0.0388	1.75	0.080
scost_all	0.0711	1.25	0.213
sdiff_all	−0.0019	−0.06	0.950
_cons	3.4305	11.20	0.000
Adj R²: 0.2649	F值：20.16	P值：0.0000	

注：被解释变量：conobject 代表以内部控制目标实现程度来衡量企业业绩。

解释变量：informcontrol 代表内部环境与信息沟通两个要素得分之和的平均值。

cultuenvirn 代表企业面临的文化环境，当企业汉族职工占半数以上时为 1；当企业维吾尔族职工占半数以上时为 0。

dmean_informcon_cultenvir 代表 informcontrol 去中心化后与 cultuenvirn 的交乘项。

控制变量： enunexp_all 代表环境不确定性权变因素。

indu_dumy1 代表制造业虚拟变量，当企业属于制造业时=1，否则等于 0。

indu_dumy2 代表采掘业虚拟变量，当企业属于采掘业时=1，否则等于 0。

lnsize 代表企业规模，等于企业全职员工人数的对数。

anal_all 代表问题可分析性。

excep_all 代表任务可变性。

scost_all 代表成本领先权变因素。

sdiff_all 代表差异化战略权变因素。

　　为避免变量 informcontrol 和变量 cultuenvirn 的交乘项可能引起的回归模型的共线性问题，本书首先对 informcontrol 变量进行去中心化处理，即用 informcontrol 减去其均值后与 cultuenvirn 变量进行交乘，得到交乘项 dmean_informcon*cultenvir。

　　表 6-20 中的回归分析结果显示，回归模型调整后的 R^2 值为0.2649，F 值为 20.16，模型在小于 0.01 的水平上显著。被解释变量为以内部控制目标实现程度买衡量的企业业绩，解释变量 informcontrol 的系数为 0.2911，cultuenvirn 的系数为 - 0.0065，交乘项dmean_informcon_cultenvir 的系数为 0.1531，T 值为 2.71，P 值为 0.007，在小于 0.01 的水平上显著。交乘项系数为正，与我们的预期相反，因而上述回归结果说明，没有证据显示在以内部控制目标实现程度作为衡量标准时，企业偏好非正式控制的内部控制系统与企业员工的文化价值观的适配程度越高，企业的业绩越好。

　　此外，环境不确定性变量的系数为-0.0977，制造业虚拟变量的系数为-0.0646，采掘业虚拟变量的系数为-0.1015，企业规模变量的系数为-0.0020，问题可分析性变量的系数为 0.0047，成本领先变量的系数为 0.0711，差异化战略变量的系数为-0.0019，结果均不显著。而任务可变性变量的系数为 0.0388，在小于 0.1 的水平上显著。常数项为3.4305，在小于 0.01 的水平上显著。

　　以上模型各变量的 VIF 均未超过 10，表明不存在严重的多重共线性问题。

　　上述回归分析结果均不支持研究假设 3，表明没有证据显示企业的内部控制系统与企业员工的文化价值观的适配程度越高，企业的业绩越好。这可能是因为，上述回归模型只研究了单一权变因子与控制系统的适配性是否会对业绩产生影响。而企业是存在于多个权变因子相互作用的环境中的，我们应当考虑多个权变因子与控制系统的适配性对业绩的影响，而并非只考虑民族文化特征这一种权变因子。假说 7 和假说 8 的实证检验结果也说明了这一点。

6.3.3 对假设 4 和假设 5 的实证检验结果

表 6-21 的回归方程是为了检验假设 4 和假设 5，即当企业具有强调控制价值观的企业文化时，企业的内部控制设计会倾向于重视正式控制的内部控制系统；当企业具有强调灵活价值观的企业文化时，企业的内部控制设计会倾向于重视非正式控制的内部控制系统。

表 6-21 中第（2）列的回归分析结果表明，当以企业具有强调控制价值观的企业文化为自变量时，回归模型调整后的 R^2 值为 0.1838，F 值为 15.64，模型在小于 0.01 的水平上显著。被解释变量为强调正式控制的内部控制系统，解释变量强调控制价值观的企业文化（controltype）的系数为 0.0124，T 值为 11.57，模型在小于 0.01 的水平上显著；控制变量的系数均不显著。上述回归结果，验证了我们的研究假设 4，即强调控制价值观的企业文化类型更可能偏好强调正式控制的内部控制系统。

第（3）列中，当以企业具有强调灵活价值观的企业文化为自变量时，回归模型调整后的 R^2 值为 0.0099，F 值为 1.65，模型在小于 0.1 的水平上显著。被解释变量为强调非正式控制的内部控制系统，解释变量强调灵活价值观的企业文化（flextype）的系数为 0.0097，T 值为 3.71，结果在小于 0.01 的水平上显著；控制变量的系数均不显著。上述回归结果，验证了我们的研究假设 5，即强调灵活价值观的企业文化类型更可能偏好强调非正式控制的内部控制系统。

6.3.4 对假设 6 的实证检验结果

表 6-22 的回归方程是为了检验假设 6，即企业偏好正式控制的内部控制系统与企业文化的适配程度越高，企业的业绩越好。表 6-22 的第（2）列是以企业业绩为因变量，检验了企业偏好正式控制的内部控制系统与企业文化的适配程度与企业业绩的关系；表 6-22 的第（3）列是以内部控制目标实现程度为因变量，检验了企业偏好正式控制的内部控制系统与企业文化的适配程度与企业业绩的关系。

表 6-21 强调正式和非正式内控得分对企业文化的回归分析结果

解释变量 （1）	formcontrol（2）			informcontrol（3）		
	系数	T 值	P 值	系数	T 值	P 值
controltype	0.0124	11.57	0.000			
flextype				0.0097	3.71	0.000
enunexp_all	−0.0914	−1.15	0.249	0.0582	0.54	0.587
indu_dumy1	−0.0698	−1.09	0.274	0.0195	0.23	0.821
indu_dumy2	−0.0794	−1.01	0.315	−0.0028	−0.03	0.979
lnsize	0.0573	1.46	0.144	−0.0391	−0.74	0.461
anal_all	−0.0081	−0.30	0.765	−0.0016	−0.04	0.964
excep_all	−0.0279	−1.07	0.283	−0.0134	−0.38	0.703
scost_all	0.0593	0.89	0.375	−0.0389	−0.43	0.667
sdiff_all	0.0012	0.03	0.973	−0.0191	−0.40	0.690
_cons	3.9520	14.68	0.000	4.2219	11.29	0.000
Adj R^2	0.1838			0.0099		
F 值	15.64			1.65		
P 值	0.0000			0.0987		

注：被解释变量：formcontrol 代表除内部环境以外四个要素得分之和的平均值；

informcontrol 代表内部环境与信息沟通两个要素得分之和的平均值。

解释变量：controltype 代表强调控制价值观的企业文化，强调控制价值观的企业文化类型得分 =（层级节制的文化得分+理性主导的文化得分）；

flextype 代表强调灵活价值观的企业文化，强调灵活价值观的企业文化类型得分 =（凝聚共识的文化得分+成长调适的文化得分）。

控制变量：enunexp_all 代表环境不确定性权变因素；

indu_dumy1 代表制造业虚拟变量，当企业属于制造业时=1，否则等于 0；

indu_dumy2 代表采掘业虚拟变量，当企业属于采掘业时=1，否则等于 0；

lnsize 代表企业规模，等于企业全职员工人数的对数；

anal_all 代表问题可分析性；

excep_all 代表任务可变性；

scost_all 代表成本领先权变因素；

sdiff_all 代表差异化战略权变因素。

表 6-22　　　　企业业绩对强调正式内部控制得分的回归结果

解释变量（1）	perform_all（2）			conobject（3）		
	系数	T值	P值	系数	T值	P值
formcontrol	13.0146	4.52	0.000	0.4343	8.81	0.000
domitype	0.6884	14.06	0.000	0.0083	9.88	0.000
dmean_formcon*orgul	−1.7006	−0.46	0.644	−0.046	−0.73	0.467
enunexp_all	−2.0258	−0.54	0.587	−0.0164	−0.26	0.797
indu_dumy1	−0.5282	−0.18	0.861	−0.0502	−0.98	0.329
indu_dumy2	−5.2977	−1.42	0.155	−0.0545	−0.86	0.392
lnsize	0.8605	0.47	0.642	−0.0276	−0.87	0.383
anal_all	1.7719	1.39	0.166	−0.0016	−0.07	0.943
excep_all	1.3253	1.08	0.278	0.0495	2.37	0.018
scost_all	2.0401	0.65	0.517	0.0061	0.11	0.909
sdiff_all	−0.0233	−0.01	0.989	−0.0196	−0.69	0.492
_cons	41.6029	2.29	0.023	2.7277	8.77	0.000
Adj R^2	0.3403			0.3715		
F值	28.43			32.44		
P值	0.0000			0.0000		

注：被解释变量：perform_all 代表以主观业绩评价来衡量企业业绩；

conobject 代表以内部控制目标实现程度来衡量企业业绩。

解释变量：formcontrol 代表除内部环境以外四个要素得分之和的平均值；

domitype 占主导地位的价值观，占主导地位的价值观类型得分 =（强调控制价值观的企业文化类型得分−强调灵活价值观的企业文化类型得分）；

dmean_formcon*orgul 代表 formcontrol 去中心化后与作为虚拟变量的 domitype 的交乘项。

控制变量：enunexp_all 代表环境不确定性权变因素；

indu_dumy1 代表制造业虚拟变量，当企业属于制造业时=1，否则等于 0；

indu_dumy2 代表采掘业虚拟变量，当企业属于采掘业时=1，否则等于 0；

lnsize 代表企业规模，等于企业全职员工人数的对数；

anal_all 代表问题可分析性；

excep_all 代表任务可变性；

scost_all 代表成本领先权变因素；

sdiff_all 代表差异化战略权变因素。

为避免回归模型的共线性问题，本书首先将占主导地位的价值观（domitype）转化为虚拟变量 orgcultype_dum，强调控制价值观的企业文化时 orgcultype_dum 为 1，强调灵活价值观的企业文化时 orgcultype_dum 为 0。然后对 formcontrol 变量进行去中心化处理，即用 formcontrol 减去其均值后与 orgcultype_dum 变量进行交乘，得到交乘项 dmean_ formcon*orgul。

表 6-22 中第（2）列的回归分析结果显示，当以企业业绩为因变量时，回归模型调整后的 R^2 值为 0.3403，F 值为 28.43，模型在小于 0.01 的水平上显著。解释变量 formcontrol 的系数为 13.0146，domitype 的系数为 0.6884，交乘项 dmean_ formcon*orgul 的系数为 -1.7006，T 值为 -0.46，P 值为 0.644，结果不显著。上述回归结果说明，没有证据显示，在以企业业绩为因变量时，企业偏好正式控制的内部控制系统与企业文化的适配程度越高，企业的业绩越好。

此外，环境不确定性变量的系数为 -2.0258，制造业虚拟变量的系数为 -0.5282，采掘业虚拟变量的系数为 -5.2977，企业规模变量的系数为 0.8605，问题可分析性变量的系数为 1.7719，任务可变性变量的系数为 1.3253，成本领先变量的系数为 2.0401，差异化战略变量的系数为 -0.0233，结果均不显著。

表 6-22 中第（3）列的回归分析结果显示，当以内部控制目标实现程度为因变量时，回归模型调整后的 R^2 值为 0.3715，F 值为 32.44，模型在小于 0.01 的水平上显著。解释变量 formcontrol 的系数为 0.4343，domitype 的系数为 0.0083，交乘项 dmean_ formcon*orgul 的系数为 -0.046，T 值为 -0.73，P 值为 0.467，结果不显著。上述回归结果说明，没有证据显示，在以内部控制目标实现程度为因变量时，企业偏好正式控制的内部控制系统与企业文化的适配程度越高，企业的业绩越好。

此外，环境不确定性变量的系数为 -0.26，制造业虚拟变量的系数为 -0.98，采掘业虚拟变量的系数为 -0.86，企业规模变量的系数为 -0.87，问题可分析性变量的系数为 -0.07，成本领先变量的系数为 0.11，差异化战略变量的系数为 -0.69，结果均不显著。而任务可变性变量的系数为 2.37，在小于 0.1 的水平上显著，常数项为 8.77，在小于 0.01 的水平上显著。

以上模型各变量的 VIF 均未超过 10，表明不存在严重的多重共线性问题。

表 6-23 的回归方程是为了检验假设 6，即企业偏好正式控制的内部控制系统与企业文化的适配程度越高，企业的业绩越好。表 6-23 的第（2）列是以企业业绩为因变量，检验了企业偏好正式控制的内部控制系统与企业文化的适配程度与企业业绩的关系；表 6-23 的第（3）列是以内部控制目标实现程度为因变量，检验了企业偏好正式控制的内部控制系统与企业文化的适配程度与企业业绩的关系。

为避免回归模型的共线性问题，本书首先将占主导地位的价值观（domitype）转化为虚拟变量 orgcultype_dum，强调控制价值观的企业文化时 orgcultype_dum 为 1，强调灵活价值观的企业文化时 orgcultype_dum 为 0；然后对 formcontrol 变量进行去中心化处理，即用 formcontrol 减去其均值后与 orgcultype_dum 变量进行交乘，得到交乘项 dmean_formcon*orgul。

表 6-23 中第（2）列的回归分析结果显示，当以企业业绩为因变量时，回归模型调整后的 R^2 值为 0.3412，F 值为 28.55，模型在小于 0.01 的水平上显著。解释变量 informcontrol 的系数为 12.2128，domitype 的系数为 0.6166，交乘项 dmean_ informcon*orgul 的系数为 -2.9696，T 值为 -0.95，P 值为 0.342，结果不显著。上述回归结果说明，没有证据显示，在以企业业绩为因变量时，企业偏好非正式控制的内部控制系统与企业文化的适配程度越高，企业的业绩越好。

此外，环境不确定性变量的系数为 -4.2071，制造业虚拟变量的系数为 -1.1525，企业规模变量的系数为 1.6941，问题可分析性变量的系数为 1.9052，任务可变性变量的系数为 1.0224，成本领先变量的系数为 3.7150，差异化战略变量的系数为 0.2827，结果均不显著。而采掘业虚拟变量的系数为 -6.4881，在小于 0.1 的水平上显著，常数项为 46.5581，在小于 0.01 的水平上显著。

表 6-23 中第（3）列的回归分析结果显示，当以内部控制目标实

表 6-23　　企业业绩对强调非正式内部控制得分的回归结果

解释变量（1）	perform_all（2）			conobject（3）		
	系数	T 值	P 值	系数	T 值	P 值
informcontrol	12.2128	4.92	0.000	0.4037	9.33	0.000
domitype	0.6166	11.81	0.000	0.0062	6.83	0.000
dmean_informcon*orgul	−2.9696	−0.95	0.342	−0.1337	−2.46	0.014
enunexp_all	−4.2071	−1.13	0.259	−0.0885	−1.36	0.174
indu_dumy1	−1.1525	−0.38	0.701	−0.0717	−1.37	0.171
indu_dumy2	−6.4881	−1.75	0.081	−0.0962	−1.49	0.138
lnsize	1.6941	0.92	0.358	0.0001	0.00	0.999
anal_all	1.9052	1.49	0.136	0.0027	0.12	0.904
excep_all	1.0224	0.84	0.402	0.0390	1.83	0.067
scost_all	3.7150	1.18	0.238	0.0627	1.14	0.254
sdiff_all	0.2827	0.17	0.866	−0.0107	−0.37	0.713
_cons	46.5581	2.84	0.005	2.9169	10.21	0.000
Adj R²		0.3412			0.3465	
F 值		28.55			29.20	
P 值		0.0000			0.0000	

注：被解释变量：perform_all 代表以主观业绩评价来衡量企业业绩；

conobject 代表以内部控制目标实现程度来衡量企业业绩。

解释变量：informcontrol 代表内部环境与信息沟通两个要素得分之和的平均值；

domitype 占主导地位的价值观，占主导地位的价值观类型得分 =（强调控制价值观的企业文化类型得分−强调灵活价值观的企业文化类型得分）；

dmean_informcon*orgul 代表 informcontrol 去中心化后与作为虚拟变量的 domitype 的交乘项。

控制变量：enunexp_all 代表环境不确定性权变因素；

indu_dumy1 代表制造业虚拟变量，当企业属于制造业时=1，否则等于 0；

indu_dumy2 代表采掘业虚拟变量，当企业属于采掘业时=1，否则等于 0；

lnsize 代表企业规模，等于企业全职员工人数的对数；

anal_all 代表问题可分析性；

excep_all 代表任务可变性；

scost_all 代表成本领先权变因素；

sdiff_all 代表差异化战略权变因素。

现程度为因变量时，回归模型调整后的 R^2 值为 0.3465，F 值为 29.20，模型在小于 0.01 的水平上显著。解释变量 informcontrol 的系数为 0.4037，domitype 的系数为 0.0062，交乘项 dmean_ informcon*orgul 的系数为-0.1337，T 值为-2.46，P 值为 0.014，结果在小于 0.05 的水平上显著。上述回归结果支持研究假设 6，即以内部控制目标实现程度为因变量时，企业偏好非正式控制的内部控制系统与企业文化的适配程度越高，企业的业绩越好。

此外，环境不确定性变量的系数为-0.0885，制造业虚拟变量的系数为-0.0717，采掘业虚拟变量的系数为-0.0962，企业规模变量的系数为 0.0001，问题可分析性变量的系数为 0.0027，成本领先变量的系数为 0.0627，差异化战略变量的系数为-0.0107，结果均不显著。而任务可变性变量的系数为 0.0390，在小于 0.1 的水平上显著，常数项为 10.21，在小于 0.01 的水平上显著。

以上模型各变量的 VIF 均未超过 10，表明不存在严重的多重共线性问题。

上述回归分析结果部分支持研究假设 6，即只有在以内部控制目标实现程度为因变量时，企业偏好非正式控制的内部控制系统与企业文化的适配程度越高，企业的业绩越好。

6.3.5　对假设 7 和假设 8 的实证检验结果

本书分别采用回归分析和系统方法两种方式来检验企业文化和民族文化特征两种权变因子与内部控制的适配性。

（1）回归分析的检验结果

表 6-24 的回归方程是为了检验假设 8，即当偏好正式控制的内部控制系统时，偏离理想内部控制设计的企业，其偏离程度越高，业绩越差。表 6-24 的第（2）列是以企业业绩为因变量，检验了当偏好正式控制的内部控制系统时，偏离理想内部控制设计的企业，其偏离程度越高，业绩越差这一假说；表 6-24 的第（3）列是以内部控制目标实现程度为因变量，检验了当偏好正式控制的内部控制系统时，偏离理想内部控制设计的企业，其偏离程度越高，业绩越差这一假说。

表 6-24　民族文化特征与企业文化交互作用对业绩的回归结果（强调正式控制）

解释变量（1）	perform_all（2）			conobject（3）		
	系数	T值	P值	系数	T值	P值
cultuenvirn	0.0935	0.02	0.981	−0.0783	−1.23	0.219
orgcultype_dum	0.0935	5.46	0.000	0.2505	3.84	0.000
formcontrol	17.7822	3.31	0.001	0.4522	5.16	0.000
orgcul_culenvir	0.1990	0.04	0.968	0.0613	0.76	0.447
dmean_formcon*orgul	−2.5601	−0.37	0.710	−0.0314	−0.28	0.780
dmean_formcon*cultenvir	−7.0679	−1.06	0.288	−0.0285	−0.26	0.793
dem_forcon*cule*org	7.2241	0.85	0.393	0.0491	0.36	0.722
enunexp_all	−3.5109	−0.87	0.384	−0.0385	−0.58	0.560
indu_dumy1	−0.59812	−0.18	0.855	−0.0576	−1.08	0.281
indu_dumy2	−4.3128	−1.21	0.225	−0.0536	−0.81	0.418
lnsize	0.2332	0.11	0.910	−0.0256	−0.76	0.445
anal_all	2.2672	1.64	0.102	0.0043	0.19	0.850
excep_all	1.3616	1.03	0.305	0.0490	2.26	0.024
scost_all	3.5318	1.04	0.300	0.0292	0.52	0.600
sdiff_all	0.2205	0.12	0.903	−0.0163	−0.55	0.581
_cons	13.3431	0.50	0.620	2.5594	5.82	0.000
Adj R^2	0.2302			0.3301		
F值	12.66			20.22		
P值	0.0000			0.0000		

注：被解释变量：perform_all 代表以主观业绩评价来衡量企业业绩。
conobject 代表以内部控制目标实现程度来衡量企业业绩。

解释变量：cultuenvirn 代表企业面临的文化环境，当企业汉族职工占半数以上时为 1；当企业维吾尔族职工占半数以上时为 0。

orgcultype_dum 代表虚拟变量，强调控制价值观的企业文化时 orgcultype_dum

为 1，强调灵活价值观的企业文化时 orgcultype_dum 为 0。

formcontrol 代表除内部环境以外四个要素得分之和的平均值。

orgcul_culenvir 代表虚拟变量 orgcultype_dum 与虚拟变量 cultuenvirn 的交乘项。

dmean_formcon*orgul 代表 formcontrol 去中心化后与虚拟变量 orgul 的交乘项。

dmean_formcon*cultenvir 代表 formcontrol 去中心化后与虚拟变量 cultuenvirn 的交乘项。

dem_forcon*cule*org 代表 formcontrol 去中心化后与 orgul 和 cultuenvirn 变量的交乘项。

控制变量： enunexp_all 代表环境不确定性权变因素。

indu_dumy1 代表制造业虚拟变量，当企业属于制造业时=1，否则等于 0。

indu_dumy2 代表采掘业虚拟变量，当企业属于采掘业时=1，否则等于 0。

lnsize 代表企业规模，等于企业全职员工人数的对数。

anal_all 代表问题可分析性。

excep_all 代表任务可变性。

scost_all 代表成本领先权变因素。

sdiff_all 代表差异化战略权变因素。

为避免回归模型的共线性问题，与以上处理方法相同，本书首先将占主导地位的价值观（domitype）转化为虚拟变量 orgcultype_dum，强调控制价值观的企业文化时 orgcultype_dum 为 1，强调灵活价值观的企业文化时 orgcultype_dum 为 0；然后对 formcontrol 变量进行去中心化处理，即用 formcontrol 减去其均值后分别与 orgul 变量和 cultuenvirn 变量进行交乘，得到交乘项 dmean_ formcon*orgul 和 dmean_formcon*cultenvir，最后再将上述三个变量进行交乘，得到交乘项 dem_forcon*cule*org。

表 6-24 中第（2）列的回归分析结果显示，当以企业业绩为因变量时，回归模型调整后的 R^2 值为 0.2302，F 值为 12.66，模型在小于 0.01 的水平上显著。解释变量 cultuenvirn 的系数为 0.0935，orgcultype_dum 的系数为 0.0935，formcontrol 的系数为 17.7822，交乘项 dem_forcon*cule*org 的系数为 7.2241，T 值为 0.85，P 值为 0.393，结果不显著。上述回归结果说明，没有证据显示，在以企业业绩为因变量时，偏好正式控制的内部控制系统并偏离理想内部控制设计的企业，其偏离程度越高，业绩越差。

此外，环境不确定性变量的系数为-3.5109，制造业虚拟变量的系数为-0.59812，采掘业虚拟变量的系数为-4.9128，企业规模变量的系数为0.2332，问题可分析性变量的系数为2.2672，任务可变性变量的系数为1.3616，成本领先变量的系数为3.5318，差异化战略变量的系数为0.2205，常数项为13.3431，结果均不显著。

表6-24中第（3）列的回归分析结果显示，当以内部控制目标实现程度为因变量时，回归模型调整后的R^2值为0.3301，F值为20.22，模型在小于0.01的水平上显著。解释变量cultuenvirn的系数为-0.0783，orgcultype_dum的系数为0.2505，formcontrol的系数为0.4522，交乘项dem_forcon*cule*org的系数为0.0491，T值为0.36，P值为0.722，结果不显著。上述回归结果说明，没有证据表明：在以内部控制目标实现程度为因变量时，偏好正式控制的内部控制系统并偏离理想内部控制设计的企业，其偏离程度越高，业绩越差。

此外，环境不确定性变量的系数为-0.0385，制造业虚拟变量的系数为-0.0576，采掘业虚拟变量的系数为-0.0536，企业规模变量的系数为-0.0256，问题可分析性变量的系数为0.0043，成本领先变量的系数为0.0292，差异化战略变量的系数为-0.0163，结果均不显著。而任务可变性变量的系数为0.0490，在小于0.05的水平上显著，常数项为2.5594，在小于0.01的水平上显著。

以上模型各变量的VIF均未超过10，表明不存在严重的多重共线性问题。

表6-25的回归方程是为了检验假设8，即当偏好非正式控制的内部控制系统时，偏离理想内部控制设计的企业，其偏离程度越高，业绩越差。表6-25的第（2）列是以企业业绩为因变量，检验了当偏好非正式控制的内部控制系统时，偏离理想内部控制设计的企业，其偏离程度越高，业绩越差这一假说；表6-25的第（3）列是以内部控制目标实现程度为因变量，检验了当偏好非正式控制的内部控制系统时，偏离理想内部控制设计的企业，其偏离程度越高，业绩越差这一假说。

表 6-25   民族文化特征与企业文化交互作用对业绩的

回归结果（强调非正式控制）

解释变量（1）	perform_all（2）			conobject（3）		
	系数	T值	P值	系数	T值	P值
cultuenvirn	4.9312	1.24	0.215	0.0299	0.45	0.653
orgcultype_dum	22.4664	5.77	0.000	0.2459	3.77	0.000
informcontrol	13.8488	3.39	0.001	0.4153	6.06	0.000
orgcul_culenvir	−7.7694	−1.56	0.119	−0.0947	−1.13	0.257
dmean_informcon*orgul	−13.3867	−2.38	0.018	−0.3049	−3.23	0.001
dmean_informcon*cultenvir	1.6486	0.31	0.760	0.0160	0.18	0.859
dem_inforcon*cule*org	16.4116	2.33	0.020	0.2645	2.24	0.025
enunexp_all	−5.2548	−1.34	0.181	−0.0969	−1.47	0.141
indu_dumy1	−1.0853	−0.34	0.733	−0.0703	−1.32	0.187
indu_dumy2	−7.0742	−1.80	0.072	−0.1053	−1.60	0.111
lnsize	1.0039	0.50	0.615	−0.0045	−0.13	0.893
anal_all	1.9207	1.42	0.155	0.0007	0.03	0.977
excep_all	1.3111	1.02	0.309	0.0426	1.98	0.049
scost_all	4.8138	1.45	0.146	0.0715	1.29	0.198
sdiff_all	0.7578	0.43	0.667	−0.0057	−0.19	0.848
_cons	31.4763	1.46	0.144	2.7830	7.72	0.000
Adj R²	0.2703			0.3316		
F值	15.45			20.35		
P值	0.0000			0.0000		

注：被解释变量：perform_all 代表以主观业绩评价来衡量企业业绩。

conobject 代表以内部控制目标实现程度来衡量企业业绩。

解释变量：cultuenvirn 代表企业面临的文化环境，当企业汉族职工占半数以上时为 1；当企业维吾尔族职工占半数以上时为 0。

orgcultype_dum 代表虚拟变量，强调控制价值观的企业文化时 orgcultype_dum 为 1，强调灵活价值观的企业文化时 orgcultype_dum 为 0。

informcontrol 代表内部环境与信息沟通两个要素得分之和的平均值。

orgcul_culenvir 代表虚拟变量 orgcultype_dum 与虚拟变量 cultuenvirn 的交乘项。

dmean_informcor.*orgul 代表 informcontrol 去中心化后与虚拟变量 orgul 的交乘项。

dmean_informcor.*cultenvir 代表 informcontrol 去中心化后与虚拟变量 cultuenvirn 的交乘项。

dem_inforcon*cule*org 代表 informcontrol 去中心化后与 orgul 和 cultuenvirn 变量的交乘项。

控制变量：enunexp_all 代表环境不确定性权变因素。

indu_dumy1 代表制造业虚拟变量，当企业属于制造业时=1，否则等于 0。

indu_dumy2 代表采掘业虚拟变量，当企业属于采掘业时=1，否则等于 0。

lnsize 代表企业规模，等于企业全职员工人数的对数。

anal_all 代表问题可分析性。

excep_all 代表任务可变性。

scost_all 代表成本领先权变因素。

sdiff_all 代表差异化战略权变因素。

为避免回归模型的共线性问题，与以上处理方法相同，本书首先将占主导地位的价值观（domitype）转化为虚拟变量 orgcultype_dum，强调控制价值观的企业文化时 orgcultype_dum 为 1，强调灵活价值观的企业文化时 orgcultype_dum 为 0；然后对 formcontrol 变量进行去中心化处理，即用 formcontrol 减去其均值后分别与 orgul 变量和 cultuenvirn 变量进行交乘，得到交乘项 dmean_ formcon*orgul 和 dmean_formcon*cultenvir，最后再将上述三个变量进行交乘，得到交乘项 dem_forcon*cule*org。

表 6-25 中第（2）列的回归分析结果显示，当以企业业绩为因变量时，回归模型调整后的 R^2 值为 0.2703，F 值为 15.45，模型在小于 0.01 的水平上显著。解释变量 cultuenvirn 的系数为 4.9312，orgcultype_dum 的系数为 22.4664，informcontrol 的系数为 13.8488，交乘项 dem_inforcon*cule*org 的系数为 16.4116，T 值为 2.33，P 值为 0.020，结果在小于 0.05 的水平上显著。交乘项系数为正，与我们的预期相反，因而上述回归结果说明，没有证据表明：在以企业业绩为因变量时，偏好非正式控制的内部控制系统并偏离理想内部控制设计的企业，其偏离程度越高，业绩越差。

此外，环境不确定性变量的系数为-5.2548，制造业虚拟变量的系数为−1.0853，采掘业虚拟变量的系数为−7.0742，企业规模变量的系数为1.0039，问题可分析性变量的系数为1.9207，任务可变性变量的系数为1.3111，成本领先变量的系数为4.8138，差异化战略变量的系数为0.7578，常数项为31.4763，结果均不显著。

表6-25中第（3）列的回归分析结果显示，当以内部控制目标实现程度为因变量时，回归模型调整后的 R^2 值为0.3316，F 值为20.35，模型在小于0.01的水平上显著。解释变量 cultuenvirn 的系数为0.0299，orgcultype_dum 的系数为0.2459，informcontrol 的系数为0.4153，交乘项 dem_inforcon*cule*org 的系数为0.2645，T 值为2.24，P 值为0.025，结果在小于0.05的水平上显著。交乘项系数为正，与我们的预期相反，因而上述回归结果说明，没有证据表明：在以内部控制目标实现程度为因变量时，偏好非正式控制的内部控制系统并偏离理想内部控制设计的企业，其偏离程度越高，业绩越差。

此外，环境不确定性变量的系数为−0.0969，制造业虚拟变量的系数为−0.0703，采掘业虚拟变量的系数为−0.1053，企业规模变量的系数为−0.0045，问题可分析性变量的系数为0.0007，成本领先变量的系数为0.0715，差异化战略变量的系数为−0.0057，结果均不显著。而任务可变性变量的系数为0.0426，在小于0.05的水平上显著，常数项为2.7830，在小于0.01的水平上显著。上述模型各变量的 VIF 均未超过10，表明模型不存在严重的多重共线性问题。

根据以上结果，我们发现，在对企业文化和民族文化特征两种权变因子与内部控制的适配性进行检验时，回归分析的结果并不支持研究假说。

由于回归分析、残差分析（Dewar 和 Werble，1979）和绝对差异方法（Alexander 和 Randolph，1985）属于配对方法，一次只能评估单个维度的适配性影响。Van de Ven 和 Drazin（1985，p.535）研究发现，在将回归分析等配对方法（pairwise approach）和系统方法进行比较之后，系统方法得到很大的支持，而回归分析、ANOVA 和残差分析等配对方法则没有得到支持。

（2）系统方法的检验结果

我们采用与 Van de Ven 和 Drazin（1985）以及 Gresov（1989）相同

的系统方法（system approach）来检验适配性。系统方法在进行适配性
分析时的优势在于，它能够评估业绩和所有维度偏差聚集效应之间的关
系。其他方法，例如，回归分析、残差分析（Dewar 和 Werble，
1979）和绝对差异方法（Alexander 和 Randolph，1985）属于配对方
法，一次只能评估单个维度的适配性影响。因此，对于适配性检验，系
统方法是最合适的分析方法。

Hofstede（1980，1991）提出，只有当分数差异达到 20 分以上才
能够算作有显著差异。表 6-8 中的结果说明，在个人主义、权力距离
和不确定性规避这三个维度，维吾尔族得分远远高于汉族。维吾尔族
拥有较大的权力距离和较强的不确定性规避，而汉族则拥有更强的集
体主义倾向。因此，我们依据民族文化特征对正式与非正式控制的偏
好不同，将样本分为权力距离大、不确定性规避强和集体主义倾向强
这两组。

根据第 3 章的理论分析，我们用强调控制价值观的企业文化类型得
分减去强调灵活价值观的企业文化类型得分，就可以计算出占主导地位
的价值观类型得分。占主导地位价值观类型得分的值域是从 -100 分到
100 分。正的得分代表的是控制价值观主导的企业文化，负的得分代表
的是灵活价值观主导的企业文化。根据企业文化对正式与非正式控制的
偏好不同，我们依据 Grescv（1989）的做法，按照占主导地位价值观类
型变量的得分是否大于中位数，将样本分为强调灵活价值观的企业文化
和强调控制价值观的企业文化这两个维度。

本书按照上述方法将总样本划分为四种类型，如图 6-2 所示。划
分结果得出：类型 1 包含 96 个样本；类型 2 包含 200 个样本；类型 3
包含 101 个样本；类型 4 包含 189 个样本。

本书采用内部控制目标的实现程度和主观业绩评价这两个业绩衡
量标准，分别运用系统方法（system approach）来分析内部控制与民
族文化特征和企业文化这两个权变因素的适配性，进而对企业业绩的
影响。

企业文化

| 控制 | 灵活 |

权力距离大、
不确定性回
避强

集体主义
倾向强

	控制	灵活
权力距离大、不确定性回避强	类型1	类型3
集体主义倾向强	类型2	类型4

图 6-2　企业文化与民族文化特征两种权变因子的相互作用模式

①以主观业绩评价衡量企业业绩时系统方法的检验结果。

在系统方法中，内部控制与民族文化特征和企业文化这两个权变因素的适配程度高能够对业绩产生积极影响。其中，不适配性是通过与内部控制理想基准的偏离程度来测量的，与基准偏离得越大，不适配性越强，业绩越差。因此，我们以高业绩企业作为理想内部控制的基准。

适配性检验所采用的系统方法按照以下步骤来进行：

（a）本书选择大于业绩均值 1.5 倍标准差来作为高业绩水平的基准（Gresov，1989）。由表 6-6 可知，以主观业绩评价衡量企业业绩时，高业绩水平的理想基准为 166.2894。根据这一基准，我们可以识别出每一种权变类型中高业绩水平企业的数量，如表 6-26 所示。

表 6-26　四种权变类型高业绩水平企业数量（主观业绩评价）

四种权变类型	高业绩水平企业数量（N=）
类型1	16
类型2	20
类型3	2
类型4	5

（b）针对每一种权变类型，计算（a）中所识别出的所有高业绩水平企业的内部控制因素平均得分，并进行 ANOVA 分析，来验证我们所划分的四种权变类型的内部控制因素得分是否具有显著差异。分析结果见表 6-27。

表 6-27 四种权变类型高业绩内部控制因素得分（主观业绩评价）

	类型				ANOVA	
	1 （N=16）	2 （N=20）	3 （N=2）	4 （N=5）	F值	P值
内部环境	3.1625	5.4500	4.8000	4.6000	713.37	0.0000
控制活动	5.5833	5.6250	6.6667	5.0333	829.33	0.0000
信息与沟通	4.6563	4.9500	5.6250	4.6500	545.95	0.0000
风险评估	4.3542	4.9333	4.0000	2.9333	316.22	0.0000
内部监督	5.3333	5.2500	5.1667	3.1333	469.24	0.0000

根据第 3 章的理论分析，从上述四种权变类型分类（见图 6-2）中可以看出，类型 1 的企业具有强调控制价值观的企业文化，其员工具有权力距离大或不确定性规避强的民族文化特征，因此类型 1 的企业强调正式控制；类型 4 的企业具有强调灵活价值观的企业文化，其员工具有较强集体主义倾向的民族文化特征，因此类型 4 的企业强调非正式控制；而类型 2 的企业具有强调控制价值观的企业文化，其员工具有强集体主义倾向的民族文化特征，类型 3 的企业具有强调灵活价值观的企业文化，其员工具有权力距离大或不确定性规避强的民族文化特征，因此，类型 2 和类型 3 的企业同时强调正式控制与非正式控制。

从表 6-27 可以看出，四种权变类型的多元方差分析结果表明，对于内部环境要素，ANOVA 分析的 F 值为 713.37，在小于 0.01 的水平上显著；对于控制活动要素，ANOVA 分析的 F 值为 829.33，在小于 0.01 的水平上显著；对于信息与沟通要素，ANOVA 分析的 F 值为 545.95，在小于 0.01 的水平上显著；对于风险评估要素，ANOVA 分析的 F 值为 316.22，在小于 0.01 的水平上显著；对于内部监督要素，ANOVA 分析的 F 值为 469.24，在小于 0.01 的水平上显著。因此，四种权变类型的内部控制要素得分有显著的差异。

对于类型 1 的企业，控制活动这一要素的得分为 5.5833，高于类型 4 企业的分数（5.0333），说明类型 1 的企业比类型 4 的企业更加注重控制活动要素；风险评估这一要素的得分为 4.3542，高于类型 4 企业的分数（2.9333），说明类型 1 的企业较类型 4 的企业更加注重分析和评估企业来自内部和外部的风险；内部监督这一要素的得分为 5.3333，高于类型 4 企业的分数（3.1333），说明类型 1 的企业比类型 4 的企业更加重视内部控制系统的监控活动。以上结果均能够验证：类型 1 的企业具有强调控制价值观的企业文化，其员工具有权力距离大或不确定性规避强的民族文化特征，因此类型 1 的企业强调正式控制。

对于类型 2 的企业，控制活动、风险评估和内部监督这三个要素的得分分别为 5.6250、4.9833 和 5.2500，均大于类型 1 和类型 4 的企业，说明类型 2 的企业强调正式控制。而内部环境这一要素的得分为 5.4900，也大于类型 1 和类型 4 的企业，这说明，类型 2 的企业同时还强调非正式控制。此外，信息与沟通这一要素的得分为 4.9000，明显高于类型 1 的企业的得分（4.6563）和类型的 4 企业的得分（4.6500），结果说明类型 2 的企业具有强调控制价值观的企业文化，其员工具有强集体主义倾向的民族文化特征，同时强调正式控制与非正式控制，因此，对信息与沟通这一因素的重视要高于强调正式控制的类型 1 的企业和强调非正式控制的类型 4 的企业。

对于类型 3 的企业，控制活动、风险评估和内部监督这三个要素的得分分别为 6.6667、4.0000 和 5.1667，均大于类型 1 和类型 4 的企业，说明类型 3 的企业强调正式控制。而内部环境这一要素的得分为 4.8000，也大于类型 1 和类型 4 的企业，这说明，类型 3 的企业同时还强调非正式控制。此外，信息与沟通这一要素的得分为 5.6250，明显高于类型 1 企业的得分（4.6563）和类型 4 企业的得分（4.6500），结果说明类型 3 的企业具有强调灵活价值观的企业文化，其员工具有权力距离大或不确定性规避强的民族文化特征，同时强调正式控制与非正式控制，因此，对信息与沟通这一因素的重视要高于强调正式控制的类型 1 企业和强调非正式控制的类型 4 的企业。

对于类型 4 的企业，内部环境这一要素的得分为 4.8000，明显高于类型 1 的企业的分数（3.1625），说明类型 4 的企业比类型 1 的企业更加注重内部环境。以上结果能够验证：类型 4 的企业具有强调灵活价值观的企业文化，其员工具有较强集体主义倾向的民族文化特征，因此类型 4 的企业强调非正式控制。

综上所述，表 6-27 的结果验证了研究假说 7，即当企业所处的文化环境中民族文化特征与企业文化主导的价值观特征相冲突时，内部控制的设计与民族文化和企业文化两个权变因子同时实现了良好的适配的企业，其业绩也较好。

（c）计算 Euclidean 距离。

根据 Van de Ven 和 Drazin（1985）提出的适配性检验方法，针对每一种权变类型（如图 6-2 所示），我们将（b）中计算出的高业绩水平企业的内部控制要素平均得分作为理想基准，然后计算每一个样本与该理想基准的 Euclidean 距离。Euclidean 距离越大，与理想基准的偏差越大，说明该企业的业绩与高业绩水平企业的偏离越大。Euclidean 距离的计算方法如下。

Euclidean 距离：$ED_j = \left(\sum i \left(x_i^* - x_i^* \right)^2 \right)^{1/2}$

在上式中，x_i^* 表示高业绩水平企业的内部控制要素平均得分，x_i^* 表示样本企业中除高业绩水平之外的其他企业内部控制要素的得分。

然后，通过将企业业绩与欧几里得距离进行回归分析，我们可以得出适配性与业绩之间的关系。如果回归结果为显著负相关，说明与理想基准的偏离越大，企业业绩越低，这将提供支持研究假设 8 的证据。

在对企业业绩与欧几里得距离进行回归分析时，为了避免重复检验，我们剔除了作为理想基准的 43 家高业绩企业，对余下的 543 家企业进行回归分析，结果见表 6-28。

表 6-28 的回归方程是为了检验企业的内部控制设计与理想基准的偏离是否会对企业业绩产生影响。从表 6-28 中可以看出，当以主观业绩评价为因变量时，回归模型调整后的 R^2 值为 0.0794，F 值为 6.19，模型在小于 0.01 的水平上显著。以主观业绩评价衡量企业业绩时的 Euclidean 距离变量的系数为 −8.5758，T 值为 −6.58，在小于 0.01 的水平上显著。上述结果表明，Euclidean 距离与企业业绩之间有着显著的负相关关系。

此外，环境不确定性（enunexp）变量系数为 1.5171，结果不显著；控制行业变量（indu_dumy1，indu_dumy2）系数分别为 4.0023 和 −4.5958，结果不显著；规模变量（lnsize）系数为 −0.3075，结果不显著；技术变量（anal，excep）系数分别为 1.7743 和 0.0869，结果不

表 6-28 　　　　企业业绩对欧几里得距离的回归分析表

（以主观业绩评价作为因变量，N=543）

解释变量	系数	T 值	P 值
Perfed	−8.5758	−6.58	0.000
enunexp	1.5171	0.39	0.698
indu_dumy1	4.0023	1.26	0.209
indu_dumy2	−4.5958	−1.17	0.241
Insize	−0.3075	−0.16	0.874
anal	1.7743	1.30	0.193
excep	0.0869	0.07	0.947
scost	−2.6938	−0.82	0.415
sdiff	−0.7834	−0.45	0.652
Adj R²: 0.0794	F值: 6.19***	P值: 0.0000	

注：被解释变量：以主观业绩评价来衡量企业业绩。

解释变量：Perfed 代表以主观业绩评价衡量企业业绩时的 Euclidean 距离；

enunexp 代表环境不确定性权变因素；

indu_dumy1 代表制造业虚拟变量，当企业属于制造业时=1，否则等于 0；

indu_dumy2 代表采掘业虚拟变量，当企业属于采掘业时=1，否则等于 0；

Insize 代表企业规模，等于企业全职员工人数的对数；

anal 代表问题可分析性；

excep 代表任务不确定性；

scost 代表成本领先战略权变因素；

sdiff 代表差异化战略权变因素。

显著；成本控制变量（scost）系数为−2.6938，结果不显著；差异化战略变量（sdiff）系数为−0.7834，结果不显著。上述结果表明，企业的内部控制设计与理想基准的偏离越大，会降低企业的业绩，而单个权变因素本身，对企业业绩没有显著的直接影响。因此，上述结果支持了我们的研究假设 8，即偏离理想内部控制设计的企业，其偏离程度越高，业绩越差。同时也验证了，单个权变因素本身对企业业绩没有显著的直接影响，应当考虑多个权变因子与控制系统的适配性对业绩的影响。

②以内部控制目标实现程度衡量企业业绩时系统方法的检验结果。

与上一部分相同，我们采用系统方法来检验适配性。在系统方法中，内部控制与民族文化特征和企业文化这两个权变因素的适配程度高能够对业绩产生积极影响。不适配性是通过与内部控制理想基准的偏离程度来测量的，与基准偏离得越大、距离越远，不适配性越强、业绩越差。因此，我们以业绩最好的内部控制作为理想基准。

适配性检验所采用的系统方法按照以下步骤来进行：

（a）将大于内部控制目标实现程度均值 1.5 倍标准差，作为高业绩水平理想基准。由表 6-6 可知，以内部控制目标实现程度衡量企业业绩时，高业绩水平的理想基准为 5.4527。根据这一理想基准，我们可以识别出每一种权变类型中高业绩水平企业的数量，见表 6-29。

表 6-29　四种权变类型高业绩水平企业数量（控制目标实现程度）

四种权变类型	高业绩水平企业数量（N=）
类型 1	9
类型 2	16
类型 3	1
类型 4	4

（b）针对每一种权变类型，计算（a）中所识别出的所有高业绩水平企业的内部控制因素平均得分，并进行 ANOVA 分析，来验证我们所划分的四种权变类型的内部控制因素得分是否具有显著差异。分析结果见表 6-30。

表 6-30　四种权变类型高业绩内部控制因素得分（控制目标实现程度）

	类型				ANOVA	
	1（N=9）	2（N=16）	3（N=1）	4（N=4）	F 值	P 值
内部环境	3.2444	5.5750	4.6000	4.5500	795.12	0.0000
控制活动	5.1852	5.5625	6.5000	5.4167	470.96	0.0000
信息与沟通	4.7222	5.0000	6.0000	4.5625	600.14	0.0000
风险评估	4.5185	4.9167	3.6667	2.9167	316.86	0.0000
内部监督	5.4074	5.3125	5.6667	3.0000	540.69	0.0000

根据第 3 章的理论分析，从上述四种权变类型分类（见图 6-2）当中可以看出，类型 1 的企业具有强调控制价值观的企业文化，其员工具有权力距离大或不确定性规避强的民族文化特征，因此类型 1 的企业强调正式控制；类型 4 的企业具有强调灵活价值观的企业文化，其员工具有较强集体主义倾向的民族文化特征，因此类型 4 的企业强调非正式控制；而类型 2 的企业具有强调控制价值观的企业文化，其员工具有强集体主义倾向的民族文化特征，类型 3 的企业具有强调灵活价值观的企业

文化，其员工具有权力距离大或不确定性规避强的民族文化特征，因此，类型2和类型3的企业同时强调正式控制与非正式控制。

根据表6-30，从四种权变类型的多元方差分析结果中可以看出，对于内部环境要素，ANOVA分析的F值为795.12，在小于0.01的水平上显著；对于控制活动要素，ANOVA分析的F值为470.96，在小于0.01的水平上显著；对于信息与沟通要素，ANOVA分析的F值为600.14，在小于0.01的水平上显著；对于风险评估要素，ANOVA分析的F值为316.86，在小于0.01的水平上显著；对于内部监督要素，ANOVA分析的F值为540.69，在小于0.01的水平上显著。因此可以验证，四种权变类型的内部控制要素得分有显著的差异。

对于类型1的企业，控制活动这一要素的得分为5.1852，略低于类型4的企业的分数（5.4167），说明类型4的企业比类型1的企业更加注重控制活动相关政策和程序；风险评估这一要素的得分为4.5185，高于类型4的企业的分数（2.9167），说明类型1的企业较类型4的企业更加注重分析和评估企业来自内部和外部的风险；内部监督这一要素的得分为5.4074，高于类型4的企业的分数（3.0000），说明类型1的企业比类型4的企业更加重视内部控制系统的监控活动。以上结果在很大程度上能够验证：类型1的企业具有强调控制价值观的企业文化，其员工具有权力距离大或不确定性规避强的民族文化特征，因此类型1的企业强调正式控制。

对于类型2的企业，控制活动、风险评估和内部监督这三个要素的得分分别为5.5625、4.9167和5.3125，均大于类型1和类型4的企业，说明类型2的企业强调正式控制。而内部环境这一要素的得分为5.5750，也大于类型1和类型4的企业，这说明，类型2的企业同时还强调非正式控制。此外，信息与沟通这一要素的得分为5.0000，明显高于类型1的企业的得分（4.7222）和类型4的企业的得分（4.5625），结果说明类型2的企业具有强调控制价值观的企业文化，其员工具有强集体主义倾向的民族文化特征，同时强调正式控制与非正式控制，因此，对信息与沟通这一因素的重视要高于强调正式控制的类型1的企业和强调非正式控制的类型4的企业。

对于类型 3 的企业，控制活动、风险评估和内部监督这三个要素的得分分别为 6.5000、3.6667 和 5.6667，均大于类型 1 和类型 4 的企业，说明类型 3 的企业强调正式控制。而内部环境这一要素的得分为 4.6000，也大于类型 1 和类型 4 的企业，这说明，类型 3 的企业同时还强调非正式控制。比外，信息与沟通这一要素的得分为 6.0000，明显高于类型 1 的企业的得分（4.7222）和类型 4 的企业的得分（4.5625），结果说明类型 3 的企业具有强调灵活价值观的企业文化，其员工具有权力距离大或不确定性规避强的民族文化特征，同时强调正式控制与非正式控制，因此，对信息与沟通这一因素的重视要高于强调正式控制的类型 1 企业和强调非正式控制的类型 4 的企业。

对于类型 4 的企业，内部环境这一要素的得分为 4.5500，明显高于类型 1 的企业的分数（3.2444），说明类型 4 的企业比类型 1 的企业更加注重内部环境。以上结果能够验证：类型 4 的企业具有强调灵活价值观的企业文化，其员工具有较强集体主义倾向的民族文化特征，因此类型 4 的企业强调非正式控制。

综上所述，表 6-30 的结果验证了研究假说 7，即当企业所处的文化环境中民族文化特征与企业文化主导的价值观特征相冲突时，内部控制的设计与民族文化和企业文化两个权变因子同时实现了良好的适配的企业，其业绩也较好。

（c）计算 Euclidean 距离。

根据 Van de Ven 和 Drazin（1985）提出的适配性检验方法，针对每一种权变类型（如图 6-2 所示），我们将（b）中计算出的高业绩水平企业的内部控制因素平均得分作为理想基准，然后计算每一个样本与该理想基准的 Euclidean 距离。Euclidean 距离越大，与理想基准的偏差越大，说明该企业的业绩与高业绩水平企业的偏离越大。Euclidean 距离的计算方法如下。

Euclidean 距离：$EDj=(\sum_i(x_i*-x_t*)^2)^{1/2}$

在上式中，x_i* 表示高业绩水平企业的内部控制要素平均得分，x_i* 表示样本企业中除高业绩水平之外的其他企业内部控制要素的得分。

然后，通过将企业业绩与欧几里得距离进行回归分析，我们可以得出适配性与业绩之间的关系。如果回归结果为显著负相关，说明与理想基准的偏离越大，企业业绩越低，因此，支持了我们的研究假设 8。

在对企业业绩与欧几里得距离进行回归分析时，为了避免重复检验，我们剔除了作为理想基准的 30 家高业绩企业，对余下的 556 家企业进行回归分析，结果见表 6-31。

表 6-31　　　　　　企业业绩对欧几里得距离的回归分析表

（以内部控制目标实现程度作为因变量）N=556

解释变量	系数	T 值	P 值
objected	−0.2022	−9.04	0.000
enunexp	0.0300	0.42	0.676
indu_dumy1	0.0164	0.28	0.777
indu_dumy2	−0.0648	−0.91	0.364
Insize	−0.0360	−1.02	0.309
anal	0.0069	0.28	0.782
excep	0.0218	0.92	0.358
scost	−0.0551	−0.91	0.362
sdiff	−0.0326	−1.02	0.310
Adj R²: 0.1287	F 值：12.11	P 值：0.000	

注：被解释变量：以内部控制目标实现程度来衡量企业业绩。

解释变量：objected 代表以内部控制目标实现程度来衡量企业业绩时的 Euclidean 距离。

enunexp 代表环境不确定性权变因素。

indu_dumy1 代表制造业虚拟变量，当企业属于制造业时=1，否则等于 0。

indu_dumy2 代表采掘业虚拟变量，当企业属于采掘业时=1，否则等于 0。

Insize 代表企业规模，等于企业全职员工人数的对数。

anal 代表问题可分析性。

excep 代表任务不确定性。

scost 代表成本领先战略权变因素。

sdiff 代表差异化战略权变因素。

表 6-31 的回归方程是为了验证企业的内部控制设计与理想基准的偏离是否会对企业业绩产生影响。从表 6-31 中可以看出，当以内部控制目标实现程度为因变量时，回归模型调整后的 R² 值为 0.1287，F 值为 12.11，模型在小于 0.01 的水平上显著。以内部控制目标实现程度来衡量企业业绩时的 Euclidean 距离变量的系数为−0.2022，T 值为−9.04，

在小于 0.01 的水平上显著。上述结果表明，Euclidean 距离与企业业绩之间有着显著的负相关关系。

此外，环境不确定性（enunexp）变量系数为 0.0300，结果不显著；控制行业变量（indu_dumy1，indu_dumy2）系数分别为 0.0164 和 -0.0648，结果不显著；规模变量（Insize）系数为 -0.0360，结果不显著；技术变量（anal，excep）系数分别为 0.0069 和 0.0218，结果不显著；成本控制变量（scost）系数为 -0.0551，结果不显著；差异化战略变量（sdiff）系数为 -0.0326，结果不显著。上述结果表明，企业的内部控制设计与理想基准的偏离越大，会降低企业的业绩，而单个权变因素本身，对企业业绩没有显著的直接影响。因此，上述结果支持了我们的研究假设 8，即偏离理想内部控制设计的企业，其偏离程度越高，业绩越差。同时也验证了，单个权变因素本身对企业业绩没有显著的直接影响，应当考虑多个权变因子与控制系统的适配性对业绩的影响。

6.4　本章小结

本章第一节对问卷所调查的样本企业特征以及研究变量进行了描述性统计分析，然后对企业文化测量问卷的信度、效度进行分析，最后对战略这一权变因素进行了探索性因子分析，分析结果显示企业文化测量问卷具有较好的信度和效度。

第二节，对汉族和维吾尔族民族文化特征的比较分析中，我们得出以下结论：维吾尔族具有更大的权力距离和更强的不确定性规避，汉族则具有更强的集体主义倾向，而对于阳刚价值观维度，维吾尔族和汉族不具有显著差异。

第三节，本书采用回归分析方法对研究假设进行了检验，发现没有证据支持研究假设 1、假设 2 和假设 3；检验结果支持假设 4、假设 5，部分支持假设 6。因为回归分析对假设 8 的检验效果不佳，本书又运用系统方法对假设 7 和假设 8 进行了检验，结果支持研究假设 7 和假设 8。

7 全书总结

本书的前 6 章已经对本书的研究主题进行了介绍，并根据问卷调查获得的研究数据，对民族文化特征和企业文化这两个权变因子对内部控制偏好的影响进行了理论分析和实证检验。本章对全书进行总结，包括两个部分：研究结论和启示；研究贡献、研究局限和未来研究方向。

7.1 研究结论和启示

7.1.1 研究结论

没有哪两个主体将会或者应该具有相同的内部控制系统（COSO，1992）。由于行业和规模，以及文化和管理理念方面的差别，各个公司和它们对内部控制体系的需要相差甚远。因而，内部控制研究中的一个重大问题是：如何根据企业特征和所处的外部环境，设计出适合企业需要的内部控制系统。

内部控制是通过组织中的人员，通过他们的一言一行来实现的

（COSO，1992），而企业成员的思考、感觉和行动的方式受到其个人文化价值观和企业文化的影响（Hofsted，1980，1991）。企业文化会影响管理者的行为和包括控制系统选择等管理决策（Henri，2006；Williams和 Triest，2009）。因此，与企业文化或其成员的文化特征不相适应的内部控制系统，其控制效果可能会降低甚至无法发挥作用。

从研究现状来看，虽然权变理论已经成为管理控制设计研究的重要范式（Fisher，1995；Chenhall，2003），但是国外从权变理论视角进行内部控制研究的文献并不多，国内关于文化对内部控制影响的研究均是规范性研究，我们没有发现国内有关企业文化和民族文化特征与内部控制关系的实证研究文献，更没有针对新疆地区的此类研究。因此，本书研究在企业文化和员工民族文化特征这两种因素的共同作用下，企业现行的内部控制系统整体设计和选择偏好与这两种因素是否适配，以及如果两者相互适配是否能提升内部控制的执行效果的问题。在文献综述的基础上，本书对民族文化特征和企业文化这两个权变因子与内部控制偏好的关系进行了理论分析。

第一，从企业在设计内部控制系统时偏好正式控制还是偏好非正式控制这一角度，本书将内部控制系统的类型划分为四类：（1）重视非正式控制的内部控制系统；（2）重视正式控制的内部控制系统；（3）既重视非正式控制也重视正式控制的内部控制系统；（4）既不重视非正式控制也不重视正式控制的内部控制系统。

第二，本书在对内部控制要素及其子要素进行细分的基础上，认为：（1）当一个企业较为重视内部环境要素，而对风险评估、控制活动、内部监督这三个要素重视程度相对较低时，我们可将该企业的内部控制系统分类为重视非正式控制的内部控制系统；（2）当一个企业较为重视风险评估、控制活动和内部监督这三个要素，而对控制环境要素重视程度相对较低时，我们可将该企业的内部控制系统分类为重视正式控制的内部控制系统；（3）当一个企业既重视风险评估、控制活动和内部监督这三个要素，又重视控制环境要素时，我们可将该企业的内部控制系统分类为既重视非正式控制也重视正式控制的内部控制系统；（4）当一个企业既不重视风险评估、控制活动、内部监督和信息与沟通这四个要素，又不重视控制环境要素时，我们可将该企业的内部控制系统分类为既不重视非正式控制也不重视正式控制的内部控制系统。

第三，本书在分析了民族文化特征对个体行为的影响后，认为内部控制设计的一个关键问题是：被控制的企业成员是否认为企业的内部控制在文化上是恰当的。在此基础上，本书分析了民族文化特征对内部控制结构类型的影响，认为：（1）当企业员工具有高的权力距离价值观或强不确定性规避价值观时，企业的内部控制设计会倾向于重视正式控制的内部控制系统。（2）当企业员工具有高的集体主义价值观时，企业的内部控制设计会倾向于重视非正式控制的内部控制系统。（3）当企业员工的民族文化特征与内部控制设计相适配时，企业的业绩较好；而当企业员工的民族文化特征与内部控制设计适配程度较差时，企业的业绩较差。

第四，本书分析了企业文化对个体行为的影响，并将理性主导的企业文化和层级节制的企业文化划分为强调控制价值观的企业文化类型，而凝聚共识的企业文化和成长调适的企业文化则为强调灵活价值观的企业文化类型。本书认为：（1）具有层级节制和理性主导这两种强调控制价值观文化类型的企业，更可能偏好强调正式控制的内部控制系统。（2）具有凝聚共识和成长调适这两种强调灵活价值观文化类型的企业，更可能偏好强调非正式控制的内部控制系统。（3）当企业文化类型与内部控制设计相适配时，企业的业绩较好；而当企业文化类型与内部控制设计适配程度较差时，企业的业绩较差。

第五，企业本身同时受到民族文化特征和企业文化这两个因素的影响，如果只关注单一维度的权变变量，例如，只关注企业所处的文化环境或者企业文化的类型，是无法完全捕捉到内部控制系统设计的复杂性的。（1）只关注单一维度的权变变量没有考虑到企业是在面临许多不同要求的环境中生存的。（2）面临的多个权变变量要求设计在不同的权变变量之间进行权衡，可能使最终的设计对任何一个权变因子都无法很好地适配（Child，197；Gerwin，1979）。因此，在设计内部控制系统时，需要同时考虑这两个因素的影响。

第六，从图 7-1 可以看出，民族文化特征和企业文化这两个权变因子的相互作用会形成企业内部控制设计所处的四种环境类型。在类型1和类型4中，民族文化特征和企业文化这两个权变因子之间并不存在冲突。

		控制	灵活
民族文化特征	权力距离大、不确定性规避强	类型1	类型3
	集体主义倾向性强	类型2	类型4

图7-1　企业文化与民族文化特征两种权变因子的相互作用模式

类型1中的企业在进行内部控制设计时，偏好强调正式控制的内部控制系统。类型4中的企业在进行内部控制设计时，偏好强调非正式控制的内部控制系统。在类型1和4中，内部控制的设计与民族文化特征和企业文化两个权变因子实现了良好的适配，企业的业绩会较好。

在类型2和3中，企业面对的民族文化特征与企业文化主导的价值观特征是相冲突的。我们认为，在此种情形下，在进行内部控制设计时，应当同时考虑民族文化特征与企业文化主导的价值观特征对内部控制偏好的影响，即内部控制设计应当既强调正式控制又强调非正式控制。这样，内部控制的设计与民族文化特征和企业文化两个权变因子也实现了良好的适配，企业的业绩也会较好。

根据上述理论分析的结果，本书提出8个研究假说。假说1：当企业员工具有高的权力距离价值观或强不确定性规避价值观时，企业的内部控制设计会倾向于重视正式控制的内部控制系统；假说2：当企业员工具有高的集体主义价值观时，企业的内部控制设计会倾向于重视非正式控制的内部控制系统；假说3：企业的内部控制系统与企业员工的文化价值观的适配程度越高，企业的业绩越好；假说4：强调控制价值观的企业文化类型更可能偏好强调正式控制的内部控制系统；假说5：强调灵活价值观的企业文化类型更可能偏好强调非正式控制的内部控制系统；假说 6：企业的内部控制系统与企业文化的适配程度越高，企业的业绩越好；假说 7：当企业所处的文化环境中民族文化特征与企业文化主导的价值观特征相冲突时，内部控制的设计与民族文化特征和企业文化两个权变因子同时实现了良好的适配的企业，其业绩也较好；假说 8：偏离理想内部控制设计的企业，其偏离程度越高，业绩越差。

本书使用 Hofstede 的 Value Survey Module 1994 确定的量表来测量民族文化特征，对企业文化的测量工具主要根据竞争价值观框架工具（Cameron 和 Quinn，1999；Quinn，1988）、Bhimani（2003）和 Henri（2006）对企业文化的测量方法编制形成。内部控制偏好根据自编的内部控制偏好量表测量。企业业绩采用 Govindarajan（1988）以及 Govindarajan 和 Fisher（1990）开发的工具，测量相对于竞争对手，过去三年中企业业绩的实现情况。内部控制目标的实现程度根据自编的内部控制目标实现程度量表测量。

Burkert，Davila，Mehta 和 Oyon（2014，p.22）指出：尽管结构方程模型（SEM）在检验干扰形式的适配模型时能够提供有效的方法，但是以之进行匹配（match）形式的适配模型检验仍是一项挑战。本书主要研究内部控制与民族文化特征和企业文化这两个权变因子的匹配问题，因此，尽管本书涉及较多的潜变量，我们在检验研究假说时不使用结构方程模型。问卷调查数据的分析主要采取方差分析、回归分析和系统分析等方法。

我们向新疆乌鲁木齐、石河子、塔城、阿克苏、喀什、昌吉、伊犁、阿尔泰、哈密、巴州、吐鲁番等地区的企业发放了调查问卷，共回收有效问卷 586 份。

本书的实证研究结果表明：（1）强调控制价值观的企业文化类型更可能偏好强调正式控制的内部控制系统；（2）强调灵活价值观的企业文化类型更可能偏好强调非正式控制的内部控制系统；（3）当企业所处的文化环境中民族文化特征与企业文化主导的价值观特征相冲突时，内部控制的设计与民族文化特征和企业文化两个权变因子同时实现了良好的适配的企业，其业绩也较好；（4）偏离理想内部控制设计的企业，其偏离程度越高，业绩越差。此外，本书的实证研究结果部分支持研究假设 6，即只有在以内部控制目标实现程度为因变量时，企业偏好非正式控制的内部控制系统与企业文化的适配程度越高，企业的业绩越好。我们没有发现支持研究假说 1、假说 2 和假说 3 的实证证据。

本书的研究发现表明，当企业在多文化环境中经营时，在设计企业内部控制系统时，必须同时考虑民族文化特征和企业文化这两个权变因子的作用。单独考虑一个权变因子对内部控制的影响，往往无法得到有效的内部控制设计，从而影响企业业绩的提升。具体来说，当企业所处的文化环境中民族文化特征与企业文化主导的价值观特征相冲突时，内部控制的设计与民族文化特征和企业文化两个权变因子同时实现了良好的适配的企业，其业绩也较好；当企业所处的文化环境中民族文化特征与企业文化主导的价值观特征相协调时，内部控制的设计与这两个权变因子实现了良好的适配的企业，其业绩也较好。

7.1.2 研究启示

（1）本书的研究结果表明，企业在设计其内部控制系统时，应当以权变理论为指导，避免出现因与权变因子冲突而使内部控制的运行效率下降，进而影响企业的业绩的现象。

（2）我们的研究结果表明，当企业在多文化环境中经营时，应当充分分析所处的文化环境与自身企业文化的特征，并以此为依据确定应当设计何种类型的内部控制系统，从而提升企业的业绩。只考虑单一权变因子对内部控制的影响而设计出的内部控制系统，无法提高企业的业绩。

（3）当企业面临相互冲突的文化环境时，必须同时兼顾强调正式控制的内部控制和强调非正式控制的内部控制，不可偏废。

（4）对于身处新疆这样多民族聚集地区的企业而言，根据本书的研究成果，如果发现自身的内部控制系统与所处的文化环境和企业文化不相适配时，可以调整企业内部控制系统的设计，提高企业的绩效水平。

7.2　研究贡献、研究局限和未来的研究方向

7.2.1　研究贡献

（1）本书的研究发现，当企业在多文化环境中经营时，在设计企业内部控制系统时，必须同时考虑民族文化特征和企业文化这两个权变因子的作用。当企业所处的文化环境中民族文化特征与企业文化主导的价值观特征相冲突时，内部控制的设计与民族文化特征和企业文化两个权变因子同时实现了良好的适配的企业，其业绩也较好。偏离最优内部控制的设计，会导致企业业绩的下降，偏离程度越大，企业业绩越差。

（2）本书的研究发现：强调控制价值观的企业文化类型更可能偏好强调正式控制的内部控制系统；强调灵活价值观的企业文化类型更可能偏好强调非正式控制的内部控制系统；只有在以内部控制目标实现程度为因变量时，企业偏好非正式控制的内部控制系统与企业文化的适配程度越高，企业的业绩才越好。

（3）本书开发了内部控制偏好量表和内部控制目标实现程度量表，检验结果表明，这两个量表均具有良好的信度和效度。

（4）我们的研究发现，在检验多个权变因子的相互作用对内部控制系统的影响时，传统的回归分析方法检验功效较低，而系统方法的检验功效则较高。

7.2.2　研究局限

（1）由于针对高层管理者的问卷调查异常困难，本书在进行问卷调查时没有采取随机抽样的方法，而是采取了便利抽样的方法，这在一定程度上影响了研究结论的可靠性。

（2）本书的部分结论是根据自编的内部控制偏好量表和内部控制目标实现程度量表得出的，这两个量表的效度今后需要在更多的实证研究中接受检验。

（3）问卷调查数据是截面数据，它在检验变量间的因果关系时是存

在局限的。例如，样本企业究竟是因为设计了与权变因子相适配的内部控制系统而提高了业绩，还是因为企业业绩好从而投入更多的资源进行内部控制系统建设？

7.2.3 未来的研究方向

（1）针对民族文化特征和企业文化这两个权变因子与内部控制设计的关系，可以进行纵向研究（longitudinal research），对本书发现的变量间的因果关系提供进一步的研究证据。

（2）在今后的实证研究中对本书开发出的内部控制偏好量表和内部控制目标实现程度量表的效度进行更充分的检验。

参考文献

[1]   ABEMETHY M A，LILLIS A M.The impact of manufacturing flexibility on management control system design ［J］. Accounting，Organizations and Socieiy，1995（20）：241-258.

[2]   ABERNETHY A，BROWNELL P. The role of budgets in organizations facing strategic change：an exploratory study ［J］. Accounting， Organizations and Society，1999（24）：189-204.

[3]   ABERNETHY M A，BROWNELL P. Management control systems in research and development organizations：the role of accounting， behavior and personnel controls ［J］. Accounting，Organizations and Society，1997，22（3/4）：233-248.

[4]   ABERNETHY M. A，LILLIS A M. Interdependencies in organization design：a test in hospitals ［J］. Journal of Management Accounting Research，2001（13）：107-129.

[5]   ABERNETHY M A，STOELWINDER J U. The role of professional control in the management of complex organizations ［J］. Accounting， Organizations and Society，1995（20）：1-18.

[6]   ABERNETHY M A，BOUWENS J，VAN LENT L. Determinants of control systems design in divisionalized firms ［J］. The Accounting

Review, 2004, 79（3）: 545-570.

[7] ADRIANA V, HILAL G. Brazilian national culture, organizational culture and cultural agreement [J]. International Journal of Cross Cultural Management, 2006, 6（2）: 139-167.

[8] AGBEJULE. The relationship between management accounting systems and perceived environmental uncertainty on managerial performance: a research note [J]. Accounting & Business Research（Wolters Kluwer UK）, 2005, 35（4）: 295-305.

[9] ALBU, DUMITRU. The impact of the interaction between context variables and enterprise resource planning systems on organizational performance: a case study from a transition economy [J]. Information Systems Management, 2015, 32（3）: 252-264.

[10] ALBU N, ALBU C N. Factor associated with the adoption and use of management accounting techniques in developing countries: the case of Romania [J]. Journal of International Financial Management& Accounting, 2012（23）: 3.

[11] ALDRICH, HOWARD E. Organizations and environments [M]. Englewood Cliffs, NJ: Prentice Hall, 1979.

[12] AL-MAWAL H. Performance consequences of management accounting system information usage in Jordan [J]. Business and Economic Horizons, 2013, 9（1）: 22-31.

[13] AMBA-RAO S C, PETRICK J A, GUPTA J N, et al. Comparative performance appraisal practices and management values among foreign and domestic firms in India [J]. International Journal of Human Resource Management, 2000, 11（1）: 60-89.

[14] ANASTASI, ANNE. Evolving trait concepts [J]. American Psychology, 1983（38）: 172-183.

[15] ARAL S, BRYNJOLFSSON E, WU D J. Which came first, it or productivity? virtuous cycle of investment and use in enterprise systems [C]. International Conference on Information Systems, Icis 2006, Milwaukee, Wisconsin, Usa, December. DBLP, 2006: 110.

[16] ARGYRIS C. Integrating the individual and the organization [J]. British Journal of Sociology, 1964, 285（16）: 1323-1325.

[17] AUZAIR S M, LANGFIELD-SMITH K. The effect of service process type, business strategy and life cycle stage on bureaucratic MCS in

service organizations [J]. Management Accounting Research, 2005 (16): 399-421.

[18] AWASTHI V N, CHOW C W, WU A. Performancemeasure and resource expenditure choices in a teamwork environment: the effects of national culture [J]. Management Accounting Research, 1998, 9 (2): 119-38.

[19] AZHAR Z, ABDUL RAHMAN I K. Enhancing management accounting practices in Malaysian service organisations: what the present demands of the future? [J]. Accountants Today, 2008, 21 (12): 30-33.

[20] AZUMI K, MCMILLAN C J. Culture and organization structure: a comparison of Japanese and British organizations [J]. International Studies of Management & Organization, 1975, 5 (1): 35-47.

[21] BAINES A, LANGFIELD-SMITH K. Antecedents to management accounting change: a structural equation approach [J]. Accounting, Organizations and Society, 2003 (28): 675-698.

[22] BALIGH R M, OBEL B B. Organizational consultant: creating a useable theory for organizational design [J]. Management Science, 1996, 42 (12): 1648-1662.

[23] BALKIN D B, GOMEZ-MEJIA L R. Toward a contingency theory of compensation strategy [J]. Strategic Management Journal, 1987, 8 (2): 169- 182.

[24] BALLOT G, FAKHFAKH F, GALIA F, et al. The fateful triangle: complementarities in performance between product, progress and organizational innovation in the UK and France [J]. Research Policy, 2015 (44): 217-232.

[25] BANKER R D, BARDHAN I R, CHEN T Y. The role of manufacturing practices in mediating the impact of activity-based costing on plant performance [J]. Accounting, Organizations and Society, 2008, 33 (1): 1-19.

[26] CHEN Y S, BEASLEY M, NUNEZ K. Working hand in hand: balanced scorecard and enterprise risk management [J]. Strategic Finance, 2006, 87 (9): 49.

[27] BEASLEY M, PAGACH D, WARR R. The information conveyed in hiring announcements of senior executives overseeing enterprise - wide risk management [J]. Journal of Accounting, Auditing and Finance, 2007,

23 (3): 311-332.

[28] BEASLEY M S, CLUNE R, HERMANSON D R. Enterprise risk management: an empirical analysis of factors associated with the extent of implementation [J]. Journal of Accounting and Public Policy, 2005, 24 (6): 521-531.

[29] BEYENE K T, WU C S. The impact of innovation strategy on organizational learning and innovation performance: do firm size and ownership type make a difference? [J]. South African Journal of Industrial Engineering 2016, 27 (1): 125-136.

[30] BHIMANI A. A study of the emergence of management accounting system ethos and its influence on perceived system success [J]. Accounting, Organizations and Society, 2003 (28): 523-548.

[31] BIRNBERG J G. Some reflection on the evolution of organizational control [J]. Behavioral Research in Accounting, 1998 (10): 27-46.

[32] BIRNBERG J G, SNODGRASS C. Culture and control [J]. Accounting Organizations and Society, 1988, 13 (5): 447-464.

[33] BISBE J, OTLEY D. The effects of the interactive use of management control systems on product innovation [J]. Accounting, Organizations and Society, 2004 (29): 709-737.

[34] BITITCI U, MENDIBIL K, NUDURUPATI S, et al. Dynamics of performance measurement and organizational culture [J]. International Journal of Operations and Production Management, 2006, 26 (12): 1325-1350.

[35] BLOOM M. Relationship among risk, incentive pay and organizational performance [J]. Academy of Management Journal, 1998, 41 (3): 283-297.

[36] BOUWENS J, ABERNETHY M A. The consequences of customization on management accounting system design [J]. Accounting, Organizations and Society, 2000, 25 (3): 221-259.

[37] BOYD B K, SALAMIN A. Strategic reward systems: a contingency model of pay system design [J]. Strategic Management Journal, 2001, 22 (8): 777-792.

[38] BRISLIN R. Cross-cultural research in psychology [J]. Annual Review of Psychology, 1983 (34): 363-400.

[39] BROWNELL P. Budgetary systems and the control of functionally

differentiated organizational activities [J]. Journal of Accounting Research, 1985 (23): 502-512.

[40] BROWNELL P. The role of accounting information, environment and management control in multinational organisations [J]. Accounting and Finance, 1987 (27): 1-16.

[41] BROWNELL P, MERCHANT K. The budgetary and performance influences of product standardization and manufacturing process automation [J]. Journal of Accounting Research, 1990, 28 (2): 388-397.

[42] BROWNELL P. The role of accounting data in performance evaluation, budgetary participation, and organizational effectiveness [J]. Journal of Accounting Research, 1982, 20 (1): 12-27.

[43] BRUNS W, WATERHOUSE J H. Budgetary control and organization structure [J]. Journal of Accounting Research, 1975, 13 (2): 177.

[44] Burawoy M. Manufacturing consent [M]. Chicago: University of Chicago Press, 1978.

[45] BURKERT M, DAVILA A, MEHTA K, et al. Relating alternative forms of contingency fit to the appropriate methods to test them [J]. Management Accounting Research, 2014, 25 (1): 6-29.

[46] BURNS T, STALKER G M. The management of innovation [M]. London: Tavistock Publications, 1961.

[47] CAMERON K, QUINN R E. Diagnosing and changing organizational culture: based on the competing values framework [M]. Reading, MA: Addison-Wesley, 1999.

[48] UYAR A, KUZEY C. Contingent factors, extent of budget use and performance: a structural equation approach [J]. Australian Accounting Review, 2016, 76 (26): 91-106.

[49] CHALOS P, POON M C C. Participation and performance in capital budgeting teams [J]. Behavioral Research in Accounting, 2000 (12): 199-229.

[50] CHAN T L, et al. Corporate entrepreneurship of IJVs in China [J]. Management Research Review, 2010, 33 (1): 6-22.

[51] CHAPMAN C S. Reflections on a contingent view of accounting [J]. Accounting, Organizations and Society, 1997 (22): 189-205.

[52] CHATMAN J. Matching people and organizations: selection and

socialization in public accounting firms ［J］. Administrative Science Quarterly, 1991 (9): 459-484.

[53] CHATMAN J A, JEHN K A. Assessing the relationship between industry characteristic and organizational culture: how different can you be? [J] Academy of Management Journal, 1994, 37 (3): 522-553.

[54] CHATTERJEE S, et al. Cultural differences and shareholder value in related mergers: linking equity and human capital ［J］. Strategic Management Journal, 1992 (13): 319-334.

[55] CHATTERJEE S R, PEARSON C A L. Indian managers in transition: orientation, work goals, values and ethics ［J］. Management International Review, 2000 (40): 81-95.

[56] CHE R. A note on market competition, advanced manufacturing technology and management accounting and control systems change [J]. Malaysian Accounting Review, 2007, 3 (3): 301-320.

[57] CHENHALL R H. Integrative strategic performance measurement systems, strategic alignment of manufacturing, learning and strategic outcomes: an exploratory study ［J］. Accounting, Organizations and Society, 2005 (30): 395-422.

[58] CHENHALL R H, LANGFIELD-SMITH K. The relationship between strategic priorities, management techniques and management accounting: an empirical investigation using a systems approach ［J］. Accounting, Organizations and Society, 1998 (23): 243-264.

[59] CHENHALL R H, MORRIS D. Organic decision and communication processes and management accounting systems in entrepreneurial and conservative business organizations ［J］. International Journal of Management Science, 1995, 23 (5): 485-497.

[60] CHENHALL R H, MORRIS D. The impact of structure, environment, and interdependence on the perceived usefulness of management accounting systems [J]. The Accounting Review, 1986 (1): 16-35.

[61] CHENHALL R H. Reliance on manufacturing performance measures, strategies of manufacturing flexibility, advanced manufacturing practices, and organisational performance: an empirical investigation ［C］. Paper presented at the Strategic Management Accounting Seminar, Macquarie University, Sydney, 1993.

[62] CHENHALL, R H. Management control systems design within its

organizational context: findings from contingency-based research and directions for the future [J]. Accounting, Organizations and Society, 2003 (28): 127-168.

[63] CHIABURU S C, WANG N L. Organizational support and citizenship behaviors: a comparative cross - cultural meta - analysis [J]. Management International Review, 2015 (55): 707-736.

[64] CHILD J, MANSFIELD R. Technology, size, and organization structure [J]. Sociology, 1972 (6): 369-393.

[65] CHILD J. Managerial and organizational factors associated with company performance—part. a contingency analysis [J]. Managerial and Organizational Factors, 1975, 6 (3): 369-393.

[66] CHILD J. Culture , contingency and capitalism in the cross - national study of organizations [J]. Research in Organization Behavior, 1981 (3): 303-356.

[67] CHONG V K. Job-relevant information and its role with task uncertainty and management accounting systems on managerial performance [J]. Pacific Accounting Review, 2004, 16 (2): 1-22.

[68] CHONG V, CHONG K. Strategic choices, environmental uncertainty and SBU performance: a note on the intervening role of management accounting systems [J]. Accounting and Business Research, 1997, 27 (4): 268-276.

[69] CHOW C W, MERCHANT K A , WU A. Measurement, evaluation and reward of profit center managers: a cross - cultural field study [J]. Accounting Organizations and Society, 1995, 20 (7-8): 619-638.

[70] CHOW C W, KATO Y, SHIELDS M D. National culture and the preference for management controls: an exploratory study of the firm labor market interface [J]. Accounting, Organizations and Society, 1994, 19 (4/5): 381-400.

[71] CHOW C W, KATO Y, MERCHANT K A. The use of organizational controls and their effects on data manipulation and management myopia: Japan vs. U.S. comparison [J]. Accounting Organizations and Society, 1996, 21 (2/3): 175-192.

[72] CLARK P. Cultural context as a determinant of organizational rationality: a comparison of the tobacco industries in Britain and France [M] // Lammers C G, Hickson D J. Organizations Alike and Unlike. London:

Routledge & Kegan Paul, 1979.

[73] COLLINS F, HOLZMANN O, MENDOZA R. Strategy, budgeting, and crisis in Latin America [J]. Accounting, Organizations and Society, 1997 (22): 669-690.

[74] COLLINS J C, PORRAS J I. Built to last: successful habits of visionary companies [M]. New York: Harper Business, 1994.

[75] DAFT R L, MACINTOSH N. J. A tentative exploration into the amount and equivocality of information processing in organisational work units [J]. Administrative Science Quarterly, 1981, 26 (2): 207-244.

[76] DALEY L, et al.Attitudes towards financial control systems in the United States and Japan [J]. Journal of International Business Studies, 1985 (Fall): 91- 110.

[77] DANIEL S J, REITSPERGER W D. Linking quality strategy with management control systems: empirical evidence from Japanese industry [J]. Accounting, Organizations and Society, 1991 (16): 601-618.

[78] DANIEL S J, REITSPERGER W D. Strategic control systems for quality: an empirical comparison of the Japanese and U.S. electronics industry [J]. Journal of International Business Studies, 1994, 25 (2): 275-29.

[79] DANIEL S J, REITSPERGER W D, GREGSON T. Quality consciousness in Japanese and U. S. electronics manufacturers: an examination of the impact of quality strategy and management control systems on perceptions of the importance of quality to expected management rewards [J]. Management Accounting Research, 1995 (6): 367-382.

[80] MARGINSON D E W. Management control systems and their effects on strategy formation at middle-management levels: evidence from a U.K. organization [J]. Strategic Management Journal, 2002, 23 (11): 1019-1031.

[81] DENT J F. Accounting and organizational cultures: a field study of the emergence of a new organizational reality [J]. Accounting, Organizations and Society, 1991, 16 (8): 705-732.

[82] DERMER J. Management Planning and Control Systems [M]. Homewood, IL: Irwin, 1977.

[83] DIAVASTIS I, et al. The interaction effect of accounting information systems user satisfaction and activity - based costing use on hotel financial performance: evidence from Greece [J]. Journal of Accounting & Management Information Systems, 2016 (15).

[84] DRAKE A R, HAKA S F, RAVENSCROFT S P. Cost system and incentive structure effects on innovation, efficiency and profitability in teams [J]. The Accounting Review, 1999, 74 (3): 323-345.

[85] DRAZIN R, VAN DE VEN A H. Alternative forms of fit in contingency theory [J]. Administrative Science Quarterly, 1985 (30): 514-539.

[86] DUH R, XIAO J Z, CHOW C W. Chinese firms' use of management accounting and controls: Facilitators, impediments, and performance effects [J]. Journal of International Accounting Research, 2009, 8 (1): 1-30.

[87] DUNCAN R. Characteristics of organizational environments and perceived environmental uncertainty [J]. Administrative Science Quarterly, 1972 (9): 313-327.

[88] DUNK A S, LYSONS A F. An analysis of departmental effectiveness, participative budgetary control processes and environmental dimensionality within the competing values framework: a public sector study [J]. Financial, Accountability, Management, 1997, 13 (1): 1-15.

[89] EKER M, AYTAÇ A. Effects of interaction between ERP and advanced managerial accounting techniques on firm performance: evidence from Turkey [J]. Muhasebe Ve Finansman Dergisi, 2016 (72).

[90] ELGHARBAWY A, ABDEL - KADER M J. Enterprise governance and value - based management: a theoretical contingency framework [J]. Journal of Management & Governance. 2013, 17 (1).

[91] JUNQUEIRA E, et al. The effect of strategic choices and management control systems on organizational performance [J]. Revista Contabilidade & Finanças-USP, 2016, 27 (72): 334-348.

[92] ENGELEN A, BRETTEL M. A cross - cultural perspective of marketing departments' influence tactics [J]. Journal of International Marking, 2011, 19 (2): 73-94.

[93] ENGLAND G W, DHINGRA O P, AGARWAL N C. The manager and the man [M]. Kent, OH: Kent State University Press, 1974.

[94] ETZIONI A. A comparative analysis of complex organizations [M]. New York: Free Press, 1961.

[95] EVANS J, LEWIS B, PATTON J. Economic modelling approach to contingency theory and management control [J]. Accounting, Organizations and Society, 1986, 11 (6): 483-498.

[96] EWUSI - MENSAH K. The external organizational environment and its impact on managerial information systems [J]. Accounting, Organizations and Society, 1981, 6 (4): 310-316.

[97] EZZAMEL M. The impact of environmental uncertainty, managerial autonomy and size on budget characteristics [J]. Management Accounting Research, 1990 (1): 181-197.

[98] EZZAMEL M, LILLEY S, WILLMOTT H. Accounting for management and managing accounting: reflections on recent changes in the UK [J]. Journal of Management Studies, 1997, 34 (3): 439- 463.

[99] FAUZI H, HUSSAIN M M, MAHONEY L. Management control systems and contextual variables in the hospitality industry [J]. Asia—Pacific Management Accounting Journal, 2011, 6 (2): 63-83.

[100] FAUZI H. The effect of contextual variables in the relationship between CSR and CFP: evidence from Indonesian companies [J]. Issues in Social and Environmental Accounting, 2010, 4 (1): 40.

[101] FIRTH M. The diffusion of managerial accounting procedures in the People' s Republic of China and the influence of foreign partnered joint ventures [J] Accounting, Organizations and Society, 1996, 21 (7/8): 629-54.

[102] FISCHER R. Rewarding seniority: exploring cultural and organizational predictors of seniority allocations [J]. The Journal of Social Psychology, 2008, 148 (2): 167-186.

[103] FISHER J. Contingency - based research on management control systems: categorization by level of complexity [J]. Journal of Accounting Literature, 1995 (14): 24-53.

[104] FLAMHOLTZ E G. Accounting, budgeting and control systems in their organizational context: theoretical and empirical perspectives [J]. Accounting, Organizations and Society, 1983, 8 (2/3): 153-169.

[105] FLAMHOLTZ E G, DAS T K, TSUI A S. Toward an integrative framework of organizational control [J]. Accounting, Organizations

and Society, 1985, 10 (1): 35-50.

[106] FOSTER G, GUPTA M. Marketing, cost management and management accounting [J]. Journal of Management Accounting Research, 1994 (6): 43-77.

[107] FOSTER G, SWENSON D W. Measuring the success of activity-based cost management and its determinants [J]. Journal of Management Accounting Research, 1997 (9): 107-139.

[108] FRANCIS J, SCHIPPER K. Have financial statements lost their relevance? [J]. Journal of Accounting Research , 1999 (372): 319-352.

[109] GALLIE D. In search of the new working class [M]. Cambridge: Cambridge University Press, 1978.

[110] GANI L, JERMIAS J. Investigating the joint effects of strategy, environment and control structure on performance [J]. Gadjah Mada International Journal of Business, 2011, 13 (3): 249-266.

[111] GERDIN J. The impact of departmental interdependencies and management accounting system use on subunit performance: a second look [J]. European Accounting Review, 2005, 14 (2): 335-340.

[112] GERDIN J, GREVE J. Forms of contingency fit in management accounting research—a critical review [J]. Accounting Organizations and Society, 2004 (29): 303-326.

[113] GIGLIONI G, BEDEIAN A. A conspectus of management control theory: 1900-1972 [J]. Academy of Management Joumal, 1974 (17): 292-305.

[114] GIMZAUSKIENE E, KLOVIENE L. Research of the performance measurement system: environmental perspective [J]. Inzinerine Ekonomika-Engineering Economics, 2010, 21 (2): 180-186.

[115] GORDON L A, LOEB M P, TSENG C. Enterprise risk management and firm performance: A contingency perspective [J]. Journal of Accounting and Public Policy, 2009, 28 (4): 301-327.

[116] GORDON L A, NARAYANAN V K. Management accounting systems, perceived environmental uncertainty and organization structure: an empirical investigation [J]. Accounting, Organizations and Society, 1984 (1): 33-47.

[117] GORDON L, MILLER D. A contingency framework for the design of

accounting nformaticn systems ［J］. Accounting, Organizations and Society, 1976, 1 (1): 59-69.

［118］ GOSSELIN M. The effects of strategy and organizational structure on the adoption and implementation of activity-based costing ［J］. Accounting, Organizations and Society, 1997, 22 (2): 105-122.

［119］ GOVINDARAJAN V. A contingency approach to strategy implementation at the business-unit level: integrating administrative mechanisms with strategy ［J］. Academy of Management Journal, 1988, 31 (4): 828-853.

［120］ GOVINDARAJAN V. Appropriateness of accounting data in performance evaluation: an empirical examination of environmental uncertainty as an intervening variable ［J］. Accounting, Organizations and Society, 1984 (9): 125-135.

［121］ GOVINDARAJAN V, FISHER J. Strategy, control systems and resource sharing: effects on business-unit performance ［J］. Academy of Management Journal, 1990 (33): 259-285.

［122］ GOVINDARAJAN V, GUPTA A K. Linking control systems to business unit strategy: impact on performance ［J］. Accounting, Organizations and Society, 1985 (1C): 51-56.

［123］ GRABNER I, MOERS F. Management control as a system or a package? conceptual and empirical issues ［J］. Accounting, Organizations and Society, 2013 (38): 407-419.

［124］ GRABSKI S V, LEECH S A, SCHMIDT P J. A review of ERP research: a future agenda for accounting information systems ［J］. Journal of Information Systems, 2011, 25 (1): 37-78.

［125］ GREEN S, WELSH M. Cybernetics and dependence: reframing the control concept ［J］. Academy of Management Review, 1988 (13): 287-301.

［126］ GRESOV C. Exploring fit and misfit with multiple contingencies ［J］. Administrative Science Quarterly, 1989 (34): 431-453.

［127］ GUL F, CHIA Y. The effects of management accounting systems, perceived environmental uncertainty and decentalization on managerial performance: a test of a three-way interaction ［J］. Accounting, Organizations and Society, 1994, 19 (4/5): 413-426.

［128］ GUL F, TSUI J S L, FONG S C C, et al. Decentralization as a moderating factor in the budgetary participation - performance relationship: some Hong Kong evidence [J]. Accounting and Business Research, 1995, 25 (98): 107-113.

[129] GULEV R E. Are national and organizational cultures isomorphic? evidence from a four country comparative study [J]. Managing Global Transitions, 2009, 7 (3): 259-279.

[130] GUPTA A K, GOVINDARAJAN V. Resource sharing and SBUs: strategic antecedents and administrative implications [J]. Academy of Management Journal, 1986 (29): 695-714.

[131] HAIR J. F, et al. Multivariate data analysis [M]. London: Pretice Hall, 1998.

[132] Haire M, Ghiselli E G, Porter L W. Managerial thinking: an international study [M]. New York: Wiley, 1966.

[133] HALDMA T, LAATS K. Influencing contingencies on management accounting practices in Estonian Manufacturing Companies [R]. Working paper, 2002.

[134] HAMPDEN - TURNER C, TROMPENARS F. The seven cultures of capitalism [M]. New York: Currency-Doubleday, 1993.

[135] HANNAN R L, FREDERICK W R, KRISTY L T. Flattening the organization: the effect of organizational reporting structure on budgeting effectiveness [J]. Review of Accounting Studies, 2010 (15): 503-536.

[136] HARRISON et al. The influence of culture on organizational design and planning and control in Australia and the United States compared with Singapore and Hong Kong [J]. Journal of International Financial Management and Accounting, 1994 (5): 3.

[137] HARRISON G L, MCKINNON J L. Cross - cultural research in management control systems design: a review of the current state [J]. Accounting, Organizations and Society, 1999 (24): 483-506.

[138] HARRISON J, CARROLL G. Keeping the faith: a model of cultural transmission in formal organizations [J]. Administrative Science Quarterly, December, 1991, 36 (4): 552-582.

[139] HARRISON G L. Reliance on accounting performance measures in superior evaluative style: the influence of national culture and personality [J]. Accounting, Organizations and Society, 1993, 18

(4): 319-339.

[140] HARTMANN F. The appropriateness of RAPM: towards the further development of theory [J]. Accounting, Organizations and Society, 2000, 25 (4): 451-482.

[141] FAUZI H, HUSSAIN M M, MAHONEY L. Management control systems and contextual variables in the hospitality industry [J]. Asia-Pacific Management Accounting Journal, 2011, 6 (2): 63-83.

[142] HAYES D. The contingency theory of managerial accounting [J]. The Accounting Review, 1977 (1): 23-39.

[143] HENDRICKS K, et al. Adoption of the balanced scorecard: a contingency variables analysis [J]. Canadian Journal of Administrative Sciences, 2012, 29 (2): 124-138.

[144] HENEMAN H G. Comparisons of self-and superior-ratings of managerial performance [J]. Journal of Applied Psychology, 1974, 59 (5): 638-642.

[145] HENRI J. Organizational culture and performance measurement systems [J]. Accounting, Organizations and Society, 2006 (31): 77-103.

[146] HICKSON D J, MCMILLAN C J. Organization and nation [M]. London: Gower Press, 1981.

[147] Hickson D J, et al. The Culture-free context of organization structure [J]. Sociology, 1974 (8): 59-80.

[148] HIRST M K. Reliance on accounting performance measures, task uncertainty and dysfunctional behaviour [J]. Journal of Accounting Research, 1983, 21 (2): 596-605.

[149] HOFSTEDE G H. Cultures and organizations: software of the mind [M]. New York: McGraw-Hill, 1991.

[150] HOFSTEDE G, BOND M H. The confucius connection: from cultural roots to economic growth [J]. Organization Dynamics, 1988, 16 (4): 5-21.

[151] HOFSTEDE G H. The cultural relativity of the quality of life concept [J]. Academy of Management Review, 1984 (27): 389-398.

[152] HOFSTEDE G H. Culture's consequences: international difference in work related values [M]. Beverly Hills, CA: Sage, 1980.

[153] HOFSTEDE G, et al. Measuring organization cultures: a qualitative and quantitative study across twenty cases [J]. Administration Science

Quarterly, 1990 (35): 286-316.

[154] HOFSTEDE G. Cultural constraints in management theories [J]. Academy of Management Executive, 1993, 7 (1): 81-94

[155] HOOD J N, CHRISTINE S K. Accounting firm cultures and creativity among accountants [J]. Accounting Horizons, 1991 (9): 12-19.

[156] HOPWOOD A G. An empirical study of the role of accounting data in performance evaluation [J]. Journal of Accounting Research, 1972 (10): 156-182.

[157] HOQUE Z, JAMES W. Linking balanced scorecard measures to size and market factors: impact on organizational performance [J]. Journal of Management Accounting Research, 2000, 12 (1).

[158] HOQUE Z. A contingency model of the association between strategy, environmental uncertainty and performance measurement: impact on organizational performance [J]. International Business Review, 2004 (13): 485-502.

[159] HOSSEIN, NEZHAD, NEDAEI B.A contingency-based framework for managing enterprise risk [J]. Global Business & Organizational Excellence, 2015 (34): 54-66.

[160] HOYT R E, LIEBENBERG A P. The value of enterprise risk management [J]. Journal of Risk & Insurance, 2011, 78 (4): 795-822.

[161] HUANG X, RODE J C, SCHRODER R G. Organizational structure and continuous improvement and learning: moderating effects of cultural endorsement of participative leadership [J]. Journal of International Business Studies, 2011, 42 (9): 1103-1120.

[162] ISLAM J, TALUKDER M, HU H. The impact of technology, job complexity and religious orientation on managerial performance [J]. Australasian Accounting, Business & Finance Journal, 2011, 5 (4): 19.

[163] ITTNER C D, LARCKER D F. Total quality management and the choice of information and reward systems [J]. Journal of Accounting Research, 1995 (33): 1-34.

[164] ITTNER C D, LARCKER D F, MEYER M W. Subjectivity and the weighting of performance measures: evidence from a balanced scorecard [J]. The Accounting Review, 2003 (78): 725-758.

[165] ITTNER C, LARCKER D, RANDELL T. Performance implications of

strategic performance measurement in financial services firms [J] . Accounting, Organizations and Society, 2003, 28 (7-8): 715-741.

[166] ITTNER C D, LARCKER D F. Quality strategy, strategic control systems, and organizational performance [J] . Accounting, Organizations, and Society, 1997, 22 (3-4): 295-314.

[167] JAMIESON I M. The concept of culture and its relevance for an analysis of business enterprise in different societies [J]. International Studies of Management and Organization, 1982, 12 (4): 71-105.

[168] JAMIESON I M. Some observations on socio-cultural explanations of economic behavior [J]. Sociological Review, 1978 (26): 777-805.

[169] JANSEN E P, MERCHANT K A, VAN DER STEDE W A. National differences in incentive compensation practices: the differing roles of financial performance measurement in the United States and the Netherlands [J]. Accounting, Organizations and Society, 2009 (34): 58-84.

[170] HOA J L Y, WUB A, WU S Y C. Performance measures, consensus on strategy implementation and performance: evidence from the operational-level of organizations [J]. Accounting, Organizations and Society, 2014, 39 (1): 38-58.

[171] JOFFE L D. Fit the key to organizational design [J] . Journal of Organization Design, 2014, 3 (3): 38.

[172] JOKIPII A. Determinants and consequences of internal control in firms: a contingency theory based analysis [J]. Journal of Management & Governance, 2010, 14 (2): 115-144.

[173] KADER M, LUTHER R. The impact of firm characteristics on management accounting practices: a UK-based empirical analysis [J]. British Accounting Review, 2008, 40 (1): 2-27.

[174] KAPLAN R S, NORTON D P. The balanced scorecard—translating strategy into action [M] . Boston, MA: Harvard Business School Press, 1996.

[175] KAPLAN R S. Measuring manufacturing performance: a new challenge for management accounting research [J]. Accounting Review, 1983, 58 (4): 686-705.

[176] KATZ D, KAHN R L. The social psychology of organizations [M]. New York: Wiley, 1966.

[177] KENNEDY T, AFFLECK-GRAVES J. The impact of activity-based costing techniques on firm performance [J]. Journal of Management Accounting Research, 2001 (13): 19-45.

[178] KHANDWALLA P. The effects of different types of competition on the use of management controls [J]. Journal of Accounting Research, 1972 (Autumn): 275-285.

[179] KHANDWALLA P. Design of organizations [M]. New York, NY: Harcourt Brace Jovanovich, 1977.

[180] KIESLER S, SPROULL L. Managerial response to changing environments: perspectives on problem sensing from social cognition [J]. Administrative Sci. Quarterly, 1982 (27): 548-570.

[181] KIRCA A H, GTM Hult. Intra - organizational factors and market orientation: effects of national culture [J]. International Marketing Review, 2009, 26 (6): 633-650.

[182] KLUCKHOHN C. Values and value orientations in the theory of action: an exploration in definition and classifications. In T. Par.Kluckhohn, F. R. and F. L. Strodtbeck, Variations in Value Orientations, 1951.

[183] KOBELSKY K W, et al. Determinants and consequences of firm information technology budgets [J]. The Accounting Review, 2008, 83 (4): 957-995.

[184] KREN L. Budgetary participation and managerial performance: the impact of information and environmental volatility [J]. The Accounting Review, 1992, 67 (3): 511-526.

[185] KUMAR K, SUBRAMANIAM R.Porter's strategic types: differences in internal processes and their impact on performance [J]. Journal of Applied Business Research, 1997, 14 (1): 107-123.

[186] LANGFIELD-SMITH K. Organisational culture and control [M] // BERRY A J, BROADBENT J, OTLEY D. Management Control, Theories, Issues and Practices. London : MacMillan Press, 1995.

[187] LANGFIELD-SMITH K. Management control systems and strategy: a critical review [J]. Accounting, Organizations and Society, 1997, 22 (2): 207-232.

[188] LAU C M, BUCKLAND C. Budget emphasis, participation, task difficulty and performance: the effect of diversity within culture [J]. Accounting Business Research, 2000, 3 (1): 37-55.

[189] LAU C M, LOW L C, EGGLETON I R C. The impact of reliance on accounting performance measures on job-related tension and managerial performance, additional evidence [J]. Accounting, Organizations and Society, 1995 (20): 359-381.

[190] LAU C M, TAN J J. The impact of budget emphasis, participation, and task difficulty on managerial performance: a cross-cultural study of the financial services sector [J]. Management Accounting Research, 1998, 9 (2): 163-183.

[191] LAWRENCE P R, LORSCH J. Organization and environment [M]. Boston, MA Harvard Business School, Division of Research, 1967.

[192] LI J, HARRISON J R. National culture and the composition and leadership structure of boards of directors [J]. Journal Compilation, 2008, 16 (5).

[193] LI J, HARRISON J R. Corporate governance and national culture: a multi-country study [J]. Corporate Governance, 2015, 8 (5): 607-621.

[194] LIBBY T, WATERHOUSE J H. Predicting change in management accounting systems [J]. Journal of Management Accounting Research, 1996 (8): 137-150.

[195] LIN X, GERMAIN R. Organizational structure, context, customer orientation, and performance: lessons from chinese state - owned enterprises [J]. Strategic Management Journal, 2003, 24 (11): 1131-1151.

[196] Lohtia R, Brooks C M, Krapfel R E. What constitutes a transaction-specific asset? an examination of the dimensions and types [J]. Journal of Business Research, 1994 (30): 261-270.

[197] MACINTOSH N B, DAFT R L. Management control systems and departmental interdependencies: an empirical study [J]. Accounting, Organizations and Society, 1987 (12): 49-61.

[198] MAGNUSSON P, PETERSON R, WESTJOHN S A. The influence of national cultural values on the use of rewards alignment to improve sales collaboration [J]. International Marketing Review, 2014, 31 (1): 21-40.

[199] MAHONEY T A, JERDEE T H, CAROLL S J. Development of managerial performance a research approach [M]. Cincinnati, Ohio: Southern Western, 1963.

[200] MAIGA A S. Assessing self - selection and endogeneity issues in the relation between activity - based costing and performance [J]. Advances in Accounting, 2014, 30 (2): 251 -262.

[201] ZURIEKAT M, KHADRA H A, ALRAMAHI N. The discrepancy effect of strategy, environment, size and centralization on budgetary characteristics [J]. Journal of Accounting Business & Management, 2009, 16 (1): 1-21.

[202] MARCOULIDES G A, et al. Reconciling culturalist and rationalist approaches: leadership in the United States and Turkey [J]. Thunderbird International Business Review, 1998, 40 (6): 563-583.

[203] MARKUS M L, PFEFFER J. Power and the design and implementation of accounting and control systems [J]. Accounting, Organizations and Society, 1983, 8 (2): 205-218.

[204] MARUYAMA MAGOROH. Paradigmatology and its application to cross-disciplinary, cross-professional and cross-cultural communication [J]. Dialectica, 1974 (28): 135-196.

[205] Maurice, M., " For a 5tudy of ' The Societal Effect, ' " In Lammers and McNally, J. S. The 2013 COSO Framework & SOX Compliance: One approach to an effective Transition. COSO Thought Paper. 2013, 3.

[206] MELEK E, et al. The impact of budge participation on managerial performance via organizational commitment: a study on the top 500 firms in Turkey [J]. Medizinische Monatsschrift, 2009, 25 (3): 126-130.

[207] EKERA M, EKERB S. The effects of interactions between management control systems and strategy on firm performance: an empirical study [J]. Business and Economics Research Journal, 2016, 7 (4): 123-141.

[208] MERCHANT K. The design of the corporate budgeting system: influences on managerial behavior and performance [J]. The Accounting Review, 1981 (4): 813-829.

[209] MERCHANT K. Control in business organizations [M]. Boston: Pitman, 1985.

[210] MERCHANT K. Budgeting and the propensity to create budgetary slack [J]. Accounting, Organizations and Society, 1986, 10 (2): 201-210.

[211] MERCHANT K. Rewarding results: motivating profit center managers

[M]. Boston, MA: Harvard Business School Press, 1989.

[212] MIA L, CHENHALL R H. The usefulness of management accounting systems, functional differentiation and managerial effectiveness [J]. Accounting, Organizations and Society, 1994, 19 (1): 1-13.

[213] MILANI K W. The relationship of participation in budget - setting to industial supervisor performance and attitudes: a field study [J]. Accounting Review, 1975, 16 (2): 274-284.

[214] MILES R W, SNOW C C. Organizational strategy, structure and process [J]. The Academy of Management Review, 1978, 3 (3): 546-562.

[215] MILLER C C, et al. Understanding technology - structure relationships: theory development and Meta-Analytic theory testing [J]. Academy of Management Journal, 1991, 34 (2): 370-399.

[216] MILLER D, FRIESEN P H. Innovation in conservative and entrepreneurial firms: two models of strategic momentum [J]. Strategic Management Journal, 1982 (3): 1-25.

[217] MINTZBERG H. Structure in 5's: a synthesis of the research on organization design [J]. Management Science, 1980, 26 (3).

[218] MOHAMED I A, EVANS K, TIRIMBA O I. Analysis of the effectiveness of budgetary control techniques on organizational performance at Dara-Salaam Bank headquarters in Hargeisa Somaliland [J]. Journal of Applied Gerontology, 2015, 14 (3): 344-346.

[219] MOTTA A D. Incentives, capital budgeting and organizational structure [J]. Journal of Economics and Management Strategy, 2013, 22 (4): 810-831.

[220] MUJEEB E U, AHMAD M S. Impact of organizational culture on performance management practices in Pakistan [J]. International Management Review, 2011, 7 (2): 52-57.

[221] FROW N, MARGINSON D, OGDEN S. " Continuous" budgeting: reconciling budget flexibility with budgetary control [J]. Accounting, Organizations and Society, 2010 (35): 444-461.

[222] NEELANKAVIL, et al. Determinants of managerial performance: a cross cultural comparison of the perceptions of middle-level managers in four countries [J]. Journal of International Business Studies, 2000 (31): 121-140.

[223] NELSON W. Predicting change in management accounting systems: a

contingent approach [J]. Problems and Perspectives in Management, 2008, 6 (2): 72-84.

[224] NISIYAMA E K, et al. The use of management control systems and operations management techniques [J]. Brazilian Business Review, 2016, 13 (2): 56-82.

[225] NORBURN D, BIRLEY S, MARK DUNN M. Strategic marketing effectiveness and its relationship to corporate culture and beliefs: a cross-national study [J]. Studies of Management and Organization, 1988 (XVII): 83-100.

[226] NYAMBEGERA S M, SPARROW P, DANIELS K. The impact of cultural value orientations on individual HRM preferences in developing countries: lessons from Kenyan organizations [J]. Human Resource Management, 2000, 11 (4): 639-663.

[227] O' CONNOR N G. The influence of organizational culture on the usefulness of budget participation by Singaporean-Chinese managers [J]. Accounting, Organizations and Society, 1995, 20 (5): 383-403.

[228] O' REILLY C, CHATMAN J, CALDWELL D. People and organizational culture: a profile comparison approach to assessing person-organization fit [J]. Academy of Management Journal, September, 1991, 34 (3): 487-516.

[229] ONG C S, DAY M Y, HSU W L. The measurement of user satisfaction with question answering systems [J]. Information & Management, 2009, 46 (7): 397-403.

[230] ONYEMAH V, ROUZIES D, PANAGOPOULOS N G. How HRM control affects boundary-spanning employees' behavioural strategies and satisfaction: the moderating impact of cultural performance orientation [J]. The International Journal of Human Resource Management, 2010 (21): 1951-1975.

[231] ORLIKOWSKY W J. Integrated information environment or matrix of control? The contradictory implications of information technology [J]. Accounting, Management and Information Technologies, 1991, 1 (1): 9-42.

[232] OTLEY D. The contingency theory of management accounting: achievement and prognosis [J]. Accounting, Organizations and Society, 1980, 5 (4): 2231-2246.

[233] OTLEY D. Management control in contemporary organizations： towards a wider framework ［J］. Management Accounting Research, 1994 (5)： 289-299.

[234] OTLEY D T. Budget use and managerial performance ［J］. Journal of Accounting Research, 1978, 16 (1)： 122-49.

[235] OTLEY D, BERRY A. Control, organization and accounting ［J］. Accounting. OrganiZations and Society, 1980 (5)： 231-244.

[236] OUCHI W. A conceptual framework for the design of organizational control mechanisms ［J］. Management Science, 1979, 25 (9)： 833-848.

[237] PAGACH D, WARR R. The characteristics of firms that hire chief risk officers ［J］. Journal ct Risk & Insurance, 2011, 78 (1)： 185-211.

[238] PARTHASARTHY R, SETHI S P. Relating strategy and structure to flexible automation： a test of fit and performance implications ［J］. Strategic Management Journal, 1993 (14)： 529-549.

[239] PATEL C. Some cross-cultural evidence on whistle-blowing as an internal control mechanism ［J］. Journal of International Accounting Research, 2003 (2)： 69-96.

[240] PERERA S, HARRISON G, POOLE M. Customer-focused manufacturing strategy and the use of operations-based non - financial performance measures： a research note ［J］. Accounting, Organizations and Society, 1997 (22)： 557-572.

[241] PETROULAS E, BROWN D, SUNDIN H. Generational characteristics and their impact on preference for management control systems ［J］. Australian Accounting Review, 2010 (20)： 221-240.

[242] PODSAKOFF P M, ORGAN D W. Self-reports in organizational research： problems and Prospects ［J］. Journal of management, 1986, 12 (4)： 531-544.

[243] PORTER M. Competitive strategy ［M］. New York, NY： The Free Press, 1980.

[244] PUGH D, et al. Dimensions of organisational structure ［J］. Administrative Science Quarterly, 1968 (13)： 65-105.

[245] PUGH D, et al. The context of organizational structures ［J］. Administrative Science Quarterly, 1969 (14)： 91-114.

[246] QUESADO P R, GUZMAN B A, RODRIGUES L L. Extrinsic and intrinsic

factors in the Balanced Scorecard adoption: an empirical study in Portuguese organizations [J]. European Journal of Management and Business Economics, 2016, 25 (2): 47-55.

[247] QUINN R E. Beyond rational management [M]. San Francisco: Jossey-Bass Inc. Publishers, 1988.

[248] QUINN R E, SPREITZER G M. The psychometrics of the competing values culture instrument and an analysis of the impact of organizational culture on quality of life, in Woodman, R. W. and Pasmore, W. A. (Eds), Research in Organizational Change and Development. 1991, Vol. 5, 115-142.

[249] QUINN R E, KIMBERLY J R. Paradox, planning, and perseverance: guidelines for managerial practice [M] // Kimberly J R, Quinn R E. Managing Organizational Translations . Homewood, IL: Dow Jones - Irwin, 1984: 295-313.

[250] QUINN R E, ROHRBAUGH J. A spatial model of effectiveness criteria: towards a competing values approach to organizational analysis [J]. Management Science, 1983 (29): 363-377.

[251] RANSON S, HININGS C R, GREENWOOD R. The structuring of organizational structure [J]. Administrative Science Quarterly, 1980 (25): 1-17.

[252] REID G C, SMITH J A. The impact of contingencies on management accounting system development [J]. Management Accounting Research, 2000, 11 (4): 427-450.

[253] REIS N R, FERREIRA M P, SANTOS J C. A bibliometric study of the cultural models in international business research [J]. Revista de Administracaoe Contabilidade da Unisinos, 2013, 10 (4): 340-354.

[254] VERBURG R M, et al. Managing human resources across cultures: a comparative analysis of practices in industrial enterprises in China and Netherlands [J]. The International Journal of Human Resource Management, 1999, 10 (3): 391-410.

[255] ROBERTS J. Strategy and accounting in a U. K. conglomerate [J]. Accounting, Organizations and Society, 1990 (15): 107-120.

[256] ROCKNESS H O, SHIELDS M D. Organizational control systems in research and development [J]. Accounting, Organizations and Society, 1984 (9): 165-177.

[257] ROCKNESS H O, SHIELDS M D. An empirical analysis of the expenditure budget in research and development [J]. Contemporary Accounting Research, 2010, 4 (2): 568-581.

[258] ROKEACH M . The nature of human values [M]. New York: The Free Press, 1973,

[259] ROSS A. Job related tension, budget emphasis and uncertainty [J]. Management Accounting Research, 1995 (6): 1-11.

[260] ROUSSEAU D M. Organizational culture: the case for multiple methods [M] //Schneider B. Organizational Climate and Culture. San Francisco: Jossey-Bass, 1990.

[261] SANDULLI F D, et al. The productivity payoff of information technology in multimarket SMEs [J]. Small Business Economics, 2012, 39 (1): 99-117.

[262] SCARBOROUGH, JACK. The origins of cultural differences and their impact on management [M]. Westport, CT: Quorum Books, 1998.

[263] SCHEIN E H. Organzational culture and leadership [M] . San Francisco : Jossey-Bass, 1985.

[264] SCOTT T W, TIESSEN P. Performance measurement and managerial teams [J]. Accounting, Organizations and Society, 1999, 24 (3): 107-125.

[265] SEGALL M H, CAMPBELL D T, HERSKOVITZ M J. The influence of culture on visual perception [M]. Indianapolis: Bobbs- Merrill, 1966.

[266] SHAW J B, et al. Organizational and environmental factors related to HRM practices in Hong Kong: a cross-cultural expanded replication [J]. The International Journal of Human Resource Management, 1993 (4): 4.

[267] SHIELDS M D. An empirical analysis of firms' implementation experiences with activity-based costing [J]. Journal of Management Accounting Research, 1995 (7): 148-166.

[268] SIMON C, GUILDING C. An exploratory investigation of an integrated contingency model of strategic management accounting [J] . Accounting, Organizations and Society, 2008, 33 (7-8): 836-863.

[269] SIMONETTI J, BOSEMAN F G. The impact of market competition on organization structure and effectiveness: a cross-cultural study [J]. Academy of Management Journal, 2015, 18 (3) .

[270] SIMONS R. Accounting control systems and business strategy: an empirical analysis [J]. Accounting, Organizations and Society, 1987 (12): 357-374.

[271] SIMONS R. The role of management control systems in creating competitive advantage: new perspectives [J]. Accounting, Organizations and Society, 1990 (15): 127-143.

[272] SIMONS R. Levers of control: how managers use innovative control systems to drive strategic renewal [M]. Boston, MA: Harvard University Press, 1995.

[273] SINGELIS T M, et al. Horizontal and vertical dimensions of individualism and collectivism: a theoretical and measurement refinement [J]. Cross-Cultural Research, 1995, 29 (3): 240-275.

[274] SINGH J. Technology, size, and organizational structure: a reexamination of the Okayama study data [J]. Academy of Management Journal, 1986, 29 (4): 800-812.

[275] SLATER S F, OLSON E M. Marketing's contribution to the implementation of business strategy: an empirical analysis [J]. Strategic Management Journal, 2001 (22): 1055-1067.

[276] SMITH, BARNARD E, THOMAS J M. Cross-cultural attitudes among managers: a case study [J]. Sloan Management Review1972 (13): 34-51.

[277] SNELL S A, DEAN J W. Integrated manufacturing and human resource management: a human capital perspective [J]. Academy of Management Journal, 1992, 35 (3): 467-486.

[278] SOETERS J, SCHREUDER H. The interaction between national and organizational cultures in accounting firms [J]. Accounting, Organizations and Society, 1988 (13): 75-85.

[279] STEDE W. The effect of national culture on management control and incentive system design in multi-business firms: evidence of intracorporate isomorphism [J]. European Accounting Review, 2003 (12): 2, 263-285.

[280] STIVERS B P, ET AL. How nonfinancial performance measures are used [J]. Management Accounting, 1998 (2): 44-49.

[281] STRINGER D, CAREY P. Internal redesign: an exploratory study of Australian Organizations [C]. Working Paper. Department of

Accounting and Finance Monash University Australia, 1995.

[282] SU Z X, WRIGHT P M. The effective human resource management system in transitional China: a hybrid of commitment and control practices [J]. The International Journal of Human Resource Management, 2012 (23): 2065-2086.

[283] TAYLOR A, TAYLOR M. Factors influencing effective implementation of performance measurement systems in small and medium - sized enterprises and large firms: a perspective from contingency theory [J]. International Journal of Production Research, 2014 (52): 847-866.

[284] TRIANDIS H C. Toward a psychological theory of economic growth. international journal of psychology [M]. University Press, Cambridge, MA, 1984.

[285] UYAR A, KUZEY C. Contingent factors, extent of budget use and performance: a structural equation approach [J]. Australian Accounting Review, 2016, 26 (1): 91-106.

[286] Van de Ven A H, Delbecq A L, Koenig R J. Determinants of co - ordination modes within organizations [J]. American Sociological Review, 1976, 41 (2): 322-338.

[287] VAN DER STEDE W A. The effect of national culture on management control and incentive system design in multi-business firms: evidence of intracorporate isomorphism [J]. European Accounting Review, 2003, 12 (2): 263-285.

[288] VAN DER STEDE W A. The relationship between two consequences of budgetary controls: budgetary slackcreation and managerial short-term orientation [J]. Accounting, Organizations and Society, 2000 (25): 609-622.

[289] VAN DER STEDE W A, YOUNG S M, CHEN C X. Assessing the quality of evidence in empirical management accounting research: the case of survey studies [J]. Accounting, Organizations and Society, 2005 (30): 655-684.

[290] VIJAYAKUMAR U. Top management control functions for information systems in small and medium enterprises [J]. Information Economic, 2009, 13 (4): 109-115.

[291] CHONG V K. Job-relevant information and its role with task uncertainty and management accounting systems on managerial performance [J].

Pacific Accounting Review, 2004, 16 (2): 1-22.

[292] WATERHOUSE J, TIESSEN P. A contingency framework for management accounting systems research [J]. Accounting, Organizations and Society, 1978, 3 (1): 65-76.

[293] WEICK K E. The social psychology of organizing [M]. MA : Addison-Wesley Reading, 1979.

[294] WHITLEY R. Firms, institutions and management control: the comparative analysis of coordination and control systems [J]. Accounting, Organizations and Society, 1999, 28 (5/6): 507-524.

[295] WHYTE W F, WILLIAMS L K. Supervisory leadership: an international comparison [C]. Symposium BB, paper B 3C, C10S XIII. Ithaca, NY: New York State School of Industrial and Labor Relations, 1963.

[296] WIDENER S K. An empirical investigation of the relation between the use of strategic human capital and the design of management control system [J]. Accounting, Organizations and Society, 2004, 29 (3, 4): 377-399.

[297] WIENER Y. Forms of value systems: a focus on organizational effectiveness and cultural change and maintenance [J]. Academy of Management Review, 1988 (10): 534-545.

[298] WILLIAMS C, TRIEST S V.The impact of corporate and national cultures on decentralization in multinational corporations [J]. International Business Review, 2009 (18): 156-167.

[299] WILLIAMS J J, MACINTOSH N B, MOORE J C. Budget - related behavior in public sector organizations: some empirical evidence [J]. Accounting, Organizations and Society, 1990, 15 (3): 221-246.

[300] WITHEY M, DAFT R L, COOPER W H. Measures of Perrow's work unit technology: an empirical assessment of a new scale [J]. Academy of Management Journal, 1983, 26 (1): 45-63.

[301] WONG M M. Managing organizational culture in a Japanese organization in Hong Kong [J]. The International Executive, 1996, 38 (6): 807-824.

[302] WOODWARD J. Industrial organization - theory and practice [M]. London: Oxford University Press, 1965.

[303] XIE X, STRINGFELLOW M S. Interfunctional conflict, conflict resolution styles, and new product success: a four - culture comparison [J].

Management Science，1998，44（12-2）：192-206.

[304] YOUNG S M，SELTO F H. Explaining cross - sectional workgroup performance differences in a JIT facility：a critical appraisal of a field-based study [J]. Journal of Management Accounting Research，1993（5）：300-326.

[305] ZAMMUTO R F，KRAKOWER J Y. Quantitative and qualitative studies of organizational culture research [J]. Organizational Change and Development，1991，5，83-114.

[306] ZURIEKAT M，KHADRA H A，ALRAMAHI N. The discrepancy effect of strategy，environment，size and centralization on budgetary characteristics [J]. Journal of Accounting - Business & Management，2009，16（1）：1-21.

[307] 戴天婧，汤谷良，彭家钧.企业动态能力提升、组织结构倒置与新型管理控制系统嵌入：基于海尔集团自主经营体探索型案例研究 [J]. 中国工业经济，2012（2）：128-138.

[308] 杜荣瑞，等.管理会计与控制技术的应用及其与公司业绩的关系 [J]. 会计研究，2008（3）：39-46，96.

[309] 方卫国，王学民，周泓.企业组织结构与环境不确定性程度的关系 [J]. 系统工程理论方法应用，2005（5）：424-428，433.

[310] 冯巧根.组织文化、环境不确定性与管理会计信息认知 [J]. 财经理论与实践，2014，35（6）：40-44.

[311] 高智林，陈艳.经营战略、高管薪酬与业绩评价指标的选择 [J]. 统计与决策，2016（6）：171-174.

[312] 顾建平，陶应虎.战略导向视域下高技术企业薪酬激励研究 [J]. 南京社会科学，2013（10）：29-35.

[313] 胡辰，汤谷良.如何架构"自组织"的管理控制系统——以苏宁电器和阿里巴巴为例 [J]. 财务与会计，2013（7）：13-15.

[314] 霍夫斯泰德.文化与组织：心理软件的力量 [M]. 李原，孙健敏，译.北京：中国人民大学出版社，2010.

[315] 吉利，等.任务不确定性对管理控制系统的影响及其作用机理——基于在中国国有大型铁路施工企业的实地研究 [J]. 会计研究，2011，（4）：52-60，94.

[316] 纪晓丽，周兴驰.高新企业的战略人力资源管理契合、人力资源管理效能与企业组织绩效的关系研究 [J]. 软科学，2012，26（11）：99-104.

[317] 贾建锋，等.高管胜任特征与战略导向的匹配对企业绩效的影响 [J]. 管理

世界，2012（2）：120-132.

[318] 查普曼，霍普伍德，希尔兹.管理会计研究：第二卷［M］.王立彦，等，译.北京：中国人民大学出版社，2009.

[319] 雷辉，聂珊珊.权变视角下联盟组合配置战略对绩效的影响［J］.系统工程，2015，33（9）：1-8.

[320] 安东尼，戈文达拉扬.管理控制系统［M］.刘霄仑，朱晓辉，译.北京：人民邮电出版社，2011.

[321] 潘飞，程明.预算松弛的影响因素与经济后果——来自我国上市公司的经验证据［J］.财经研究，2007，33（6）.

[322] 潘飞，程明，汪婧.上市公司预算松弛的影响因素及其对公司业绩的影响［J］.中国管理科学，2008，16（4）.

[323] 潘飞，等.中国企业管理会计行为的因果分析——一个分析框架［J］.当代会计评论，2010，3（1）：1-12.

[324] 罗宾斯.管理学［M］.李自杰，等，译.7版.北京：机械工业出版社，2013.

[325] 孙轶，武亚军.战略规划、高管任职经验与企业绩效：基于中国转型经济的研究［J］.经济科学，2009（4）：104-117.

[326] Treadway委员会发起组织委员会（COSO）.内部控制——整合框架（2013）.财政部会计司，译.北京：中国财政经济出版社，2014.

[327] Treadway委员会发起组织委员会（COSO）.内部控制——整合框架［M］.方红星，等，译.大连：东北财经大学出版社，2008.

[328] 汪丽，茅宁，龙静.管理者决策偏好、环境不确定性与创新强度——基于中国企业的实证研究［J］.科学学研究，2012（7）：1101-1109，1118.

[329] 文东华，潘飞，陈世敏.环境不确定性、二元管理控制系统与企业业绩实证研究——基于权变理论的视角［J］.管理世界，2009（10）：102-114.

[330] 吴金南，黄丽华.信息技术能力、环境不确定性与财务绩效——来自经济下行时期中国上市公司的经验证据［J］.当代财经，2014（5）：69-80.

[331] 吴晓云，张峰，陈怀超.基于战略执行的营销标准化战略对服务性跨国公司绩效的影响［J］.管理世界，2010（6）：98-107.

[332] 徐淋，刘春林，杨昕悦.高层管理团队薪酬差异对公司绩效的影响——基于环境不确定性的调节作用［J］.经济管理，2015（4）：61-70.

[333] 姚明明，等.技术追赶视角下商业模式设计与技术创新战略的匹配——一个多案例研究［J］.管理世界，2014（10）：149-162.

[334] 于李胜，徐栋良.环境不确定性、管理控制系统与公司业绩［J］.当代会计评论，2014（1）：51-89.

［335］ 于团叶.高管特征与预算松弛——来自我国2007至2010年上市公司的数据分析［J］.同济大学学报，2012，23（8）．

［336］ 俞仁智，何洁芳，刘志迎.基于组织层面的公司企业家精神与新产品创新绩效——环境不确定性的调节效应［J］.管理评论，2015（9）：85-94.

［337］ 张川，潘飞，ROBINSON J.非财务指标采用的业绩后果实证研究——代理理论VS权变理论［J］.会计研究，2008（3）：39-46.

［338］ 张娟，黄志忠.内部控制、技术创新和公司业绩——基于我国制造业上市公司的实证分析［J］.经济管理，2016（9）：120-134.

［339］ 张宁辉，胡振华.技术创新特征及其对企业组织结构选择的要求分析［J］.当代财经，2007（11）：73-77.

［340］ 张映红.动态环境对公司创业战略与绩效关系的调节效应研究［J］.中国工业经济，2008（1）：105-113.

［341］ 郑兵云，李邃.环境对竞争战略与企业绩效关系的调节效应研究［J］.中国科技论坛，2011（3）：60-66.

［342］ 郑石桥，等.工作相关文化价值观、管理控制偏好及二者关系实证研究：以新疆地区汉族、维吾尔族和回族为研究对象［J］.新疆社会科学：汉文版，2007（1）．

［343］ 朱晓武，王玲.转型期我国企业组织结构与组织绩效的关系实证［J］.经济管理，2009（5）：140-146.

［344］ 诸波，干胜道.市场竞争程度、经营战略与业绩评价指标选择［J］.会计研究，2015（20）：51-57.

调查问卷

民族文化特征、企业文化与内部控制偏好调查问卷

您好，非常感谢您参加我们的问卷调查！本问卷是用来了解民族文化特征.企业文化与企业内部控制偏好的关系，我们向您保证：您所提供的信息只是用于国家自然科学基金资助的学术研究，我们将确保您及所在企业的隐私。

本问卷共包括 5 个部分，您认真阅读和填写问卷对于本次研究结论的可靠性十分重要，此过程预计需要花费您 50 分钟左右的时间。

第一部分

一、请回答以下问题：

1. 你的年龄：30 岁以下（　　　），30~39 岁（　　　），40~49 岁（　　　），50~59 岁（　　　），60 岁以上（　　　）。

2. 你的性别：女（　　　），男（　　　）。

3. 你受教育程度：初中及其以下（　　　），中专或高中（　　　），大

专或大学（　　　），硕士及其以上（　　　）。

4.你的民族：维吾尔族（　　　），汉族（　　　），其他民族（　　　）。

5.你在现在岗位工作的时间是（　　　）年。

二、请设想您拥有一个理想的工作，而不要考虑您现有的工作。在选择理想的工作时，下面这些因素对于您有多重要（请在每一行中选择一个答案）

1=极为重要，2=非常重要，3=重要，4=有些重要，5=几乎不重要

序号	项目	重要程度
1	有充足的时间旋在个人或家庭生活中	①—②—③—④—⑤
2	有好的工作环境（好的通风和照明，足够大的工作空间等）	①—②—③—④—⑤
3	和你的直接上级保持良好的工作关系	①—②—③—④—⑤
4	工作有保障，不会经常需要重新找工作	①—②—③—④—⑤
5	和有团队精神的同事一起工作	①—②—③—④—⑤
6	能够为你的直接上级提供决策建议	①—②—③—④—⑤
7	有晋升的机会	①—②—③—④—⑤
8	工作的多样性因素和冒险性因素	①—②—③—④—⑤

三、下列项目各有多个答案，选择一个与您的情况最相符的答案

9.在工作中你会感到焦虑与紧张吗？

1 从来不　　2 很少　　3 有时候　　4 经常　　5 总是

10.在你的经历中，下级害怕向上级表达不同的意见吗？

1 几乎不　　2 很少　　3 有时候　　4 经常　　5 总是

你多大程度上同意或是反对下面的观点？（在每一行中选择一个答案）

1=强烈同意，2=同意，3=不确定，4=不同意，5=强烈反对

序号	项目	同意或反对程度
11	大多数人都是值得信赖的	①—②—③—④—⑤
12	一个人对于下属在工作中提出的问题，即使不能给出确切的答案，也能做一个好的管理者	①—②—③—④—⑤
13	在一个组织中，一个人无论如何都不应该有两个上司	①—②—③—④—⑤
14	员工之间的竞争弊大于利	①—②—③—④—⑤
15	一个公司或组织的制度不得被违反，即使员工违反制度是为了公司的最大利益	①—②—③—④—⑤
16	一个人在生活中的失败应该归咎于他自己的错误	①—②—③—④—⑤

第二部分

这一部分共有 21 条内部控制实施情况的陈述。请您根据具体情况判断：（1）如果认为该条陈述的情况在贵公司并不存在，请在"内部控制不存在"这一列中选择"0"；（2）如果认为该条陈述的情况在贵公司存在，请在"内部控制存在"这一列的表达您对这些陈述同意或者是不同意的程度，同意或不同意的答案分为 7 个等级：1 = 强烈反对，4 = 基本同意，7 = 强烈同意。这些陈述没有正确和错误之分，每一条陈述请只给出一个回答。

内部控制实施情况	内部控制不存在	内部控制存在						
		强烈反对			基本同意			强烈同意
1. 管理层用语言和行动表明诚信和道德价值观是企业内部控制的首要因素	0□	1□	2□	3□	4□	5□	6□	7□
2. 管理层未能积极识别企业内部和外部风险	0□	1□	2□	3□	4□	5□	6□	7□
3. 预算管理在企业中是一个标准化的流程	0□	1□	2□	3□	4□	5□	6□	7□
4. 为了保证经营活动顺畅进行，信息在企业不同部门之间的沟通是充分的（例如：从销售部门到制造部门）	0□	1□	2□	3□	4□	5□	6□	7□
5. 会计部门编制的会计资料和数据是真实可靠的	0□	1□	2□	3□	4□	5□	6□	7□
6. 内部审计部门定期向董事会或总经理提交内部控制评价报告	0□	1□	2□	3□	4□	5□	6□	7□
7. 合理的权力和责任已分配给企业中的所有员工	0□	1□	2□	3□	4□	5□	6□	7□
8. 企业保存着所有风险识别结果的书面记录	0□	1□	2□	3□	4□	5□	6□	7□
9. 管理层和员工的报酬是根据对他们工作业绩的书面评价确定的	0□	1□	2□	3□	4□	5□	6□	7□
10. 决策、执行、记录和资产保管等不相容职务的分离已经体现在各项业务流程的书面管理制度中	0□	1□	2□	3□	4□	5□	6□	7□

续表

内部控制实施情况	内部控制不存在	内部控制存在						
		强烈反对			基本同意			强烈同意
11.管理层和员工在开展工作任务时,可以获取与他们工作任务相关的信息	0□	1□	2□	3□	4□	5□	6□	7□
12.运营经理按照业务流程要求,对其下属员工开展经营活动的情况进行日常监督和控制	0□	1□	2□	3□	4□	5□	6□	7□
13.现有的人事政策和程序不能招聘到内部控制体系所需的胜任的、值得信任的人员	0□	1□	2□	3□	4□	5□	6□	7□
14.企业所有的风险分析活动必须遵循严格的操作程序	0□	1□	2□	3□	4□	5□	6□	7□
15.企业建立并执行了财产日常管理和定期清查制度	0□	1□	2□	3□	4□	5□	6□	7□
16. 企业强调要通过组织架构中确定的报告关系进行沟通	0□	1□	2□	3□	4□	5□	6□	7□
17.员工了解他们的责任和管理层对他们的期望	0□	1□	2□	3□	4□	5□	6□	7□
18.企业强调员工应当始终遵守程序,反对任何不顾程序只求完成任务的行为	0□	1□	2□	3□	4□	5□	6□	7□
19.小型会议或面对面的交流是管理层与员工经常使用的沟通方式	0□	1□	2□	3□	4□	5□	6□	7□
20.董事会对管理层提出的计划决策进行质疑和审查,并在必要时采取适当行动	0□	1□	2□	3□	4□	5□	6□	7□
21. 对于内部监督中发现的内部控制缺陷,相应的管理层在完成整改后,均需向上级汇报并听取指示	0□	1□	2□	3□	4□	5□	6□	7□

第三部分

下面的 4 个问题与企业文化的类型有关，您所在企业的企业文化可能与其中一些类型较为相似。

每一个问题都包含对企业的 4 种陈述。请根据您所在的企业与陈述的相似程度，将 100 分在这 4 种陈述之间进行分配。4 种陈述之间并没有优劣之分，仅仅是陈述了 4 种现象。您可以按照您的意愿，将 100 分在 4 种陈述之间分配。大部分企业都是这 4 种陈述所提到特征的一个混合体。

例如，在问题 1 中，如果企业 A 与您的企业最为类似，企业 B 与您的企业有点类似，企业 C 和 D 与您的企业一点都不类似，你可以将 70 分分配给 A，而将剩余的 30 分分配给 B。

一、企业特征（请将 100 分分配给以下四种描述）

1. 企业 A 是一个人性化的组织，像一个大家庭，成员间能分享彼此的经验或想法。

2. 企业 B 是一个具有活力和创业精神的组织，成员富有进取心与冒险精神。

3. 企业 C 是一个严格管理与层级分明的组织，成员严格按规章制度做事。

4. 企业 D 是成果导向型组织，强调工作的完成，成员具有强烈的竞争意识与成就导向。

企业 A 得分（   ）；企业 B 得分（   ）；企业 C 得分（   ）；企业 D 得分（   ）

二、企业领导（请将 100 分分配给以下四种描述）

5. 企业 A 的最高管理者以导师或父亲的形象主动指导、协助并关爱组织成员。

6. 企业 B 的最高管理者具有企业家精神，注重创新并勇于冒险。

7. 企业 C 的最高管理者善于协调与组织，注重组织的管理。

8. 企业 D 的最高管理者以推动者和竞争者的形象出现，富有进取心并重视成果。

企业 A 得分（　　　）；企业 B 得分（　　　）；企业 C 得分（　　　）；企业 D 得分（　　　）

三、企业凝聚力（请将 100 分分配给以下四种描述）

9.促使企业 A 凝聚的力量是成员的忠诚及传统，强调对组织的承诺。

10.促使企业 B 凝聚的力量是对创新与发展的承诺，强调走在时代的前沿。

11.促使企业 C 凝聚的力量是正式的规章制度，强调组织运作的顺畅。

12.促使企业 D 凝聚的力量是对成就与目标达成的重视。

企业 A 得分（　　　）；企业 B 得分（　　　）；企业 C 得分（　　　）；企业 D 得分（　　　）

四、企业强调的重点（请将 100 分分配给以下四种描述）

13.企业 A 重视人力资源的发展，强调凝聚力和士气。

14.企业 B 重视增长和获取新资源，强调迎接新挑战和寻求新机遇。

15.企业 C 重视持久与稳定，强调效率、控制及顺畅的运作。

16.企业 D 重视竞争与成功，强调可计量目标的实现。

企业 A 得分（　　　）；企业 B 得分（　　　）；企业 C 得分（　　　）；企业 D 得分（　　　）

第四部分

一、请根据具体情况，判断您所在企业内部控制的特征与下列陈述吻合的程度。答案分为 7 个等级：1 = 完全不同意，4 = 基本同意，7 = 完全同意。

	完全不同意			基本同意			完全同意
1.经过合理的努力后，公司经营效率能够得到进一步改善	1□	2□	3□	4□	5□	6□	7□
2.我不能完全相信财务部门提供的报告，有时必须参照其他来源的信息进行验证	1□	2□	3□	4□	5□	6□	7□
3.公司员工在执行现行法律和法规方面不存在问题	1□	2□	3□	4□	5□	6□	7□

续表

	完全不同意			基本同意			完全同意
4.公司有时会出现出售资产时的价格远远低于正常市场价格的情况	1□	2□	3□	4□	5□	6□	7□
5.公司能够有效应对供应商变化带来的市场风险	1□	2□	3□	4□	5□	6□	7□
6.公司经营中可能存在问题，如果这些问题得以解决，公司会有更高的投入产出比率	1□	2□	3□	4□	5□	6□	7□
7.有时会出现编制好的财务报告有遗漏，需要进一步修改补充的情况	1□	2□	3□	4□	5□	6□	7□
8.公司经常因为违反相关法规，受到监管部门的处罚	1□	2□	3□	4□	5□	6□	7□
9.公司的专利权经常受到竞争对手的侵害	1□	2□	3□	4□	5□	6□	7□
10.消费者对公司所提供的商品或服务不太满意	1□	2□	3□	4□	5□	6□	7□
11.我对本企业各流程的经营效率没有任何质疑	1□	2□	3□	4□	5□	6□	7□
12.财务报告总是能为我提供及时的信息	1□	2□	3□	4□	5□	6□	7□
13.在公司中，没有专人来负责监控对公司产生影响的法律法规的变化	1□	2□	3□	4□	5□	6□	7□
14.公司有时发生资产失窃的情况	1□	2□	3□	4□	5□	6□	7□
15.与同行业竞争对手相比，本企业市场份额有所下降	1□	2□	3□	4□	5□	6□	7□

二、请选择在过去三年中，贵公司相对于竞争对手在以下 10 个业绩指标方面的最恰当得分。答案分为 7 个等级：1 = 非常不满意，4 = 与竞争对手大致相当，7 = 出色的业绩。

	非常 不满意			与竞争对 手大致 相当			出色的 业绩
投资报酬率	1□	2□	3□	4□	5□	6□	7□
利润	1□	2□	3□	4□	5□	6□	7□
经营活动现金 流量	1□	2□	3□	4□	5□	6□	7□
成本控制	1□	2□	3□	4□	5□	6□	7□
新产品开发	1□	2□	3□	4□	5□	6□	7□
销售量	1□	2□	3□	4□	5□	6□	7□
市场份额	1□	2□	3□	4□	5□	6□	7□
市场开发	1□	2□	3□	4□	5□	6□	7□
人员发展	1□	2□	3□	4□	5□	6□	7□
政治和公共事务	1□	2□	3□	4□	5□	6□	7□

三、在以下 10 个业绩指标中，请选择为了使贵公司取得成功，每一个指标的重要程度。重要程度分为 5 个等级：1 = 不重要，5 = 非常重要。

	不重要				非常重要
投资报酬率	1□	2□	3□	4□	5□
利润	1□	2□	3□	4□	5□
经营活动现金 流量	1□	2□	3□	4□	5□
成本控制	1□	2□	3□	4□	5□
新产品开发	1□	2□	3□	4□	5□
销售量	1□	2□	3□	4□	5□
市场份额	1□	2□	3□	4□	5□
市场开发	1□	2□	3□	4□	5□
人员发展	1□	2□	3□	4□	5□
政治和公共 事务	1□	2□	3□	4□	5□

第五部分

一、请回答以下问题：

1. 您所在公司全职员工人数为（   ）人。

2.您所在公司中，占所有全职员工人数 50% 以上的民族是（   ）。

A.维吾尔族　B.汉族　C.哈萨克族　D.回族　E.其他

3.您所在公司是（   ）。

A.民营企业　B.国有控股或国有独资企业

4.您所在公司所属的行业是（   ）。

A.制造业　B.批发和零售业　C.采掘业　D.其他行业

5.您所在公司从成立到现在，共持续了（   ）年。

二、请从以下 8 个方面判断您所在企业外部环境的可预测或不可预测程度。答案分为 5 个等级：1 = 完全不可预测，4 = 基本可预测，7 = 完全可预测。

	完全不可预测				完全可预测
供应商行为	1□	2□	3□	4□	5□
消费者需求及偏好	1□	2□	3□	4□	5□
放松管制和全球化	1□	2□	3□	4□	5□
竞争对手的市场行为	1□	2□	3□	4□	5□
生产技术	1□	2□	3□	4□	5□
政府管制和政策	1□	2□	3□	4□	5□
经济环境	1□	2□	3□	4□	5□
行业之间的关系	1□	2□	3□	4□	5□

三、请根据具体情况选择在过去 3 年中，贵公司的战略对以下 11 个方面的重视程度。答案分为 7 个等级：1 = 完全不重视，4 = 基本重视，7 = 非常重视。

	完全不重视			基本重视			非常重视
提供高质量的产品	1□	2□	3□	4□	5□	6□	7□
提供比竞争对手成本更低的产品	1□	2□	3□	4□	5□	6□	7□
提供与竞争对手相比具有独特特征的产品	1□	2□	3□	4□	5□	6□	7□
提供比竞争对手更低价格的产品	1□	2□	3□	4□	5□	6□	7□
改变产品设计和迅速引入新产品	1□	2□	3□	4□	5□	6□	7□
能够快速实现产品组合的变化	1□	2□	3□	4□	5□	6□	7□

续表

	完全不 重视			基本 重视			非常 重视
不断改进将产品交付给客户的时间	1□	2□	3□	4□	5□	6□	7□
提高企业现有设备的利用率	1□	2□	3□	4□	5□	6□	7□
提供有效的售后服务和支持	1□	2□	3□	4□	5□	6□	7□
将产品设计得更容易制造	1□	2□	3□	4□	5□	6□	7□
定制产品或服务来满足客户的需求	1□	2□	3□	4□	5□	6□	7□

四、请根据贵公司在过去 3 年中工作任务的具体情况，回答以下 10 个问题（如果您所在企业属于批发和零售业，这一部分可不必填写）。

	一点都 没有						全部 都是
你单位的工作在多大程度上是常规性的	1□	2□	3□	4□	5□	6□	7□
在你单位的工作中，在多大程度上有可理解的工作步骤可以遵循	1□	2□	3□	4□	5□	6□	7□
在你单位日常遇到的主要工作中　在多大程度上有已知的方法可以使用	1□	2□	3□	4□	5□	6□	7□
在你单位中，在多大程度上有清晰的知识体系可以引导你完成工作	1□	2□	3□	4□	5□	6□	7□
在你单位中，完成一项工作在多大程度上有可理解的工作步骤可以遵循	1□	2□	3□	4□	5□	6□	7□
在你单位的工作中，在多大程度上员工实际依赖已经制定的程序	1□	2□	3□	4□	5□	6□	7□
你单位的工作任务有多少是每天一样的	很少 1□	2□	3□	4□	5□	6□	大部分 7□
我单位的员工在大部分时间中以相同的方式做同样的工作	不同意 1□	2□	3□	4□	5□	6□	同意 7□
基本上单位同事在做工作时，都在完成重复的活动	不同意 1□	2□	3□	4□	5□	6□	同意 7□
你的工作任务重复情况如何？	非常 少 1□	2□	3□	4□	5□	6□	很多 7□

问卷填写完毕，再次感射您的参与，对您的大力支持和协助表示最真诚的谢意！